青少年必读经典书系

资治通鉴故事

一生必读的经典

文思哲 ◎ 编著

中国华侨出版社

·北京·

图书在版编目（CIP）数据

一生必读的经典资治通鉴故事／文思哲编著. 一北京：
中国华侨出版社，2019.10
ISBN 978-7-5113-8016-6

Ⅰ.①一… Ⅱ.①文… Ⅲ.①中国历史－古代史－编
年体－通俗读物 Ⅳ.①K204.3－49

中国版本图书馆 CIP 数据核字（2019）第 189861 号

● 一生必读的经典资治通鉴故事

编　　著／文思哲
责任编辑／王　委
责任校对／孙　丽
封面设计／环球设计
经　　销／新华书店
开　　本／670 毫米×960 毫米 1/16　印张／18　字数／242 千字
印　　刷／香河利华文化发展有限公司
版　　次／2020 年 3 月第 1 版　2020 年 3 月第 1 次印刷
书　　号／ISBN 978-7-5113-8016-6
定　　价／45.00 元

中国华侨出版社　北京市朝阳区西坝河东里 77 号楼底商 5 号　邮编：100028
法律顾问：陈鹰律师事务所　　　　　　编辑部：（010）64443056　　64443979
发行部：（010）64443051　　　　　　传　真：（010）64439708
网　址：www.oveaschin.com　　E-mail：oveaschin@sina.com

前言

　　《资治通鉴》是北宋名臣司马光主编的一部鸿篇巨著，共 294 卷，洋洋洒洒 300 多万字，囊括了自周威烈王时代到五代十国时期 1300 多年的历史。全书以时间为主线，以历史事件为构架，内容翔实生动、血肉丰满，记述了帝王将相的施政方略及朝代的兴衰更替，在选材上比较倾注于政治、军事方面，探讨了大一统王朝问鼎天下的缘由及国家分裂、割据政权林立的根源所在，旨在"鉴前世之兴衰，考当今之得失"。

　　古人说："以铜为鉴，可正衣冠；以古为鉴，可知兴替；以人为鉴，可明得失。"《资治通鉴》犹如一面流光溢彩的宝镜，通过它，我们可以在浩如烟海的历史长河中，截取最有价值最牵动人心的历史画面，从更直观的角度品读历史。历史人物的悲欢离合、生死荣辱、大起大落，兵荒马乱、狼烟四起的豪情岁月，风雨如晦、血色弥漫的黑暗时代，绝代红颜的倾国一笑，荒唐帝王的丑恶行径，种种元素，构建出了一个看似光怪陆离实则无比真实的世界，引人入胜，又令人心惊，十分值得我们细细玩味。

　　今天我们阅读《资治通鉴》，不仅可以了解古代社会政治形态、民族关系、兵法谋略等一般性的常识，还可以以史为镜，审视当代社会和自身。《资治通鉴》浓墨重彩地描摹了古人的权谋智慧，无论是宫廷内斗还是对外战争，抑或是君臣斗法，各种谋略层出不穷，在博人眼球的同时，给人造成了一种错觉，即要想在激烈的竞争中取胜，不能仅凭一腔热血和单纯的理想，而要靠高于常人的智谋。对此，司马光以辩证的态度，从正反两个方面阐述了对谋略的看法。在金戈铁马的战场上，灵活地运用谋略，适度发挥"上攻伐谋"的智慧，不仅能事半功倍，而且能减少杀伤，是值得肯定的；为了争权夺利使用阴谋诡计，打压、排挤、陷害他人，靠不正当的手段达成目标，是一种可耻的行为，应该被摒弃，而不该发扬光大。

正是因为黑子的存在，我们才更加喜爱太阳的光辉。《资治通鉴》中的权谋之术和血腥斗争就好比黑子，它让我们在审视人性丑恶的同时，更加向往人性的真善美，更加渴望成为一个纯粹而美好的人。希望本书能带给你有益的思考。

目录

❦ 周　纪 ❧

一个超级大国消失的内幕 …………………………………… 1

"战神"吴起鲜为人知的一面 …………………………… 4

商鞅变法：功盖千秋，还是遗祸万年 ………………… 6

赵国"名嘴"公孙龙的诡辩之道 ……………………… 8

借封赏"沽名钓誉"的齐襄王 ………………………… 10

避实击虚的奇谋妙计 ……………………………………… 12

增兵减灶的"障眼法" …………………………………… 13

凭三寸之舌纵横天下的苏秦 …………………………… 15

玩弄诸侯于股掌之中的张仪 …………………………… 17

精明的说服者触龙 ………………………………………… 20

"奇货可居"背后的政治交易 ………………………… 22

❦ 秦　纪 ❧

韩非和李斯的恩怨情仇 ………………………………… 25

刺秦：令人唏嘘的悲壮之举 …………………………… 27

沙丘密谋的真相 …………………………………………… 30

1

屈死于宦官之手的大秦宰相 ················· 32

❀ 汉 纪 ❀

鸿门宴 ··· 35

从胯夫到封侯拜将的韩信 ················· 38

西楚霸王的末路悲歌 ························· 40

悲情淮阴侯：横扫天下，却死于妇人之手 ··· 43

由争宠引发的虐杀事件 ····················· 45

痴心孤臣牧羊北海的前尘往事 ············· 47

劣迹斑斑，在位只有 27 天的短命皇帝 ····· 50

祸国红颜的后宫秘事 ························· 52

王莽篡汉：一场有准备的权力政变 ········· 54

东汉牵连最广的谋逆大案 ················· 57

党锢之祸 ··· 59

娶妻养子，祸乱全国的太监 ··············· 61

苟且偷生，累及无数的大名士 ············· 63

敢对权贵下狠手的酷吏 ····················· 65

疯狂敛财的贪婪皇帝 ························· 67

大将军何进：引狼入室，屠杀宦官 ········· 69

一手遮天，肆意废立皇帝的乱世奸雄 ····· 71

吕布、董卓反目成仇 ························· 73

曹操起家的政治王牌：挟天子以令诸侯 ··· 75

靠"哭戏"赢来皇位的魏文帝 ··············· 77

"上门送教"的一流教育家 ················· 79

"空城计"真正的发明者 ····················· 81

不战而屈人之兵的"吴下阿蒙" ············· 83

❧ 魏 纪 ❧

改变历史的节点：关羽之死 ·················· 85

书生陆逊：以"火攻"之术，一夜成名 ·········· 88

托孤重臣李严被废的幕后隐情 ··············· 90

善于溜须拍马的三国谋士 ···················· 92

死后余威不灭的诸葛亮 ···················· 93

魏延蒙冤：子虚乌有的"反骨" ············· 95

司马懿：嗜血狡诈的"老狐狸" ············· 98

诸葛恪：成于聪明，败于自负 ············· 100

史上最有气节的少帝 ·················· 103

❧ 晋 纪 ❧

五百年难遇的邪恶暴君 ·················· 105

臭名昭著的开国元勋 ·················· 107

乱国妖后：假孕造谣并毒杀太子 ············· 109

令人瞠目结舌的炫富比赛 ···················· 112

悲情齐王：被捧杀的完美主义者 ············· 113

弑兄夺位的汉赵藩王 ·················· 115

西晋末代君王的屈辱之路 ···················· 116

尊汉攘胡，"大义灭亲"的匈奴人 ············· 118

伯仁之死背后的千古奇冤 ···················· 121

血雨腥风中的父子与主奴 ···················· 124

令人胆寒的魔王苻生 ·················· 127

痴情天子为美人丢江山 ···················· 129

❧ 宋 纪 ❧

历史上第一宗禅让血案 ·················· 133

与岳飞齐名的"国之长城" ·························· 135

奇葩暴君：酷爱起外号，以羞辱人为乐 ·········· 137

❀ 齐　纪 ❀

傀儡儿皇帝的悲苦人生 ······························ 139

巴东王屈死之谜 ···································· 141

权力阴影下的功臣 ·································· 144

❀ 梁　纪 ❀

视社稷为儿戏的大昏君 ······························ 147

手刃枭雄，最富血性的北魏皇帝 ·················· 149

敢于打骂指控君主的乱臣 ·························· 151

深藏不露的"弱智儿" ······························ 153

❀ 陈　纪 ❀

杀侄夺位血腥皇权路 ································ 157

赌上国运的北朝鸿门宴 ······························ 159

❀ 隋　纪 ❀

梦断胭脂井的风流后主 ······························ 161

陈叔宝：沉迷笙歌艳曲，酒色误国 ················ 165

最苦命的和亲公主 ·································· 166

杀父淫母的无道昏君 ································ 168

葬送大隋基业的高丽之战 ·························· 170

靠山为王，劫掠为生的义军领袖 ·················· 172

❀ 唐　纪 ❀

扑朔迷离的玄武门之变 ······························ 175

"瘸腿太子"的叛逆之路 ·········· 178

在父爱中迷失的魏王李泰 ·········· 180

冷血红颜：狠心杀女夺后位 ·········· 183

武则天畏猫如畏虎的真相 ·········· 185

唐高宗逼杀亲舅之谜 ·········· 188

母子间的相爱相杀 ·········· 190

威震边疆，功高遭谗的大唐儒将 ·········· 192

临朝称帝的女皇陛下 ·········· 195

告密盛行的酷吏时代 ·········· 196

美如莲花，邪魅骄纵的男宠 ·········· 199

逼退女王的五位大臣 ·········· 201

尔虞我诈，波云诡谲的宫廷争斗 ·········· 203

血腥的一夜：韦氏的覆灭 ·········· 206

姑侄反目成仇背后的玄机 ·········· 208

口蜜腹剑的奸相 ·········· 210

一场风花雪月的忘年之恋 ·········· 212

演技非凡，外憨内奸的安禄山 ·········· 214

临危受命的乱世太子 ·········· 217

马嵬坡哗变与贵妃之死 ·········· 220

史思明：安史之乱的另一个祸首 ·········· 222

唐德宗寻母引发的闹剧 ·········· 224

宰相当街遇刺背后的谜团 ·········· 226

席卷朝野的牛李党争 ·········· 228

甘露寺之变：一起失败的除宦行动 ·········· 230

后梁纪

草莽奸雄不堪回首的发家史 ·········· 233

五代史上最著名的叔侄之争 ·················· 235

土皇帝刘守光最后的岁月 ·················· 238

❦ 后唐纪 ❧

屡易其主却备受称赞的"贰臣" ·················· 241

门第观念下丑陋的世风世气 ·················· 243

后唐庄宗称霸三年败光天下之谜 ·················· 245

靠搜刮行赏的荒唐末帝 ·················· 248

酒杯中的乾坤与阴谋 ·················· 250

装神弄鬼，作法自毙的奸贼 ·················· 252

❦ 后晋纪 ❧

安重荣的北伐梦 ·················· 255

醉汉皇帝：酒后秒变刽子手 ·················· 257

白团卫大捷：逆风而战，以弱胜强的战役 ·················· 259

皇亲贵戚的两副面孔 ·················· 261

❦ 后汉纪 ❧

辽太宗入主中原 ·················· 263

老谋深算，趁乱而起的后汉高祖 ·················· 265

❦ 后周纪 ❧

以暴制暴，暴力执法的节度使 ·················· 269

旧王朝的头号掘墓人 ·················· 271

周 纪

《周纪》上启周威烈王二十三年（公元前403年），下至周赧王五十二年（公元前263年），囊括141年历史。司马光从三家分晋写起，将春秋战国时期最有史学价值和借鉴意义的历史事件收录其中，描绘了数场惊心动魄的经典战役及精彩绝伦的权谋斗争，刻画了许多栩栩如生的人物形象，权贵、说客、谋略家、变法先驱、帝王、美人等纷纷登场，在历史的舞台上各自绽放属于自己的光彩，为那段风云跌宕的历史增添了许多的亮色。品读这段历史，深入了解周室衰微以后，大分裂大变革的时代，我们将由衷地佩服古人的智慧，同时为他们犯下的过错唏嘘不已。

一个超级大国消失的内幕

春秋晚期，晋国大夫智宣子掌权，打算让小儿子智瑶做继承人，族人智果坚决反对："智瑶远远比不上您的长子智宵。智瑶虽然英俊高大、文武双全，文章口才出众，为人勇敢果断，优点非常多，但有一个致命的缺点——不够仁厚，他依仗长处制服别人，行不义之事，必然被众人所弃。立有才无德的智瑶做继承人，智氏家族一定会灭亡。"智宣子不听劝告。智果于是请求太史允许自己脱离智氏家

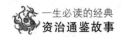
族，另立门户，设立辅氏，以躲避灭族大祸。

大夫赵简子也被选接班人的问题困扰，不知该立长子伯鲁好，还是立幼子无恤好，于是在竹简上写下了家训，分别交给两个儿子，要求他们时刻谨记。三年后，赵简子让儿子们背出竹简上的文字，伯鲁吞吞吐吐，一句也说不上来，早已把训诫的话抛到了九霄云外，甚至连当年的竹简也弄丢了。无恤一字不漏地将家训背出，父亲索要竹简，便从衣袖里拿出。两兄弟的表现高下立现，最后无恤被选为家业的继承人。

赵简子曾叮嘱无恤说："如果晋国发生内乱，你一定要到晋阳投奔伊铎。"伊铎是一个贤人，有一次赵简子派他治理晋阳，他别有深意地问："您是想让我搜刮民脂民膏呢，还是想让百姓安居乐业、和乐安康？"赵简子说："当然是让老百姓过上好日子了。"伊铎做了晋阳的父母官之后，轻徭薄赋、实惠于民，百姓得以丰衣足食。赵简子认为伊铎很贤德，所以才嘱咐儿子落难时投靠他。

智宣子过世后，智瑶掌握了晋国的国政大权，他就是历史上著名的智襄子。智襄子上台后，骄纵跋扈，肆意妄为，惹得天怒人怨。有一天，智襄子和大夫魏桓子、韩康子在蓝台宴饮，酒过三巡后，智襄子故意捉弄韩康子取乐，还顺便折辱了韩康子的家臣段规。智襄子的家臣看不下去了，好心劝谏智襄子以礼待人，免得树敌太多，招来祸患。智襄子不以为然，依旧我行我素。

后来智襄子变本加厉地勒索威胁韩康子和魏桓子，向两家索要土地，韩康子和魏桓子势力比不上智襄子，只好忍气吞声，暂时咽下这口恶气，把土地平白无故地割让给了智襄子。智襄子仍不满足，又把魔爪伸向了赵家。此时赵简子已经去世了，小儿子无恤继承了家业，人称赵襄子。智襄子向赵襄子索要蔡、皋狼两块水美土肥的宝地，遭到了赵襄子的断然拒绝。智襄子大怒，立即纠集了韩、魏两家的军队攻打赵地。

赵襄子惊慌失措，准备出逃，临行前茫然地问随从："我到哪里避难好呢？"随从回答说："您长子所在的城邑离这儿最近，那儿的城墙高大坚固。"赵襄子说："百姓为了修筑城墙劳顿不堪，现在又让他们冒死守城，他们怎么可能与我同心呢？"随从又说："邯郸城仓廪充实。"赵襄子说："仓廪中的谷物都是搜刮民脂民膏得来的，盘剥完了百姓，又强迫他们出生入死地作战，他们怎么可能和我同心呢？还是去晋阳吧，那原本是先祖的封地，尹铎又厚待百姓，那儿的百姓一定愿意和我同舟共济。"

赵襄子带着随从去了晋阳。智襄子的军队兵临城下，为了攻取晋阳，居然挖开堤坝，放水淹城。晋阳城一片汪洋，瞬间变成泽国，到处都是青蛙，灶台淹没在水里，老百姓不得不把锅吊起来做饭，即便如此，大家仍然众志成城，毫无叛离之心。智襄子察看水势时惊叹道："我如今才知道，原来水也能让一个国家灭亡。"为他驾车的魏桓子用胳膊碰了碰在右边充当护卫的韩康子。韩康子踩了一下魏桓子的脚。两人不约而同地联想到了兔死狐悲、唇亡齿寒的道理，互相传递了眼色，立时心领神会了。今日智襄子可以水淹晋阳，明日就能把汾水引入魏地，把绛水引入韩地，灭亡韩、魏两家。

事后，谋士疵对智襄子说韩、魏两家要反叛。智襄子惊异地问："何以见得？"疵分析道："您灭亡赵家，约好和韩、魏两家一起瓜分土地，如今晋阳城快被淹没了，城内官民靠马肉果腹，支撑不了多久了。韩康子和魏桓子马上就能得到大片土地，不喜反忧，一定是担心灭亡了赵家，下一个该轮到他们了，所以他们必反。"

次日，智襄子责问韩康子和魏桓子，把谋士的担忧和盘托出，两人反咬一口，说疵心向赵家，故意挑拨离间。智襄子信以为真，没有听从疵的劝告，疵悻悻离去，只身前往齐国避难。不久，赵襄

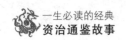

子派张孟谈游说韩康子和魏桓子，三人密谋共同对付智襄子。夜里，赵襄子派人杀掉了守护堤坝的官吏，将滔天的洪水引向了智襄子的军营。智襄子的军队乱作一团，韩、魏两家的甲兵趁机从两翼夹击，赵襄子率兵猛击智襄子的前军，三家联手消灭了智家军，杀死了智襄子，诛灭了智氏家族，智氏家族几乎被赶尽杀绝，唯有智果另立的辅氏得以幸存。此后，韩赵魏三家掌控了晋国的国政大权。公元前403年，周王赐予三家诸侯身份，韩赵魏瓜分了晋国，晋国灭亡。

◈智慧贴士◈

司马光把三家分晋的史实作为《资治通鉴》的开章，是别有深意的，大夫瓜分诸侯国，是一种犯上作乱的行为，却得到了周天子的认可，所以这一历史事件被视作礼崩乐坏的开端，成为了春秋和战国的分水岭。司马光选取三家分晋的时间节点作全书的开篇，是为了警示后世的统治者，重才不重德，选错接班人，君臣之礼则难以维系，江山社稷岌岌可危，王朝随时可能覆灭。

"战神"吴起鲜为人知的一面

吴起原本是卫国人，后来跑到鲁国当官。齐国发兵攻打鲁国，鲁国国君想起用吴起为将，派他领兵迎战，但因为吴起娶了齐国的女子为妻，担心他怀有二心，不敢把兵权交给他。吴起为了当上大将军，狠心杀死妻子，向鲁君表忠心，终于得到了信任和重用，击退了来犯的齐军。

鲁国有人嫉妒吴起，便在背后诋毁他说："吴起曾投身于曾子门下，母亲去世后竟然不肯回家奔丧，曾子认为他不孝，和他绝交了。现在他为了执掌军权，居然手刃自己的结发妻子，可见他是个冷血薄情的人。鲁国是个小国，却战胜了强大的齐国，必为各路诸侯所忌，他们一定会想方设法削弱鲁国。"吴起听到流言很不安，害怕被降罪，于是离开了鲁国，千里迢迢跑到魏国，投奔求才若渴的魏文侯。魏文侯拿不定主意，私下里向李克征求意见。

李克说："吴起好美姬贪财色，却是个难得的将才，连齐国的司马穰苴都比不上他。"魏文侯重才不重德，于是起用吴起为将，吴起果然是个能征善战的将才，奉命远征秦国，一路凯歌，一连攻取了五座城池。

吴起身为堂堂将帅，却能与士卒共甘苦，平时与普通士兵一同吃睡，行军途中不骑高头大马不坐豪华的专车，还亲自为士兵吸吮过毒疮里的脓液。这名士兵的母亲听说后不由得大哭起来。旁边的人觉得很奇怪，不解地问："你儿子只是个小兵，大将军屈尊为他吸脓，你应该以此为荣，为何哭哭啼啼？"这位母亲汪然出涕道："我丈夫也是一名普通的士兵，曾追随吴将军南征北战，吴将军为他吸过脓，他为报恩舍生忘死地作战，结果战死沙场。现在吴将军又为我儿子吸脓，我儿也要死在战场上了，我怎能不悲伤呢？"

公元前381年，魏文侯去世，魏武侯即位，封田文为国相。吴起不服气，用挑衅的口气对田文说："咱们不妨比一比谁的功劳更大。"田文同意了。吴起说："统领三军，让士兵心甘情愿地追随自己上阵杀敌，使他国不敢进犯，这方面你能和我相比吗？"田文诚实地回答道："我不如你。"吴起又说："保境安民，管理官吏，充实国库，你比得上我吗？"田文老实回答说："我不如你。"吴起接着说："戍守西河，威慑强秦，防范外敌，令韩、赵依附于魏国，你比得上我吗？"田文又说："我不如你。"

吴起困惑地问："我各方面都比你强，为何屈居你之下？"田文说："如今少主年幼，政局不稳，新君威信未立，臣民都在迟疑观

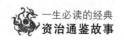
望，你觉得在这种情形下，由你还是由我来当辅政大臣更合适呢?"吴起沉默良久才说:"由你辅政更合适。"

田文去世后，公叔当了魏国的国相，并迎娶了魏国的公主。公叔得知吴起曾与前任国相争功，担心吴起威胁到自己的地位，凤夜忧叹、惶惶不安。他的家仆献策说:"不妨建议魏武侯用嫁公主招婿的方法试探吴起的忠心，然后故意让公主羞辱他，吴起看到公主如此刁蛮无理，必然会拒绝这门婚事，如此一来，魏武侯必猜忌吴起。"公叔依言行事，串通公主演戏，吴起果然拒婚，魏武侯产生了疑心。吴起害怕被害，仓皇逃到了楚国。楚悼王爱惜其才华，拜他为国相。吴起主持了一系列的变法工作，使楚国实现了富国强兵之梦，但损害了贵族的利益，为王公大臣所记恨。楚悼王一死，权贵们便下令追杀吴起。吴起跑到了楚悼王的灵堂内，扑在尸身上，以躲避刀箭。追兵毫无顾虑地拔箭乱射，将吴起当场射杀，楚悼王的尸体也中了好几箭。新继位的楚肃王以大不敬罪处死了朝先王尸体放箭的士兵，70余家惨遭灭族。

◈智慧贴士◈

吴起因军功和变法而名垂青史，既是功勋卓著的名将，又是有胆有识的改革家，收获了不少赞誉，但光环的背后却有着鲜为人知的一面，他杀妻求将、丧母不归，薄情寡义，不孝不仁，不足以成为后世称颂的楷模。

商鞅变法:功盖千秋，还是遗祸万年

商鞅在秦国当国相主持变法改革时，刑罚极为严峻。他曾亲自前往渭河监督犯人行刑问斩，犯人的鲜血把清澈的河水染成了红色，景象极为可怖。商鞅做了整整十年的国相，一味推行严刑峻法，为许多人所憎恨。

有一天，赵良拜见商鞅。商鞅问："在你看来，我和五羖大夫百里奚谁更会治理国家？"赵良直率地说："千人随声附和唯唯诺诺，不如一人直言相告，我想说说真实的想法，希望你不要怪罪。"商鞅说："好，请直言。"

赵良说："五羖大夫百里奚出身低微，原本是楚国的一个乡野村夫，秦穆公唯才是举，把他提拔到一人之下万人之上的尊崇位置。他在秦国出任国相六七年时间，曾经征伐郑国，先后三次帮助晋国扶立新君，并力挽狂澜，帮助楚国解除危难。虽然位极人臣，国事繁忙，万分劳累，仍不肯乘车出行，宁可忍受烈日的暴晒，也不擎起伞盖遮阳。他外出视察的时候，后面没有随行的车马，没有前呼后拥的阵势，也从不摆弄刀剑耀武扬威。五羖大夫去世时，秦国男女老幼全都伤心痛哭，连不谙世事的孩童都不再拍手唱歌，舂米的人默默劳作，不再吟唱舂杵的谣曲，这是因为举国上下都在哀悼五羖大夫。"

赞颂完百里奚，赵良把话题转移到了商鞅身上，对两个人的施政治国方式进行了对比分析："您是靠结交国君身边的宠臣步入仕途的，执掌国政大权以后，便开始欺辱践踏公卿贵族，肆意残害无权无势的老百姓，秦国上下从权贵到庶民都惧怕您。公子虔为了避祸八年闭门不出。您又处死了祝欢，判处公孙贾黥刑。这些做法都是不得人心的。您每次外出，都有大量车马尾随，大批甲士相伴，手握兵戈的武士驾车疾驰，亦步亦趋地追随着您，时时刻刻保护您。若不如此，您就不能安心出行。您现在处在非常危险的境地，就好比即将蒸发消逝的朝露一般，随时都可能万劫不复。您还贪恋商於的财富，继续留在秦国独断专行。贵族和百姓对您的怨恨与日俱增，

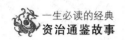
一旦支持您的秦孝公有什么差池，您就大祸临头了，秦国逮捕惩办您，罗织的罪名一定不会少，您还是好自为之吧。"商鞅没有理会赵良的劝诫，五个月后，果然招来了杀身之祸。

智慧贴士

商鞅严肃法纪，奖励耕战等一系列改革措施，确实帮助秦国实现了富国强兵之梦。秦国能发展壮大，具备并吞六国的实力，商鞅功不可没。商鞅是古代的改革先驱，这一点毋庸置疑。但他的变法措施产生了许多副作用，严刑峻法不仅损害了贵族的利益，加剧了社会矛盾，还伤害到了广大的平民百姓，并贻害后世，使得专制统治得以绵延千载，给劳苦大众带来了难以想象的深重苦难。

赵国"名嘴"公孙龙的诡辩之道

平原君喜欢豢养文士，供养的食客多达数千人。其中有个叫公孙龙的辩士，发表了"坚白同异"的高论，他认为一块质地坚硬的白色石头，用肉眼去看，分辨不出它是否真的坚硬，只能判断它是白色的，只有用手去触摸，才能感知到它确实很坚硬，但手的触感只能辨别软硬，不能鉴别颜色。所以世界上只存在眼睛看到的白石和可触摸的坚石，不存在坚白石。平原君对这个诡辩的论点非常感兴趣，于是尊奉公孙龙为上宾。

有一次，鲁国人孔穿来到赵国，见到了公孙龙，两人就奴婢有几个耳朵的问题展开了唇枪舌剑般的争论。公孙龙坚持说"奴婢有三个耳朵"，论述极为精妙，口若悬河地说了很多玄而又玄的大道理，孔穿听得云里雾里，一时无以应对，辩论了一会儿就起身告辞了。当时平原君也在场，觉得那场辩论非常精彩。次日，孔穿再次求见平原君。平原君说："公孙龙的辩论条理清晰，奥妙无穷，先生怎么看？"

孔穿回答说："是的。他仅凭着一幅伶牙俐齿就能让奴婢多长出一只耳朵，的确令人佩服，但实际上是办不到的。论证奴婢长三只耳朵只是一个议题而已，讨论出结果是非常困难的，因为它不是事实。论证人长两只耳朵是非常容易得出结论的，因为它确实属实。不知您愿意相信容易得出结论的，且又是真实的东西，还是相信没办法下结论的，虚无缥缈的东西？"第二天，平原君告诫公孙龙说："以后别和孔穿争论了。因为他的道理远胜过任何巧言善辩的辞令，而您侃侃而谈运用的言辞，超出了一般的道理。你和他辩论，必然占不了上风。"

齐国人邹衍外出，途径赵国，平原君要求他和公孙龙一较高下，讨论"白马非马"之说。邹衍拒绝道："辩论的宗旨在于找出事物之间的差异，使不同的两个事物不相混淆，理清头绪，使概念更加清晰，把自己的观点表述清楚，让别人能充分理解，不是为了故弄玄虚迷惑对方，让对方陷入困惑迷惘的境地。只有这样，在辩论中得胜的人才能继续保持自己的立场，落败者也能从中获益，探求到他所追求的真理。这样的辩论才是有意义的。我平素最讨厌的就是用繁琐复杂、玄妙晦涩的理论混淆视听，用生僻的词语、巧言饰辞咄咄逼人地攻击别人，用华丽浮夸的辞藻玩弄偷换概念的把戏，使听者不得要领，根本弄不清他究竟在讲什么。这样做对于治学是毫无益处的。那种纠缠不休、盛气凌人地驳斥别人，非要把对方驳得体无完肤、俯首认输的做法，有失君子风度，这种事情我是绝不会做的。"在座的人听了这席话，不由得连声叫好，个个拍手称快。备受追捧的公孙龙从此被冷落一旁。

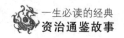

◈智慧贴士◈

人们常犯的一种错误就是把诡辩当成睿智，将简单的道理复杂化，堆砌生冷的词汇扰乱人的判断，把玄而又玄、形而上学的理论当成炫耀的资本。这其实是一种非常肤浅的做法。真正的智者会用深入浅出的语言，清晰地表达自己的观点，不浮夸不卖弄，实事求是。赵国"名嘴"公孙龙属于前者，齐人邹衍属于后者，两者相较，高下立现。

借封赏"沽名钓誉"的齐襄王

田单在齐国做国相时，有一天外出途径淄水，看到一个面黄肌瘦的老人渡河时冻得浑身发抖，上岸后形容憔悴，身体极为虚弱，已经不能行走。田单顿生怜悯之心，连忙解下身上的皮袍，给冻僵的老者披在身上。

齐襄王听说了这件事之后，大为不快，没好气地说："田单给百姓施加恩惠，是为了积累民望，抢夺我的王位，我不先下手为强，恐怕以后夜长梦多，生出许多变故。"说完四下张望了一会儿，发现旁边没有人，只有一个穿珠工匠站在殿阶下。齐襄王问："我刚才说的话，你可都听见了？"那人回答说："听见了。"齐襄王又问："你怎么看？"那人回答说："依微臣看，大王不妨将田单爱民如子的行为变成自己的善举，下诏说'我担心老百姓缺吃少穿、忍饥挨饿，就让田单救济贫苦；我担心老百姓受冻，就让田单解下皮袍披在他们身上。我担心老百姓太过劳苦，田单为我分忧，因此格外关心民间疾苦。他深知我的心意。'以后田单每每有善举，大王都要夸赞他，这样那些善行就被大王收为己有了。"

齐襄王采纳了他的意见，于是设酒宴犒赏田单，重重地嘉奖了他。几日后，穿珠工匠又献策说："大王应该当着百官的面慰劳田单，然后昭告天下，搜寻食不果腹的穷苦百姓，予以救济收养。"齐襄王依言行事，然后派人打探舆论动向，结果上至朝臣士大夫，下至街头巷尾的老百姓都说："原来田单爱惜百姓，都是奉了大王的旨意呀！"

田单并没有把这件事放在心上。过了一段时间，把貂勃推荐给了齐襄王。当时有九个备受宠信的奸臣总是在背地里中伤田单和貂勃。九人一致推荐貂勃出使楚国，答谢昔日的援助之恩。之前燕国讨伐齐国，楚国曾派出1万援军帮助齐国御敌。貂勃奉命去了楚国，受到了隆重的接待，楚王迟迟不肯放他回去。转眼几个月过去了，九个奸臣进献谗言说，貂勃在楚国备受礼遇，是因为田单的缘故。田单有权势有声望，对内能镇国安邦，对外能安抚夷狄，其志不小，必须要小心提防此人。

齐襄王闻言，马上下令将田单召来问罪。田单不胜惶恐，急忙摘下帽冠脱掉上衣，赤足上前请罪。五日后，齐襄王说："你不曾得罪寡人，以后要遵守人臣之道。"貂勃返回齐国后，齐襄王设宴为他接风洗尘。席间，忽然喝令左右："把田单召来！"貂勃问齐襄王是否比得上周文王、齐桓公。齐襄王说比不上。貂勃说："周文王尊奉吕尚为太公，齐桓公将管仲视为仲父，您有平安君田单这样的贤臣辅佐，却直呼其名，这不是亡国的征兆吗？"接着历数田单的功劳，请求诛杀九位中伤田单的奸臣。齐襄王听从了他的意见，处死了九个奸臣，给田单追加了封赏。

❀智慧贴士❀

君臣关系非常微妙和复杂，深谙官场之道的臣子，在君王面前，常常会推功揽过，这种做法正契合了君王的心理特点。君王不能容

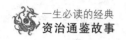

忍臣子的功劳和名望超过自己，也不能容忍自己的过失或不足之处被他人看穿，自己犯下大错，多半会让臣子背黑锅，自己政绩平平、美誉度不高，就会抢夺臣子的功劳和名声，齐襄王的做法正符合这一规律。

避实击虚的奇谋妙计

孙膑和庞涓师出同门，两人曾一块儿学习过兵法。学成之后，庞涓到魏国做了大将，觉得自己的军事才华远远赶不上孙膑，对孙膑既嫉妒又畏惧，遂产生了歹念，把孙膑诓骗到了魏国，加以构陷。孙膑莫名其妙地锒铛入狱，受到了惨无人道的迫害，失去了一对膝盖骨，又受了墨刑，脸上被刺了字。他双腿残疾，脸上又留下了刑徒的印记，形同废人，即使身怀绝技，也很难出头了。

孙膑虽然身陷绝境，却从来没想过放弃，他听说齐国的使者来到了魏国，便千方百计约见使者，并游说对方帮助自己逃跑。使者把他藏匿在车子里，悄悄地带到了齐国。孙膑来到齐国后，在齐国大将田忌那里当门客，田忌十分赏识孙膑，不久就把他推荐给了齐威王。齐威王和孙膑探讨过兵法后，发现孙膑谋略过人，大为叹赏，客气地尊其为老师。

公元前 354 年，魏国发兵攻打赵国，包围了赵国的国都邯郸。赵国向齐国求援。次年，齐威王调兵驰援。齐威王原本打算让孙膑出任将军，领兵为邯郸解围。孙膑以受刑之人不宜为将的理由婉言拒绝了。齐威王于是任命田忌为大将，孙膑为军师，派他们火速救援赵国。孙膑因为受过膑刑不能行走，一路坐在设有帐篷的车子里，为田忌出谋划策。

田忌打算马上赶到赵国战场，与魏军血战。孙膑阻拦说："劝架之人，不能自己先耀武扬威，制止械斗者，不可自己先亮兵器。唯有避实就虚，遵循上攻伐谋的原则，让交战双方罢兵和解，问题才能迎刃而解。现在魏国大举攻打赵国，主力部队都在邯郸，国内兵力必然空虚。何不出其不意地袭击魏国都城，攻其薄弱之处，这样魏国不得不从赵国撤兵回师自救，邯郸之围便自行解除了。"

田忌依言行事，率军直扑大梁。十月，邯郸沦陷，可魏军没有得意多久，就接到了火速回师救援国都的命令。魏军火急火燎地往都城赶，行至桂陵，遭到了齐军的埋伏，一场恶战之后，魏军惨败，连主将庞涓都成了俘虏。

智慧贴士

"围魏救赵"为《三十六计》中的第二计，集中体现了孙子兵法中的谋攻思想，可概括为"避实就虚、巧妙制敌"八个字，共分为四个步骤：一，避实，躲避敌人锋芒，采取迂回策略；二，击虚，迫使对方回师自救；三，设下埋伏，以逸待劳；四，奋然杀出，出奇制胜。

增兵减灶的"障眼法"

桂陵之战中，庞涓惨遭生擒，沦为战俘。被释放以后，心高气傲的他一直对此耿耿于怀，总想着一雪前耻。公元前341年，庞涓带领魏国和赵国的军队攻打韩国。韩国向齐国求助。齐威王召集文武大臣讨论此事，问大家是早早发兵驰援好还是静观其变缓兵救援好。成侯建议隔岸观火不救。田忌说："韩国疲弱，魏军强大，若要救援，必须早点儿出手相救。"

孙膑说："韩魏两国刚开始激战，士气正盛，此时我们前去救援，替韩国承受魏国的猛烈打击，反而显得我们在听命于韩国了。魏国此次出征，目的在于吞并韩国，待韩国感觉到亡国危机，恳求齐国援助的时候，我们再出兵，既能让韩国感恩戴德，又能痛击疲惫不堪的魏军，可谓是一举两得。"听了这个令人拍案叫绝的建议，齐威王忍不住大声叫好，于是爽快地答应韩国使者出兵，把对方打发了回去，之后迟迟不肯行动。韩国误以为齐国会发兵相救，信心倍增，拼命抵抗魏赵联军，双方激战了五次，韩国屡战屡败，只好把全部希望都寄托到了齐国身上。

齐国见时机一到，火速发兵救援。孙膑作为军师随军出征，田忌、田婴、田盼掌兵。他们沿用避实就虚的老方法，直扑魏国都城。庞涓被迫从韩国撤军，火速驰援国都。危急时刻，太子申临危受命，率兵抵抗入侵的齐军。孙膑对田忌说："魏赵韩三国军队以彪悍骁勇著称，认为齐国士兵怯懦，齐国士兵确实不够勇武，我们可以因势利导，利用他们的心理，巧妙地误导他们。"

田忌听从了孙膑的意见，大军到达魏地之后，设置了 10 万个军灶，一日后军灶减半，第三日军灶数量减至 2 万个。庞涓见状，喜出望外，高兴地说："我早就知道齐兵怯战，他们刚进入我国境内三日，就逃走了大半。"于是留下了步兵，自己带着轻骑兵马不停蹄地追赶齐军。

经过推算，孙膑估计庞涓大概黄昏时分能抵达马陵。马陵山路狭窄逼仄，易守难攻，两旁地势奇险，非常适合设伏兵。孙膑派人剥掉一棵大树的树皮，在裸露的树干上写下"庞涓死于此树下"一行大字，随即挑选了上万名箭无虚发的弓弩手沿路埋伏，相约以火光为号放箭。庞涓在当晚赶到了那棵大树下，隐隐看到树上有字，命人举着火把照看，还没来得及读完，两旁忽然乱箭齐发，魏军纷纷中箭倒下，剩下的人狼狈逃窜，场面混乱不堪。庞涓绝望自杀，临死前长叹道："到底是让孙膑这小子扬名天下了。"齐军乘胜追击，将魏军打得丢盔弃甲，魏国太子申被俘。

智慧贴士

孙膑用兵的精妙之处，在于非同一般的战略和战术，他既能高瞻远瞩、巧妙布局，又懂得知己知彼，利用敌兵的心理弱点巧施妙计，在诱敌深入的同时，结合地形之利，一举击溃强敌。

凭三寸之舌纵横天下的苏秦

苏秦是战国时期的东周洛阳人，出身寒微，但志向远大，不仅想要功成名就，还渴望执掌天下沉浮，曾与张仪一同拜师于鬼谷子门下，苦心钻研纵横之术。起初，他到秦国游说惠文王，热情洋溢地描绘了并吞诸侯一统天下的政治蓝图，惠文王觉得他只有嘴上功夫，华而不实，便没有理会他。苏秦花光了盘缠，没有受到重用，只好灰头土脸地悻悻离去。

后来苏秦辗转到了燕国，对燕国文公说："燕国远离战火，是因为南面有赵国作屏障。秦国若想对燕国动兵，必须千里奔袭，而赵国攻打燕国，行军百里即可。大王不考虑百里之内的威胁，却终日为千里之外的危机忧心，这不是很荒谬吗？大王要是能和赵国睦邻友好，就没有什么近忧了。"燕文公被说服了，派苏秦充当说客，游说赵肃侯与燕国亲善结盟。

苏秦到了赵国，拜见了赵肃侯，游说道："崤山以东，赵国国力最强，被秦国视为心腹大患。秦国不敢贸然攻打赵国，是因为担心韩、魏两国在后方偷袭。假如秦国为解除后顾之忧，兼并了两国，韩、魏被迫俯首称臣，那么就没有力量钳制秦国了。秦国的矛头将

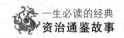

直指赵国。诸侯国何不联合起来共同抵御强秦呢？六国的国土面积是秦国的五倍，总兵力是秦国的十倍，若能组成攻守同盟，同心协力对付秦国，秦国必不敢踏出函谷关一步。"

赵肃侯大喜，重重赏赐了苏秦，请他去周游列国游说诸侯，订立合纵同盟。此时，秦军大败魏国，正虎视眈眈地打量着别国。苏秦担心秦国攻打赵国，破坏合纵盟约，打算派人游说秦国，阻止秦国对赵国动武。首先想到了同窗张仪。张仪是魏国人，有大才，苏秦自叹弗如，可惜不为人知。张仪周游列国，处处碰壁。苏秦便主动邀请他到赵国来。张仪来到赵国后，苏秦故意羞辱他，企图用激将法逼他游说秦国。张仪受到侮辱，含恨在心，为了报复在赵国混得风生水起的苏秦，投向了赵国的死敌秦国的怀抱。张仪愤而离开后，苏秦派亲信带着钱财资助张仪，促成他和秦王的会面。张仪被拜为客卿后，才知道苏秦在暗中帮忙，作为回报，他成功说服秦惠文王暂时不对赵国动刀兵，苏秦没有了顾虑，欣然前往韩国游说韩惠王。

苏秦对韩惠王说："贵国虽疆土有限，但方圆千里，耕地充足，人丁稠密，据说披坚执锐的甲兵、头裹青巾的苍头兵、奋勇杀敌的死士各有 20 万，押运辎重的部队有 10 万之众，战车多达 600 辆，战马足有 5000 匹，兵力如此强大，却甘心屈膝侍奉秦国，真是可惜呀。赵王不忍心看着大王被目光短浅的臣子迷惑，特派我递上合纵抗秦的盟约。合纵大计全赖大王了，请大王三思。"韩惠王被说动了，同意加入合纵国。

不久，苏秦又来到齐国游说，慷慨陈词道："齐国和韩魏两国不同，韩魏忌惮秦国，是因此它们紧邻秦国，双方一旦交兵，没有回旋余地，胜负立见分晓。就算它们勉强打败了秦国，自己也会元气大伤，以后就保证不了边境安全了。若被秦国打败，就会面临亡国的危险。所以韩魏两国不敢与秦国交兵，宁愿俯首称臣。齐国与秦国相隔甚远,秦国想攻打齐国,须穿越韩魏两国,历经艰险才能到达战场,想深入齐国境内,又害怕韩魏在背后偷袭。所以秦国只是一味恫吓齐国却不敢挥师东进,根本威胁不到齐国。齐国是强国大国,地理位置又十分特殊,令秦国无可奈何,为何要屈膝侍奉秦国呢?"齐国国君恍然大悟,欣然接受了合纵之策。

随后,苏秦又去游说楚国,振振有词地说:"楚国有逐鹿中原、问鼎天下的雄厚势力,是秦国的头号强敌,必不被秦国所容。大王何不与其他五国结盟,孤立秦国,号令诸侯呢?我能说服五国诸侯向楚国进贡,听令于大王,心甘情愿地割让土地,死心塌地地做楚国的臣属。倘若大王不肯缔结合纵盟约,试图和秦国连横,那么纳土称臣的可就是楚国了。大王是想当天下共主,还是想屈居人下呢?请好好斟酌一下吧。"

楚威王也被苏秦的说辞折服了,同意合纵抗秦。苏秦佩上了六国相印,高高兴兴地回去向赵王复命,随行的车骑、护卫连绵不断,场面蔚为壮观,宛若君王的仪仗队。

智慧贴士

苏秦是战国时期鼎鼎大名的说客,凭借三寸不烂之舌和一副伶牙俐齿周旋于列国诸侯之间,纵横捭阖、睥睨天下,以一己之力创建了规模空前庞大的国际军事联盟,把强秦困在函谷关内,成功左右了当时的政治格局。

玩弄诸侯于股掌之中的张仪

秦国打算攻打齐国,因为齐楚两国结成了军事同盟,不敢贸然发兵,于是派张仪到楚国游说,企图挑拨两国关系。张仪对楚怀王

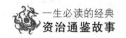

说："秦国早晚要和齐国决一雌雄，大王若能保持中立，和齐国断交，秦国愿奉上商於一带六百里肥沃的土地作为厚礼，送给贵国，另进献国色天香的美女充实大王的后宫，与贵国结成兄弟国家。"

楚怀王大悦，欣然答应了张仪的条件。大臣纷纷上前祝贺，唯有陈轸满脸哀愁之色，仿佛大难临头了一般。楚怀王生气地说："寡人不费一兵一卒，不发一矢，就能得到方圆六百里的土地，这是喜事，你为什么要愁眉苦脸呢？"陈轸说："以臣之见，大王得不到六百里土地。秦国看重楚国，是因为忌惮齐楚同盟，大王若背弃了齐国，就会变得孤立，到时还凭什么向秦国索要土地呢？张仪返回秦国后，肯定背信弃义，拒不履行承诺，到时楚国失去了齐国这个强大的盟友，又招来了秦国的虎狼之师，形势危矣。秦国一定联合齐国攻打楚国。依老臣看，不如暗中继续与齐国交好，然后派人跟张仪到秦国接收土地，得了秦国的土地，与齐国断绝来往也不迟。"

楚怀王不听，毫不犹豫地将楚国的相印交给了张仪，马上跟齐国断绝了交往，然后派人陪张仪到秦国接收土地。张仪回到秦国后，假装乘车意外跌伤，三个月没有上朝。楚怀王闻讯，焦虑地说："张仪是不是怀疑我国没有彻底跟齐国断交？"遂派人大骂齐王，齐王恼羞成怒，愤然与楚国绝交，转而倒向了秦国。齐秦通好之后，张仪才衣冠楚楚地出现在朝堂上，他告诉楚国使者现在可以接收方圆六里的土地了。楚国使者听说许诺的土地缩小了上百倍，顿时气得七窍生烟，怒气冲冲地离开了，回国后把张仪的答复报告给了楚怀王。

楚怀王知道上了当，勃然大怒，打算发兵征讨秦国。陈轸劝谏说："请恕老臣直言，现在发兵讨伐秦国，不如割让一座城池与秦国结盟，一起攻打齐国，如此一来，贿赂秦国失去的土地，可以从齐国那里讨回来。我们已经同齐国断交，再指责讨伐秦国，齐楚两国的连横关系将进一步巩固，到时我们楚国就危险了。"楚怀王正在气头上，听不进良言，毅然发兵远征秦国。次年，两国会战于丹阳。楚国数万大军全军覆没，不久又丢失了汉中。楚怀王不甘心，再次发兵讨秦，双方会战于蓝田。楚国再次被秦国打败。韩魏两国趁楚国国内防守空虚，袭击并夺取了邓邑。楚军火速回师自救。战后楚怀王主动献上两座城池，向秦国乞和。

两年后，秦国提出交换国土，只要能得到楚国的黔中，愿意割舍武关以外的土地。楚怀王答复使者说："寡人对交换国土的事不感兴趣，秦国若能把张仪交给寡人，寡人愿把黔中双手奉送给秦国。"张仪得知后，请求出使楚国。秦惠王不放心地说："楚怀王对你恨之入骨，正想方设法找你寻仇，你怎么能自投罗网呢？"张仪说："楚国不如秦国强大，楚国畏惧大王，不敢随意处置我。我和楚国的宠臣靳尚有些交情，靳尚是楚王爱妃郑袖信赖的人，而楚王一向对郑袖百依百顺。"于是放心去了楚国，刚踏入楚地不久，就被楚怀王关押了起来。楚怀王恨不能对其杀之而后快。

靳尚听说张仪遭到了囚禁，连忙向郑袖进言说："秦王非常看重张仪，不惜用尚庸六县和绝色美女赎他回去。而我们的大王十分看重土地，又忌惮秦国，假如答应了秦国开出的条件，让秦国的美女进入后宫，这些狐媚的女人必然要和你争宠，到时你在后宫中的地位就不保了。"郑袖于是就在楚怀王那里梨花带雨地哭诉道："大王要是杀了张仪，必然会惹怒秦国。请允许我和孩子到江南避难，免得日后被秦军所辱。"楚怀王思量一番之后，不仅释放了张仪，还奉上了厚礼。

张仪说："六国合众对付秦国，就好比群羊与虎狼相争，胜败毫无悬念。大王若不愿亲附秦国，秦国可胁迫韩魏两国联合讨伐楚国，到时楚国想要独善其身也不可能了。秦国讨伐楚国，不出三月便能让楚国灭亡，而合纵盟军至少需要半年时间才能到达楚国，远水是

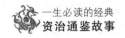一生必读的经典
资治通鉴故事

救不了近火的呀。大王若能和秦国结成兄弟之国，两国互不征伐，岂不是更明智吗？"楚怀王得到了张仪，人不能杀，仇不得报，却要交出黔中土地，很不甘心，于是便答应退出合纵盟国，与秦国连横，条件是不割让黔中。

智慧贴士

张仪有胆有识、能言善辩，仅仅凭借一番言辞就成功欺骗了楚怀王，为处在被动状态中的秦国争取到了连横的盟友齐国，拆散了齐楚同盟，随后又与楚国化敌为友，缔结邦交。整个过程将诸侯玩弄于股掌之中，诸侯上当受骗，只能自认倒霉，足见其有多么聪明和狡猾。

精明的说服者触龙

公元前265年，秦国讨伐赵国，屡战屡胜，一连攻取了三座城池。赵国新君刚刚即位，由于太过年少，不能独当一面自己处理朝政，暂时由太后摄政。危急时刻，太后派人向齐国求援。齐国人回复说："我们可以支援赵国，但你们必须把赵国公子送到齐国作人质。"诸多儿子之中，赵太后最疼惜的就是小儿子长安君，自然不愿意让他到异国作人质。齐国因此一直作壁上观，不肯发兵。

面对秦兵的步步紧逼，赵国上下慌作一团，大臣们费尽口舌劝说太后答应齐国人的条件，太后不允，还咬牙切齿地说："谁敢再提此事，哀家就用口水啐他。"群臣不敢多言。左师触龙冒着被吐一脸唾沫的危险求见太后。太后面呈愠色，怒目横眉地盯着触龙。触龙小步徐行地进来，致歉说："臣患有足疾，不能快走，很长时间不能拜见太后，今天想看看太后贵体是否安好，所以特此来求见。"

太后情绪稍解，感叹说："哀家也老了，腿脚大不如从前了，出门得乘坐小车了。"触龙接着问："太后的胃口怎样？饭量还好吗？"太后回答说："平时只能喝些粥。"说话的语气缓和了很多，脸色也好一些了。触龙转移话题说："老臣最疼爱幼子舒祺，希望给他谋求一个宫廷侍卫的差事，太后能否给老臣几分情面？"太后说："可以呀，他多大了？"触龙回答说："年仅十五岁。希望太后能在我百年之后，照顾照顾他。"

太后惊奇地问："男人也像女人那样，最怜爱幼子吗？"触龙回答说："是的。男人对小儿子的偏爱一点也不比女人少。"太后笑道："一派胡言，男人对儿子的爱怎么能跟女人比？"触龙说："臣以前一直认为，太后最疼惜的是公主。"太后说："大错特错，哀家更加疼爱长安君。"触龙说："父母疼爱子女，必然会为他们作长远打算。当年太后送燕后出嫁，抱着她的脚不停地流泪，语不胜情，悲不自胜，是因为一想到女儿远嫁他乡，从此天涯相隔，母女俩很难见面了，抑制不住内心的悲伤呀。"

太后若有所思。触龙又接着说："女儿出嫁后，太后依然对她牵肠挂肚，每次祭祀都要祈求祖先保佑燕后夫妻和睦、地位稳固，希望她的子孙能世代嗣承大位，这不是在为她作长远打算吗？"太后说："是。"触龙又问："迄今为止，上数三代，赵王的子孙被封侯的，他们的后代还有继承爵位的吗？"太后回答说："没有。"

触龙得出结论说："也就是说王侯目光短浅，灾祸不仅殃及自身，还会波及后世子孙。为何诸侯国君的子孙境况如此之差呢？这是因为他们身居显位，却寸功未立，享受着优厚的俸禄，却无益于国家。太后让长安君显贵，赐给他丰饶的土地和贵重的宝器，却不让他为国立功，那么您百年之后，长安君靠什么在赵国安身立命呢？所以臣认为太后为长安君考虑欠妥，不如为燕后考虑得周全，才斗

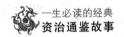

胆说您爱燕后胜过爱长安君。"

太后恍然大悟，终于同意送长安君到齐国作人质，齐国这才肯出兵相援。秦军听说齐国参与了战争，立刻罢兵撤退了。

智慧贴士

赵太后作为一个女政治家，由于私人感情的牵绊，不肯让幼子充当人质，因此得不到齐国的援兵。所有苦口婆心劝谏的臣子都遭到了唾骂和威胁。触龙能劝说成功，奥秘在于先用缓冲法絮絮叨叨地谈论起居饮食，自然而然地过渡到爱子观，提出"父母之爱子，则为之计深远"的观点，站在对方的立场循循善诱地开导，效果当然比直奔严肃的主题要好。

"奇货可居"背后的政治交易

秦国太子安国君的正夫人华阳夫人，一直膝下无子，未能给王室开枝散叶。安国君的儿子异人是一个叫夏姬的姬妾生的，夏姬红颜薄命，年纪轻轻便香消玉殒了。异人没了母亲的庇护，又不是嫡子，在王室不受宠，所以被送到赵国当人质。

秦赵两国经常交战，赵国饱受秦国的袭扰，赵国人痛恨秦国人，难免会迁怒于异人，因此对他很无礼。由于异人是庶出的王族子孙，换不来大笔钱财，价值有限，赵国人并不看重他，异人的日子非常不好过。在多数人看来，异人不过是一枚食之无味弃之可惜的鸡肋，燕翟商人吕不韦却不这么认为，他在邯郸行商的时候碰到了异人，忍不住叹道："这可是价值连城的稀罕物啊，囤积起来待价而沽，日后必能卖个好价钱。"

他对异人说："我能帮你实现光耀门庭的愿望。"异人见他是一副市井商人的打扮，觉得十分好笑，不以为然地说："你先光耀自家的门庭再说吧。"吕不韦急切地说："只有你的门庭光耀了，我才能跟着显贵。"异人觉得他话里有话，不敢怠慢，于是把他请入室内详谈。

吕不韦说："秦王年岁已高，早晚得让太子安国君即位，安国君宠爱华阳夫人，可惜他们俩没有儿子。在 20 多个宗室子弟中，你排行居中，不被安国君喜爱，现在又滞留异国，长年不在父亲身边，父子关系必定更加疏远，你是没有希望继承大位的。"异人觉得他说得很有道理，急忙问："依你看，我该怎么办才好？"吕不韦回答说："能帮助你的只有华阳夫人。我虽财力有限，但还有些银两，要花费千金前往秦国游说，扶立你当储君。"异人闻之大喜，激动地说："你若真能助我一臂之力，我即位后，愿与你共同分享整个秦国。"

吕不韦赠给异人 500 金，教他广泛结交各路宾客，改变门庭冷落鞍马稀的局面。然后又拿出 500 金买了许多稀奇的宝物，独自带着财物前往秦国，嘱托华阳夫人的姐姐把礼物献给华阳夫人，并请对方替异人美言，说异人是个贤能的公子，为天下士人所倾慕，如今宾客盈门、高朋满座，在异国口碑极佳，可惜他是个孝子，时常思念父亲安国君和嫡母华阳夫人，以至日夜饮泣，结尾还不忘补充一句："异人一直把华阳夫人看成亲生母亲，为不能尽孝道感到惋惜。"

华阳夫人听罢，感动万分。她的姐姐又按照吕不韦的吩咐说道："女人靠花容月貌得宠，年老色衰了，恩宠就会衰减。夫人虽深得安国君宠爱，可一直膝下无子，何不趁自己姿容未改的时候，选一个孝顺的庶子当依靠，然后把他扶立成继承人，巩固自己的地位。如若不然，等到自己年华老去之时，怕是会追悔莫及呀。异人贤德孝顺，知道自己不是嫡出，没有机会继承大统，夫人要是能帮他一把，

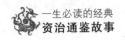

他必定感激涕零，他日一定会报答夫人。如此一来，夫人的地位就不可撼动了。"

华阳夫人认为姐姐是在全心全意地为自己考虑，被彻底说服了。于是就哭着对安国君说："异人虽不是嫡出，但十分贤能，又很孝顺，熟悉他的人莫不交口称赞。我没有儿子，希望把异人立为嫡子，将来老了有所依靠。"安国君一向对华阳夫人言听计从，见美人哭得楚楚可怜，不忍心让她老无所依，于是就同意立异人为继承人，并赐给异人很多财物，请吕不韦辅佐异人。异人被扶立为继承人后，身份地位扶摇直上，名望倍增，各路诸侯瞬间对他刮目相看。

吕不韦身边有一个千娇百媚、美貌风流的侍妾，名叫赵姬，怀了他的骨肉。有一天，异人在吕不韦家里饮酒，见到美艳无双的赵姬之后，立时心神荡漾，不可自拔，竟不顾道义廉耻，当场向吕不韦索要此女。吕不韦起初十分气愤，但思量再三之后，还是忍痛割爱，把自己怀里的温香软玉般的美人拱手让给了异人。后来赵姬足月产下一名男婴，取名叫政。异人回国继承了君位后，赵姬成了皇后。异人驾崩后，赢政继承了王位，动用强大的武力消灭了六国，统一了华夏，建立了中国历史上第一个中央集权帝国。

智慧贴士

吕不韦既是一个眼光独到的商人，又是一个老谋深算的政治家，他破天荒地投资落魄王孙异人，获得了超值回报，不仅换来了位极人臣的政治地位，还成功窃取了大秦帝国的王权，把自己的骨肉扶上了皇帝的宝座，可见他非常善于投机，而且包藏狼子野心，十分狡诈和阴险。

秦 纪

《秦纪》上启秦昭襄王五十二年（公元前 255 年），下至二世皇帝二年（公元前 208 年），囊括 40 多年历史。司马光选取这个时间节点，是因为公元前 256 年，秦国攻克了周朝国都洛邑，东周正式灭亡，从此历史翻开了崭新的篇章。公元前 255 年～公元前 220 年，秦国日益强大，由割据一方的诸侯国发展成了雄霸天下的强国，通过兼并战争，逐渐并吞了六国。公元前 221 年，秦始皇建立起了中国第一个大一统的集权制国家，开创了秦王朝。可惜由于屡施暴政，失去了民心，加之后继者昏聩无能，朝政被宦官、权奸把持，强盛一时的大秦帝国昙花一现，瞬间消失在历史长河之中。

韩非和李斯的恩怨情仇

韩非出身钟鸣鼎食之家，系韩国宗室子孙，热衷于钻研刑名法术之学，一心想要匡扶社稷，振兴国家。他眼睁睁地看着韩国国势日薄西山，一天比一天衰落，忧心忡忡，多次上书劝谏君王励精图治，依法治国，韩王置若罔闻，不肯采纳他的建议。

韩非心灰意冷，痛恨国君不能选贤任能，却宠信夸夸其谈、谄媚逢迎的小人，居然让哗众取宠、惑主媚上的奸臣凌驾于贤臣和功臣之上，一时郁愤难平。在他看来，统治者根本就不会用人。局势缓和、高枕无忧的时候，就任用沽名钓誉的庸才，局势紧张的时候，就重用舞刀弄枪的莽夫。花费财力物力蓄养的，关键时刻不能倚仗，而真正可倚仗的人才，都不是朝廷用食禄奉养的人。清正贤良的君子早就被奸臣排挤出朝堂了。他把自己的所悟所感撰写了下来，创作了《孤愤》《五蠹》《说难》等言辞犀利、见解深刻的好文章，阐述了自己的治国理念和思想主张。

公元前233年，韩国对秦国纳土称臣，韩非奉命出使秦国。秦王嬴政早就听说韩非有才学，很想亲眼一睹这位饱学之士的风采。韩非上书进言道："贵国疆域辽阔，方圆数千里都是贵国的国土，又有百万雄师，赏罚有度，军纪严明，放眼四海，没有哪个国家可与贵国相提并论。我冒死求见大王，是为了献上破合纵平天下的大计。倘若大王能采纳我的主张，必定拆散六国同盟，到时六国不肯依附臣服秦国，秦国不能称霸天下，四方诸侯不肯进贡朝拜，大王可以马上将我斩首示众，以谢天下。"嬴政看到这篇慷慨激扬的奏疏，十分高兴，但因为心中尚有顾虑，没有马上重用韩非。

李斯和韩非同为荀子的得意门生，李斯嫉妒韩非比自己有才干，于是就在嬴政面前诋毁韩非说："韩非是韩国宗室的公子，必然心向韩国。秦国想要兼并六国、一统天下，韩非一定会力挽狂澜，竭尽全力为韩国谋划，不可能真心实意地为秦国效力。大王要是不能放心用他，不如将他除掉，永绝后患，放他回到韩国，无异于放虎归山啊。"

嬴政觉得李斯所言有理，便将韩非打入了大牢。李斯派人送去了毒药，逼迫韩非服毒自杀。韩非想要当面向秦王申辩，怎奈沦为阶下囚的他，见不到君王，只好含恨而死。嬴政后来后悔赐死韩非，忙派人前去营救，可惜为时已晚，韩非早就一命呜呼了。

韩非和李斯师出同门，且都信奉法家思想，却不能相容，归根结底是利益存在冲突。两人都想功成名就，践行自己的主张，且都受到了秦王嬴政的赏识，不可避免地成了竞争对象。李斯为了维护自己的利益，对韩非痛下毒手，本质上是贪欲使然。

刺秦：令人唏嘘的悲壮之举

燕国的太子丹在秦国当人质的时候，嬴政傲慢无礼，对他多加责难和羞辱，太子丹不堪忍受，偷偷潜逃回了燕国。回国后，太子丹一直对过去那段不愉快的经历耿耿于怀，发誓要报复秦国，遂问计于太子傅鞠武。鞠武提议联合韩赵魏齐楚五国以及北面的匈奴一起攻打秦国。太子丹说："这个破秦大计，需要漫长的时间酝酿，我等不及。"

后来，秦国大将樊於期因为作战失利，畏罪潜逃到了燕国。太子丹收留了他。鞠武劝谏说，为了结交一人而惹怒秦国得不偿失，接纳秦国叛逃的大将，将给燕国带来预想不到的灾难，主张驱逐樊於期。太子丹不听。过了一段时间，太子丹听说有个叫荆轲的义士，慷慨侠义，风姿儒雅且精通剑术，便准备了厚礼亲自登门求见。

见到荆轲后，太子丹开门见山地说："秦国俘虏了韩王，如今又南征楚国，北犯赵国，若赵国挡不住秦军的虎狼之师，大军很快就会直扑燕国。燕国弱小，连年征战，早已耗尽了国力，根本挡不住洪水猛兽般的秦军。假如有一位勇士能出使秦国，伺机劫持秦王嬴政，逼迫他把侵吞的土地原封不动地还给各国，就像曹沫挟持春秋霸主齐桓公，索回鲁国失土一样，那么各国都将十分欢喜。实在不

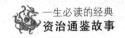

行，索性把秦王杀了。秦国能征善战的大将都在外面打仗，国内防守空虚，且君臣不合，彼此猜忌，抓住这个有利的时机联合各国抗秦，必能击溃秦军。还望先生好好考虑一下。"荆轲听完太子丹的分析后，爽快地接下了刺秦的任务。

太子丹把荆轲请进了上房，每天殷勤地拜访探望，对荆轲几乎有求必应。没过多久，秦朝大将王翦攻占并灭亡了赵国，太子丹惊恐万分，连忙催促荆轲动身。荆轲说："我空手出使秦国，根本就没有机会接近秦王。如果能拿樊於期的人头和燕国督亢的地图作厚礼，秦王一定会亲自接见我，那时我才有机会完成使命，报答太子的知遇之恩。"

太子丹为难地说："樊将军走投无路的时候投奔我，我怎能忍心加害他？"荆轲知道太子丹不忍杀害樊於期，便私自拜见了这位在燕国避难的沙场老将。他对樊於期说："听说秦王残杀了将军的全家，又悬赏千金求购将军的项上人头。您与秦王可谓是结下了不共戴天的血海深仇，不知将军有何打算？"

樊於期凄然道："每每想到此事，我就痛彻心扉，悲痛不已，可惜实在想不出报仇的办法。"荆轲说："希望能借将军项上人头一用。我带着将军的首级出使秦国，秦王必然会迫不及待地见我。近身之后，我会左手执其衣袖，右手持匕首刺其胸口，当场把他杀死。如此一来，将军大仇得报，燕国国难可解，不知将军意下如何？"樊於期听完，立刻拔剑自刎。

太子丹听说樊於期自杀了，十分哀伤，忍不住大哭了一场。正所谓人死不能复生，太子丹无论做什么都无济于事了，只好让人把樊於期的首级装入了锦盒。接着将一把淬过剧毒、削铁如泥的匕首交给了荆轲。这匕首杀伤力非常强，具有见血封喉的效力，一旦被刺出血，人立马倒地而死。一切准备就绪后，荆轲悲壮地踏上了不归路，身边只有一个叫作秦舞阳的勇士随行。

公元前 227 年，因为有樊於期的人头和燕国地图作厚礼，荆轲很快见到了秦王嬴政。他从容自若地走上大殿献上地图，徐徐将图卷展开。地图完全打开以后，隐藏在卷轴尾端的匕首露了出来。荆轲一把拽住嬴政的衣袖，抓起匕首猛地向他的要害部位刺去。嬴政一惊，慌忙离座躲闪，扯断了袖子。荆轲拿着匕首追赶，嬴政身上的佩剑太长，一时无法出鞘，只好绕着大殿里的柱子奔跑。在场的大臣全都吓得呆若木鸡。按照秦律，臣子不许携带任何兵器上殿，以致大家全都手无寸铁，情急之下，只好徒手扑向荆轲，边跑边喊："大王，从背后拔剑。"

嬴政用力把剑推到背后，猛地拔出，砍断了荆轲的左腿。荆轲应声倒地，紧接着做了最后一搏，将匕首向嬴政投掷了过去，可惜匕首被铜柱挡住了，没有击中目标。荆轲被嬴政砍了八剑，已无还手之力，自知大势已去，于是仰天长叹道："这次行动失败，是因为我想活捉秦王，逼迫他把吞噬的土地还给燕国，以此报答太子的恩德。"顷刻间，武士一拥而上，杀死了荆轲和殿下的秦舞阳。

智慧贴士

荆轲刺秦不是为了匡扶天下除暴安良，也不是为了阻止秦国统一六国，他慷慨赴死，只是为了履行刺客信条，报答太子丹的礼遇之恩，尽管如此，他那侠风傲骨的卓然风采和不畏强暴的精神依然令人感佩。

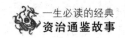

沙丘密谋的真相

公元前 210 年，秦始皇出宫巡游，行至平原津时忽然身染恶疾、一病不起。秦始皇自知大限已到，却忌讳谈论生死，身边的近臣都不敢安排后事。秦始皇病入膏肓之后，才吩咐赵高拟写遗诏给皇长子扶苏，交代丧葬事宜。

同年七月二十日，秦始皇崩逝于沙丘平台。丞相李斯担心皇帝驾崩的消息传出，皇子们竞相争夺皇位，导致天下大乱，故而秘不发丧，将秦始皇的棺椁藏匿在车里，外面以帷幔遮挡，只允许少数几个贴身服侍过秦始皇的可靠宦官在旁侧随行。巡游过程中，一切照常。宦官坐在御车里冒充秦始皇，聆听大臣奏事，臣子没有发现什么异常。只有李斯、赵高、胡亥和几个宦官知道实情。

赵高是秦始皇生前最宠爱的臣子，以前是个宦官。他臂力过人，又善于玩弄法律条文，很快被提拔为中车府令。秦始皇曾让小儿子胡亥向他学习断案。胡亥十分信任和依赖赵高。后来赵高犯下大罪，大将蒙恬的弟弟蒙毅依法判处他死刑。秦始皇喜爱赵高，不忍心让他受死，于是赦免了他的罪过。此后赵高一直记恨蒙氏兄弟，便怂恿胡亥伪造遗书，赐死扶苏和戍守边关的蒙恬，自立为大秦的皇帝。胡亥同意了。赵高觉得发动政变，必须取得丞相李斯的支持，遂游说李斯说："始皇帝的诏书和符玺在胡亥手中。现在没人知道始皇帝的遗言，扶立谁当皇帝，还不是由你我二人决定，不知丞相怎么想？"李斯变色道："赵高，你真是胆大包天，居然敢说出这种话来。"

赵高说："我斗胆问一句，丞相的功劳、才干、名望以及受公子扶苏的宠信程度，跟蒙恬相比，谁更胜一筹?"李斯说:"我比不上蒙恬。"赵高又说:"扶苏嗣承大统，一定会让蒙恬取代你的地位。胡亥即位，情形就不一样了，他必会把你看成头号功臣，好好重用你。你自己好好想想吧。"

为了保住相位，李斯答应参与政变，遂与赵高狼狈为奸，扶立胡亥做储君，同时矫诏责备公子扶苏不曾为大秦帝国拓展尺寸之地，空耗兵力，且多次上书讽刺时政，居心不良;批评蒙恬不能尽人臣之责，劝谏公子扶苏，反而参与谋反。特赐两人自裁谢罪。扶苏看到诏书后，伤心地大哭起来，想要马上以死明志。

蒙恬劝阻说:"皇上巡游在外，至今没立储君，他派你监督边关30万将士，可见非常器重你。现在使者莫名前来叫你自杀，假如这是奸人精心设计的一场骗局，那你死得就太不值了。先把事情弄明白再死也不迟。"使者不断地催二人自尽。扶苏说:"父要子死，子不得不死。"说完就拔剑自刎了。蒙恬不肯死，使者便把他交给官吏，关押了起来。胡亥听说长兄扶苏已经自杀身亡了，松了一口气，准备释放蒙恬。蒙毅奉命为始皇帝祈祷，刚回来不久。赵高决定伺机报复，于是对胡亥进谗言说:"先帝原本打算立你做储君，是因为蒙毅从中作梗，先帝才迟疑不决。现在不如找机会把蒙毅杀了。"胡亥大怒，下令将蒙毅关入大牢。

载着秦始皇尸体的车队到达九原时，正值盛夏，天气异常炎热，不断有腐败恶臭的气味从棺材里窜出来，令人闻之作呕。为了掩人耳目，赵高命人把一石新鲜的鲍鱼装上车，这样浓重的鱼腥味就把刺鼻的尸臭味遮盖住了。车队抵达都城咸阳后，赵高才下令发丧。不久胡亥即位，在赵高的怂恿下准备杀掉蒙氏兄弟，他毫不留情地杀死了蒙毅。蒙恬在绝望中服毒自尽。

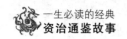

　　沙丘密谋永久地改变了秦朝的历史,造成了秦二世而亡的噩运,李斯、赵高等人之所以能够阴谋得逞,是因为在高度集权的帝国政治体制中,内部机密只有皇帝身边的少数几个权臣、宠臣知晓,这几个人一旦相互勾结、狼狈为奸,那么王朝就会改换天日。

屈死于宦官之手的大秦宰相

　　赵高因扶立有功,备受秦二世胡亥的宠信,他立时权倾朝野,获得了一人之下万人之上的地位。掌权后开始大肆迫害诛杀异己。他害怕有人把自己的恶劣行径告诉秦二世,就诓骗秦二世说:“天子贵为九五之尊,不能轻易开金口,更不能让臣子轻易见到自己的圣颜。陛下太过年轻,从政经验尚浅,赏罚要是不妥当,就会在群臣面前暴露自己能力的不足,这样就不能向世人彰显您的睿智圣明了。”

　　秦二世采纳了赵高的意见,从此不问政事,整日吃喝玩乐,把国家大事都交给赵高处理。丞相李斯见皇帝不上朝,颇为不满。赵高知道后,对李斯说:“关中盗贼四起,皇上却忙着大兴土木,整天斗鸡走狗,不务正业。我想进言劝谏,又觉得作为内臣,不该参与进谏的事,你是外廷大臣,为什么不劝劝皇上?”

　　李斯说:“皇上幽闭不出,我想进谏,却苦于见不到皇上啊。”赵高说:“我可以安排你和皇上见面。等皇上有空闲的时候,就通知你进谏。”李斯欣然同意了。此后赵高总在秦二世玩得尽兴或酒兴正浓的时候,让李斯求见。李斯一本正经地奏事,让沉溺于欢愉中的秦二世非常扫兴。秦二世生气地抱怨说:“我闲暇的时候,他不来求见，专挑我玩得高兴的时候陈述国家大事，他这样做是何居心？"

赵高说："丞相参与了沙丘密谋，自恃拥立有功，而今地位没有提高，他心中不满，想要逼迫陛下给予他裂土封王的回报。丞相的儿子李由在三川郡担任郡守，暗地里勾结陈胜等反贼，势力非常大。臣以为，在宫外丞相的权力和影响力已经超过了皇上。"秦二世听信了赵高的谗言，马上派人追查李由和叛党勾结的情况。

李斯听说了这件事，怒不可遏，立即上书痛斥赵高："赵高专权擅政，居心叵测，狼子野心昭然若揭。从前齐国相国田常利用君主的恩威收揽人心，得到了臣民的支持，最后弑君自立，这是人尽皆知的事。如今赵高权力仅次于陛下，财富与田常相当，试图借用陛下的恩威独揽朝纲取信于臣民，有犯上作乱的嫌疑。陛下不诛杀赵高，他早晚会成为大患。"

秦二世不信："怎么可能呢？赵高是宦官出身，局势安定时他恭顺有加，谨小慎微，从不骄纵，危难时刻他忠心护主，恪尽职守。他能拥有今天的地位，是因为忠诚和贤能，你凭什么怀疑他？赵高廉洁能干，通晓人情世故，又深得我心，你不要再出言诋毁他了。"批评完李斯之后，秦二世又把奏疏的内容透漏给了赵高。赵高说："丞相只怕我赵高一人，我要是遭遇什么不测，丞相怕是要效法田常谋朝篡位了。"

恰在此时，农民起义席卷全国，已经动摇了秦王朝的统治根基，朝廷不断地出兵镇压。右丞相李斯、左丞相冯去疾、将军冯劫奉劝秦二世暂缓修筑豪华宫殿，推行轻徭薄赋、与民休息的政策。秦二世大怒，将三人全部关入大牢，并派执掌刑狱的官吏严加审讯。冯去疾、冯劫愤而自杀。赵高诬陷李斯串通儿子李由谋反，对他严刑拷打。李斯受尽非人的折磨，被屈打成招。由于不甘心含冤受死，忍着剧痛写下了一纸奏书，历数自己辅佐秦始皇并吞六国，北逐胡

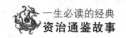
虏，南平百越，统一文字度量衡，制定法令等方面的种种功绩，结尾说："假如这些都是臣的罪过，那么臣早该死了。希望陛下明察。"

奏书传出牢房后，被赵高看到，赵高连忙把它扔了，气哼哼地说："犯人怎能给皇上上书？"接着他又令人拷打李斯，把李斯折腾得死去活来，直到立誓不敢翻供才肯罢手。最后李斯被腰斩于市。临刑前，李斯悲戚地对儿子说："我多想和你牵着猎狗到蔡县的东门猎杀野兔啊，嗨，可惜没有机会了。"言毕，父子俩相拥而泣。李斯死后，李家三族被夷灭。

◈智慧贴士◈

李斯聪明绝顶，深谙权谋之道，凭借强有力的政治手腕和狠辣作风，爬上了相位，最终却惨遭酷刑而死，下场无比悲惨，害死他的赵高也没有什么好下场，同样身败名裂、不得好死。可见在权力的游戏中，没有真正的赢家，机关算尽终成空。

汉 纪

《汉纪》上启太祖高皇帝元年（公元前206年），下至建安二十二年（公元217年），囊括400多年历史。司马光从秦朝灭亡，各路豪杰争霸天下写起，浓墨重彩地描述了楚汉相争的历史，刻画了刘邦、项羽、韩信、张良等风云人物，然后以时间为主线，详细叙述了西汉和东汉历史时期的重大事件，讲述了大汉王朝由盛而衰的过程，后宫争斗、权谋政治、朋党之争、宦官之祸、军阀混战等内容不一而足，故事精彩纷呈，引人入胜。

鸿门宴

公元前206年，刘邦率先攻入了咸阳，有人献策说："关中乃富庶形胜之地，若项王来了，你怕是难享有此地。不如派兵把守函谷关，阻止诸侯军队进入。再从关中招募士兵，尽快招兵买马，壮大自己。"刘邦听从了他的建议。项羽率军抵达函谷关时，受到了阻挠。听说刘邦捷足先登占领了关中，部署兵力把守关隘，非常生气，立刻派大将英布攻打函谷关。守军抵挡不住，只能任由项羽的军队长驱直入。

十二月，项羽率40万大军，在新丰鸿门安营扎寨，刘邦把10万

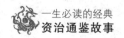

军队驻扎在霸上。刘邦麾下的左司马曹无伤感觉楚强汉弱，于是背弃了汉营，私下里向项羽告密说："沛公准备在关中称王，让秦王子婴作自己的相国，把金银财宝全都收入自己囊中。"项羽闻言，大为光火，让士兵喂饱战马，自己饱餐一顿，准备第二天讨伐刘邦。亚父范增进言说："我听说刘邦入关前贪图财货，喜好女色，如今进了咸阳财物分文不取，秦宫的美女一个也不曾宠幸，可见他志向不小。我让人观望过那里的云气，发现云雾如龙似虎、五彩斑斓，这明显是天子的云气呀。事不宜迟，你要马上发兵攻打他，不能错失良机。"

项羽的叔父项伯和刘邦的谋士张良交厚，听说项羽要杀刘邦，担心好友张良受牵连，连夜闯入汉营，私会张良，把项羽的出兵计划告诉了张良，想让张良快点儿逃跑。张良不愿独自潜逃，把消息告诉了刘邦。刘邦非常恐慌。张良问："你的军队能抵御住项羽的楚军吗？"刘邦说："项羽兵力远胜于我，该如何是好？"张良说："我让项伯向项羽说情，说你绝不会背叛项羽。"刘邦应允。张良把项伯请进了刘邦的军帐。刘邦恭恭敬敬地向项伯敬酒，还和他约为儿女亲家，恳切地说："我自入关以来，任何财物都没动过，一直恭候着项将军到来。派兵把守手函谷关，是为了防止盗贼乘虚而入，不是为了提防项将军，希望您能帮助我澄清误会。"

项伯同意了，好心提醒刘邦说："沛公明日一早要亲自向项王澄清事实，诚心道歉才好。"说完，马不停蹄地赶回了楚营，向项羽转达了刘邦的话，并替刘邦美言道："要不是沛公率先攻取了关中，你怎么能放心入关呢？讨伐有功之人，是为不义，不如对他多加善待。"项羽答应了，于是摆下宴席邀请刘邦叙谈。次日，刘邦带着百名随从前来致歉，解释说："我和将军各自率兵征讨暴秦，将军在黄河以北浴血拼杀，我在黄河以南作战，不曾想竟先行一步攻下了关中，在这里见到了将军。现在有奸佞小人在将军面前鼓噪唇舌，想离间我们的关系，还请将军明察。”

项羽直通通地说：“都怪你的左司马曹无伤乱说话，不然我也不会对你起疑心。”席间，范增几次三番使眼色，频频举起玉玦暗示项羽对刘邦下手。项羽漠然无应。范增借故离席，对项庄说：“项王妇人之仁，狠不下心来，你马上过去表演剑舞，趁机把刘邦杀了。不然，日后你我都得成刘邦的俘虏。”项庄依言行事，装模作样地给刘邦祝寿，然后说：“在军帐中饮酒无甚乐趣，让我舞剑助兴可好。”项羽同意了。项庄拔出长剑，矫健起舞，剑锋直指刘邦。项伯马上起身，拔剑与之对舞，用自己的剑格挡住了项庄的利刃，处处护着刘邦。

张良见势不好，连忙跑到营帐前招来了樊哙，焦急地说：“项庄在席上舞剑，是想刺杀沛公。”樊哙说：“沛公现在有性命之忧，我必须马上进去。”言毕，便义无反顾地往军帐里闯，士兵上前阻拦，他用盾牌把对方击倒在地，撩起帷幕，大步流星地走了进去。见了项羽，怒目圆睁，头发倒竖，气概凛然。项羽被他的气势震慑住了，不仅不生气，反而吩咐左右：“给壮士斟酒。”樊哙接过酒杯一饮而尽。项羽又赐给樊哙猪腿，侍从把一大块生猪腿呈了上来，樊哙将生肉放在盾牌上，用剑切着吃。

项羽又问：“壮士，还能再饮一杯吗？”樊哙说：“我死都不怕，还怕多喝一杯酒吗？秦朝残暴无道，天下叛离。楚怀王与诸将有约在先，谁先入咸阳，谁就称王。如今沛公先攻入了咸阳，把财物封好便退兵霸上等着将军前来，如此劳苦功高，却得不到赏赐，反而招来了杀身之祸。项王这么做是在重蹈暴秦的覆辙，怕是难以让天下人信服把。”项羽良久无语。刘邦趁机起身如厕，樊哙跟了过去。刘邦打算溜之大吉，但又觉得不合礼数，迟疑地说：“没告辞就离开，怕是不妥吧。”樊哙说：“我们已经成了砧板上任人宰割的鱼肉，

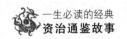
还讲求什么礼数?"于是,两人便逃之夭夭了。

张良估计刘邦走远了,便对项羽解释说:"沛公不胜酒力,喝醉了,不能前来告辞,先回去了。特嘱我献上白璧一双献给将军,玉斗一双献给亚父。"项羽问:"沛公人在哪里?"张良说:"已经回到汉营了。"项羽接过白璧仔细端详起来。范增将玉斗一把摔到地上,用剑击得粉碎,仰天长叹道:"无知竖子,不能与你谋划大事。将来与你争夺天下的必是沛公,到时我们都成了他的俘虏了。"刘邦回到军营,马上把叛徒曹无伤杀了。

智慧贴士

鸿门宴是史上最著名的一场饭局,宴席上险象环生,到处充斥着刀光剑影,周围弥漫着剑拔弩张的紧张气氛,几个关键人物的表现尤为耐人寻味。项羽天真孤傲,自以为是,被低三下四、善于伪装和示弱的刘邦所蒙蔽,错失了最有利的契机。樊哙豪爽粗犷,勇于救主。张良稳重深沉,范增老谋深算,却掌控不了大局。各色人物栩栩如生,鲜明的性格在这场饭局中得到了充分的展现。这次餐桌上的较量在某种程度上已经决定了楚汉相争的结局。项羽性格单纯,又刚愎自用,必然会败给圆滑世故,又得多人相助的刘邦。

从胯夫到封侯拜将的韩信

韩信年少时非常贫穷,因为操守德行不够,没人举荐他做官,他身无长物,又不懂经商,谋生艰难,整日混吃混喝,浑浑噩噩度日,乡人都非常讨厌他。

有一天,韩信来到河边钓鱼,碰到了一个靠漂洗丝絮为生的老妇人。老妪见他面有饥色,就把带来的饭送给他吃。韩信饱餐后,感激地说："我日后定会重重地报答你。"老妇人生气地说："堂堂七尺男儿，连自己都养不活。我是因为怜悯你才施舍给你饭吃，不指望你酬答。"

韩信落魄时为乡人所不齿，还遭受过泼皮的羞辱。淮阴有一个年轻的屠户指责韩信说："你虽长得人高马大，天天佩戴刀剑，但却是个胆小如鼠的懦夫。你敢拿剑刺我吗？要是没这个胆量，就乖乖从我胯下钻过去。"韩信与那个流里流气的年轻人对视了良久，什么也没说，默默地从对方的胯下爬了过去。这件事传扬出去后，人们都取笑韩信懦弱。

项梁率军北渡淮河时，韩信持剑前去投奔，可惜一直没有得到崭露头角的机会。项梁战死沙场后，韩信投奔了他的侄子项羽，曾殷勤地献计献策，均没有被采纳。后来改投了刘邦。在刘邦的帐下，韩信触犯了军法，论罪当斩。13个同伙全都被砍头示众了，轮到韩信受刑时，滕公夏侯婴恰巧路过。韩信高声疾呼："汉王不想得天下了吗？为何要杀害壮士呢？"夏侯婴听他口气很大，甚为惊奇，又见他生得高大魁梧，仪表堂堂，料定他不是等闲之辈，就下令把他放了。

两人交谈了一会儿，夏侯婴认为韩信是个奇才，就把他推荐给了刘邦。刘邦让韩信做了治粟都尉，并没有对他委以重任。不久，韩信结识了萧何，两人相谈甚欢。萧何也认为韩信有大才，日后必定能一鸣惊人。可惜刘邦一直没有发现韩信的价值。汉军浩浩荡荡抵达南郑时，将士们唱着歌谣逃回了故乡。韩信郁郁不得志，也跟着逃跑了。萧何听说韩信不见了，来不及向刘邦禀报，立即快马加鞭地追赶。刘邦误以为萧何也逃走了，又恼恨又惋惜。时隔两日后，萧何回来拜见刘邦。刘邦且怨且喜，追问萧何当初为何要逃走。

萧何说："我没逃跑，我是在帮沛公追回逃跑的人才。"刘邦问："何人劳烦丞相亲自追赶？"萧何说："韩信。"刘邦听后叱骂道："丞

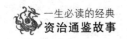

相莫不是故意欺我？几十个善用兵的将领都跑了，丞相不追，却追韩信？"萧何说："那些将领比比皆是，韩信却只有一个。大王若只想一辈子做汉中王，韩信可有可无，要想平定天下，就必须重用韩信。"刘邦说："我想挥师东进，不想困守一隅之地。"萧何说："那就必须起用韩信。你不重用他，他是断不可能留下来的。"刘邦答应让韩信当将领。萧何说："让他做普通将领，他还是会逃跑的。"刘邦改口说，让韩信做统领千军万马的大将军。

韩信走马上任后，帮助刘邦分析了天下大势，提出了平定三秦的作战计划。刘邦很高兴，后悔当初没有早点儿起用韩信。得了韩信，刘邦如虎添翼，最后平定了天下。韩信作为开国功臣，得以裂土封王。他衣锦还乡，找到了施舍给自己饭食的漂母，赐予千金作为酬谢。随后让当众羞辱过自己的年轻屠户当了中尉，还对手下人说："这位可是壮士啊。当年他使我蒙受胯下之辱的时候，我完全有能力杀了他，可我没那么做，忍住了一时之气，所以才有了今天的成就啊。"

智慧贴士

韩信的成功之道在于隐忍，血气方刚的年龄，他能忍受胯下之辱，留得有用之身，以待他日崛起。初出茅庐时，他屡屡碰壁，却不绝望，千方百计地展现自己的才能，最终赢得了萧何的赞赏，成就了"萧何月下追韩信"的佳话，并建立了一番功业。

西楚霸王的末路悲歌

公元前 202 年 12 月，项羽被刘邦的大军围困在了垓下，由于兵力太少，粮草不足，屡次突围都没有成功。夜里，项羽听到汉军的营地传来阵阵楚歌，惊诧道："难道汉军已经把楚地全境占领了吗？不然怎么会有那么多楚人？"他越想越烦闷，于是借酒消愁，边纵酒边放歌，唱到动情之处，不由得潸然泪下。部众被他的情绪所感染，纷纷垂泪饮泣。

当夜项羽跨上乌骓马，带着800名勇士向南逃遁，消失在苍茫的夜色中。天亮以后，汉军才发现项羽不见了，灌婴带着5000轻骑兵火速追赶。项羽跨过淮河后，身边只剩下100多兵马了。一行人马不停蹄地抵达阴陵后，迷失了方向，不知该何去何从。项羽向农夫问路。农夫欺骗他说："往左走。"项羽率众往左疾驰而去，误入了泥泞难行的沼泽地，结果被汉军追上了。

项羽连忙调转马头，向东逃遁，抵达东城时，只有28名楚国骑兵跟了上来。后面有数千名汉军踏着滚滚风尘穷追不舍地奔杀而来。项羽自知大势已去，神情悲怆地对众将士说："自起兵以来，我经历过大大小小70多场凶险的战斗，八年来未曾有过败绩，所以才能雄霸天下。今日落得这般田地，是老天要亡我，不是我不擅于用兵。我们今天要和汉军决一死战。现在就冲锋陷阵，搴旗斩将，杀个三进三出，看看是老天要亡我，还是我自己用兵不利。"

项羽兵分四路，让将士们分别朝四个不同的方向冲杀。汉军从四面八方把他们围住了。项羽高呼道："我现在就斩一名将领给你们看。"言毕呼啸而下，策马狂奔冲向汉军，汉军队形被冲乱，纷纷溃散，混乱中项羽如探囊取物一般，取下了一名将领的首级。郎中骑将杨喜打马上前追赶项羽，项羽狠狠地瞪视他，目露凶光，紧接着又大声呵斥他，吼声如雷，杨喜不寒而栗，吓得魂不附体，马也受了惊，人马一连退走了好几里。

项羽按照约定，跟其他三路骑兵在山麓东侧会合。汉军不清楚项羽究竟在哪路楚军中，就兵分三路追击，没过多久，又把项羽等

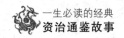

人重重包围了。项羽左冲右突，手起刀落，将一名汉军都尉斩落于马下，随即连杀数十人，杀出了一条血路。他把剩余的残兵纠集起来，发现只损失了两人，不无得意地问："怎么样？是天要亡我，不是我作战失利吧？"骑兵响亮地回答说："正如您说的那样！"项羽奔到了乌江，乌江亭长把船泊在岸边，对项羽说："江东虽小，但也有上千里土地，百姓有数十万之众。您坐镇江东，依然可以成就一番霸业。事不宜迟，大王赶快渡江吧。"

项羽苦笑道："天要亡我，我又何必渡江？当初追随我起事的8000名江东子弟都不在了，我怎能独自回去？即便江东父老可怜我，愿意尊我为王，我又有何面目面对他们呢？"说完，将自己钟爱的乌骓宝马送给了亭长，不打算逃了。他令部众下马步行前进，寻找机会与汉军死战。他仅凭一己之力便斩杀了数百人，渐渐体力不支，身受10余处创伤。力竭之际，回头看到了旧相识吕马童。此时吕马童已经投靠了刘邦，做了汉军的骑司马。项羽忍不住大喊："这不是故人吗？"吕马童转过头，看到了项羽，连忙对郎中骑说："他就是项王！"

项羽高声道："听说刘邦不惜破费千金，并许诺封万户侯，悬赏索要我的项上人头，我就把这天大的好处让你得了吧。"说完拔剑自刎而死。王翳上前砍下了项羽的人头，汉军的士兵为了请赏竞相抢夺项羽的尸体，互相踩踏，彼此残杀，混乱中又死了好几十人。项羽的尸身被肢解成五块，王翳、杨喜、吕马童、吕胜、杨武各得一块，五人都被封为了列侯。

智慧贴士

项羽被困垓下，陷入十面埋伏，已经走到了穷途末路，却依旧没有弄清自己失败的根源，反复强调一切都是天意使然。说明他虽然是个军事上的奇才，却不是一个合格的政治家，思想不够成熟，看待问题的方式比较偏激，注定只能做霸王，当不了统御天下的帝王。

悲情淮阴侯：横扫天下，却死于妇人之手

刘邦平定天下，当了皇帝以后，论功行赏，册封韩信、英布、彭越等战功赫赫的名将为异姓王，任命陈豨为代相，负责监管赵、代二地的边军。陈豨过去是韩信的部将，所以赴任前，亲自登门拜访了韩信。当时韩信因为受到诬告，由楚王降格为淮阴侯，心里甚为苦闷。分别前夕，韩信支开了闲杂人等，拉着陈豨的手在庭院里散步。少顷，韩信忽然动情地对陈豨说："我可以开诚布公地和你说说真心话吗？"

陈豨回应道："末将向来听命于将军，将军有什么话尽管直言，末将一定照办。"韩信说："你管辖的地方，精兵良将众多，你又特别受皇上的宠信，第一次有人告你谋反，皇上必然不信；第二次有人告你谋反，皇上就会对你有所猜忌；第三次有人揭发你谋反，皇上就会龙颜大怒，亲自率军征讨你。与其坐以待毙，还不如先发制人。假如你能带着边军起事，我就会在腹地率众积极响应，到时我们里应外合，大事可成。"陈豨同意了。

公元前 197 年九月，陈豨悍然起兵谋反，刘邦御驾亲征，领兵征讨。次年冬天，朝廷击败了叛军。韩信不想参与讨伐陈豨的军事行动，便称病不出，暗地里派人秘密联络陈豨，并谋划矫诏释放官家的罪奴，煽动他们袭击吕后和太子，发动宫廷政变。一切准备就绪后，韩信焦急地等待着陈豨的回音。

韩信曾与门下的一个舍人结怨，一气之下把舍人投入了大狱，准备问斩。舍人的弟弟因此怀恨在心，私下里向吕后告了密，揭发韩信谋反。吕后打算把韩信招来兴师问罪，担心韩信不肯自投罗网，

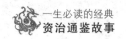
于是便和萧何商量对策。萧何献策说，让人谎称刚从平叛的官军那儿回来，欺骗韩信说叛贼陈豨已经伏地正法、死于非命了，然后再召集群臣入朝庆功。韩信一露面，就问罪处斩。吕后采纳了萧何的建议。

萧何亲自去邀请韩信。韩信犹豫不决，以身体不适为由推辞。萧何说："陈豨之乱平息了，这对朝廷来说可是一件值得庆贺的喜事呀。你即便身体不舒服，勉强支撑着也得参加庆功宴啊。"韩信推脱不掉，只好冒险前去。吕后见到韩信，不由分说地吩咐武士把他捆绑起来，然后将他斩杀于长乐宫的钟室内。临死前，韩信长叹道："我后悔不听蒯通之言，结果屈死在一个妇人手里。"吕后杀了韩信之后，诛灭了他的三族。

刘邦回师洛阳，听说韩信死了，为除掉心腹大患感到无比欣喜，又因为痛失用兵如神的爱将感到无限惋惜，一时百感交集，五味杂陈，心情久久难以平复，良久才问吕后："韩信临死前，可曾留下什么遗言？"吕后回答说："他后悔没有采纳蒯通的计策。"刘邦遂下诏逮捕了蒯通。见了蒯通，刘邦生气地质问道："你有没有鼓动韩信起兵造反？"蒯通回答说："我说过，可惜韩信不听，所以才会落到现在这个下场，如果当年他采纳了我的策略，你怎么可能有机会杀死他并夷灭他的三族呢？"刘邦勃然大怒，喝令左右："把他烹了！"

蒯通大喊冤枉。刘邦说："你唆使韩信谋反，大逆不道，罪无可恕，有何冤枉？"蒯通解释说："中原就像一头肥美的鹿，秦朝丢了它，天下英雄竞相追逐，谁有能力谁就能得到它。我为韩信效力，不知有陛下，当然希望他能问鼎中原。想要争夺天下做着皇帝美梦的人多着呢，陛下能把他们全都杀了吗？"刘邦觉得他所言有理，就不再追究他的责任了。

当年楚汉对峙，韩信完全有能力自立为王，与项羽、刘邦三分天下，形成鼎足之势，那时他不听蒯通之言，没有背叛刘邦。刘邦得了天下之后，韩信已错过良机，为何又要谋反呢？司马光认为，韩信是因为他爵位、兵权被削夺，心里郁愤不平才谋反的。

◆智慧贴士◎

刘邦能打败项羽建立汉朝，韩信功不可没。坐稳江山以后，刘邦对韩信步步紧逼，先是设计抓捕，削夺爵位，后监视打压。韩信在某种程度上是被逼反的。但韩信并非无可指摘，楚汉相争时，他曾要挟刘邦做齐王，为刘邦日后报复埋下了伏笔。

由争宠引发的虐杀事件

后宫之中，刘邦最宠爱的妃子是戚夫人。由于爱屋及乌的缘故，刘邦对戚夫人所出的儿子刘如意格外偏爱。太子刘盈生性温和善良，如纯洁无辜的羔羊一般，个性与生母吕后大相径庭，且完全不同于刘邦，故不被刘邦所喜。在刘邦看来，刘如意的形貌和脾性更像自己，如雄狮般霸气，而刘盈宽柔懦弱，成不了大器，所以渐渐疏远了刘盈，不让赵王刘如意到封地就藩，将其留在了京都。

后来，刘邦巡视关东，戚夫人随行左右，总在刘邦面前哭哭啼啼，泪眼婆娑地请求刘邦改立刘如意为太子。她那楚楚可怜、弱不禁风的模样打动了刘邦，刘邦不忍美人悲伤，遂产生了废长立幼的想法。当时吕后年老色衰，长期留守京城，和刘邦的感情越来越淡，两人渐行渐远。母亲不得宠，刘盈的处境就非常不妙了。没过多久，刘邦便在朝堂上公然提出要改立刘如意为太子。尽管遭到群臣的一致反对，刘邦仍然不松口。御史大夫周昌欲上前争辩。刘邦准奏。

周昌有口吃的毛病，虽然心里很着急，但一时表述不清楚，他

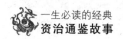

结结巴巴地说："臣……口拙……嘴里说……说不出来……但心里……知道……废太子……一事……不可。陛下……一意孤行……臣……不答应。"刘邦势单力孤，得不到任何人的支持，只好放弃废长立幼的打算。躲在东厢房偷听的吕后，得知儿子的太子之位保住了，如释重负，事后感激地跪谢周昌说："若不是你犯颜直谏，太子就要被废黜了。"

公元前 195 年，刘邦率军平息英布之乱，在战场上被英布射了一箭，班师回朝后，伤情一日重似一日，自知命不久长，又萌生了废太子立刘如意的想法，希望把江山传给自己最爱的儿子。张良多次劝谏，刘邦听不进去，因为懒得和群臣辩论，索性以养伤为由不问政务。叔孙通进谏说："晋献公宠爱骊姬，改立骊姬的儿子奚齐为太子，致使晋国数十年陷入内乱，成为世人的笑柄。秦朝因为赵高作乱，没能让公子扶苏即位，立了胡亥，结果宗庙绝祀，这些陛下都十分清楚。世人皆知太子仁厚温良，何苦无故废黜他？更何况多年来吕后一直与陛下休戚与共，同甘共苦，陛下怎能背离她呢？若陛下执意要废长立幼，那么就先杀了臣，让臣的一片碧血染红脚下的地面。"

刘邦故作轻松地说："你何苦如此？我不过是随口说说罢了。"叔孙通一本正经地说："太子的存废，关系到国之根本，岂可视为儿戏？"刘邦无言以对，知道臣子们不会善罢甘休，最终没有立刘如意。刘邦驾崩后，刘盈继承了大统为汉惠帝，吕后晋升为太后。吕后把戚夫人幽禁在暗无天日的陋巷里，剃光了她的秀发，逼迫她换上难看的赭色囚衣，不停歇地舂米，又三次召刘如意入京，试图加害于他。

赵国国相周昌对吕后派来的使臣说："先帝把赵王托孤给我，我必须保他周全。吕后憎恨戚夫人，赵王去了怕是凶多吉少。再说赵王身体不舒服，不能成行。"使者独自回去了。吕后大怒，先用强硬的手段招来了周昌，然后又把刘如意骗到了京城。汉惠帝刘盈担心母亲加害弟弟，亲自前往霸上迎接，此后一直与刘如意同吃同睡、形影不离，不给吕后下手的机会。冬日的一天早晨，吕后趁汉惠帝外出打猎，刘如意独自在寝宫酣睡的时候，派人毒杀了刘如意。随后又把毒手伸向戚夫人，让人砍去了她的双手双脚，剜掉了眼睛，灌下了使人致哑的毒药，熏聋了耳朵，然后扔到臭气熏天的茅厕里，任其自生自灭。戚夫人又聋又哑又瞎，肢体残缺不全，已经面目全非，不成人形，被称为"人彘"。

数日后，吕后带刘盈观看自己的杰作——人彘。刘盈战战兢兢地问，这是何物。得知是戚夫人之后，忍不住放声大哭，自此大病了一场，一年多卧床不起。他派人传话给吕后说："这种惨无人道的事情不是人能做出来的。我是太后的儿子，以后没脸再管理国家了。"从此通宵达旦地饮酒作乐，不再过问朝政。

智慧贴士

吕后和戚夫人的恩恩怨怨皆源于后宫争宠，作为正夫人，吕后不能容忍妾室凌驾于自己之上，更不能容忍庶子参与夺嫡斗争，威胁儿子的地位，故而用最残忍最不人道的手段虐杀了戚夫人母子。一切的悲剧都是男尊女卑的封建制度造成的，吕后只是制度异化的产物，而戚夫人则是可怜的牺牲品和受害者。

痴心孤臣牧羊北海的前尘往事

公元前100年，汉武帝派苏武、张胜和常惠等人出使匈奴。恰逢匈奴缑王和归降匈奴的汉将虞常等人暗中策划发动政变，挟持单

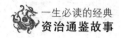
于的母亲投奔汉朝。虞常和张胜是旧交，私下里和张胜商量："听说大汉天子非常痛恨卫律，我愿为朝廷效提刀之力，我的母亲弟弟都在中原，希望事成之后，他们能得到赏赐。"张胜答应了他的条件，给了他很多值钱的财物。

卫律是生长在长水一带的匈奴人，因为李延年的推荐，当上了汉朝的使臣，奉命出使匈奴。李延年获罪受诛后，卫律担心受到牵连，便投降了匈奴。虞常计划杀掉卫律，向汉廷邀功请赏。一个月后，缑王、虞常趁单于出猎之机，准备秘密起事造反。孰料队伍中出现了叛徒，事情败露，叛乱很快被镇压了。缑王战死，虞常被生擒。单于把虞常交给卫律处置。张胜担心虞常供出自己，立刻把事情的原委告诉了苏武。

苏武仰天长叹道："单于追查下去，必然会牵连到我，我作为堂堂大汉的使节，决不能受辱而死，令国家蒙羞。"说罢就要横刀自杀，被张胜、常惠拦下了。不久，虞常便供出了张胜。单于误以为汉朝的使团参与了叛乱，打算将汉使统统处死。左伊秩訾说："谋害卫律，论罪当斩，谋害单于，该怎么定罪才好呢？依我看，全部招降比较合适。"单于于是派卫律到苏武那里劝降。苏武说："屈膝折节，有辱使命，即便能苟活于世，也无颜再回汉朝了。"说完便拔刀自杀。

卫律大惊，连忙保住了苏武，命人快马加鞭地找医生来救治。医生匆匆忙忙赶过来，在地上掘了一个坑，往坑里填了炭火，把苏武放在上面，用力敲他的背，把淤血排出之后，已经断气的苏武终于苏醒了过来。常惠等人抹着眼泪，把气息微弱的苏武抬回了驻地。苏武身体稍微恢复后，单于又派人来劝降。当时虞常已经被斩首示众，卫律举刀威胁张胜说："你密谋杀害单于身边的大臣，犯下死罪。单于宽大为怀，你若肯归降，就能得到赦免。"张胜很害怕，立即投降了。

卫律又对苏武说："副使张胜犯下弥天大罪，正使应当连坐受罚。"苏武反驳说："我不曾参与他的计划，和他又没有血缘关系，凭什么连坐？"卫律拔剑要挟，苏武面不改色，不肯屈服。卫律又以财富利益相诱，被苏武大骂了一顿。卫律只好悻悻离去，灰头土脸地向单于复命。单于把苏武关进了地窖，不给饭食，想要逼迫苏武就犯。当时天降大雪，苏武蜷缩着身体躺在冰冷的地上，渴了吃雪，饿了，嚼衣服上的毡毛，居然活过了好几天。匈奴人以为他受神灵庇佑，不敢加害，于是把他放逐到了荒凉的北海，让他在那片人烟稀少的苦寒之地牧羊。冰天雪地的环境中，找不到食物，苏武只能从鼠洞里挖掘草籽果腹。

后来单于又派降将李陵来劝降。李陵是飞将军李广的孙子，兵败被俘，被迫投降了匈奴。李陵对苏武说："你回汉朝的希望渺茫，在这种鬼地方守节，谁又知道呢？你的两个兄弟获罪自杀了，母亲去世了，妻子改嫁了，至于你的儿子、女儿、妹妹，至今生死不知。以前我也不想投降匈奴，可皇上老了，越发刻薄寡恩，无罪被灭族的大臣足有几十家，你连自己和家人都保全不了，究竟在为谁坚守节义呢？"

苏武说："臣子为君父死，乃是天经地义的事，你无须多言。"李陵还想规劝，苏武急了，欲以死明志。李陵被苏武的忠烈节义打动，哭着离开了，临走前赠给苏武数十头牛羊。之后，又把汉武帝驾崩的消息告诉了苏武。苏武一连数月面朝汉廷的方向泣血号哭。多年以后，新单于即位，汉匈关系缓和，汉使索要苏武，几经周折，苏武才返回了故土，离开前，李陵设宴为他践行。席间，李陵叹息道："假如汉朝不曾将我全家满门抄斩，我又怎会死心塌地地留在匈奴呢？"言毕，泪如雨下。苏武被囚禁了整整 19 年才回到了中原，

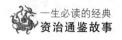

出使匈奴时风华正茂，正值壮年，返回汉朝时已经变成了一个须发皆白的老翁。

苏武牧羊北海的故事，一直为人所津津乐道，它集中体现了中华民族最为珍视的民族气节。相较之下，自己被俘投降又奉劝苏武屈服的李陵似乎成了反面角色。所以崇尚忠君思想的古人，向来把苏武视为英雄，将李陵视为叛徒。

劣迹斑斑，在位只有 27 天的短命皇帝

元平元年（公元前 74 年），汉昭帝驾崩，死前没有留下子嗣。霍光和群臣准备迎立昌邑王刘贺为皇帝。刘贺年少轻狂，是典型的纨绔子弟。听说叔父汉昭帝驾崩了，毫无悲痛之色，照旧高高兴兴地出去打猎。接到诏书后，迟迟不动身，次日中午才出发，刚刚上路，就火急火燎地往京城赶，一口气跑了 135 里，傍晚时分抵达了定陶，累死了很多马匹，沿途倒毙在路旁的马尸不计其数。

到达济阳时，刘贺特地买了一只鸣声悠长的长鸣鸡和一根竹仗，抱着鸡继续赶路。途径弘农时，刘贺发现那里美女如云，不由得垂涎三尺，于是吩咐仆人善把当地姿色殊丽的女子装上车供自己消遣。一行人大张旗鼓地来到了胡县，朝廷使者听说了刘贺的种种荒唐之举，忍不住责问了几句。刘贺不承认。郎中令龚遂说："既然你没有做过欺男霸女的事，那过错就在奴仆，不如把善抓起来交给官府法办，也好恢复王爷的名誉。"刘贺同意了，结果善被处死。

刘贺快走到广明东都门时，龚遂提醒他说："按照规矩，为先帝奔丧，见到国都，理应大哭哀悼。"刘贺哭不出来，只好撒谎说：

"我嗓子痛，不能哭。"一行人到达内城城门时，龚遂再次要求刘贺哭丧，刘贺没有哭。眼看就要走到未央宫东阙了，龚遂正色道："往北走是昌邑国吊丧的行帐，前面有一条狭窄的通道，车马不能入，王爷要下车跪拜，面西伏地哀哭。"刘贺答应了。按照礼仪，装模作样地哭了一通。

六月初一，刘贺正式登基，当上皇帝以后，把昌邑的臣属全都调入长安，一律封官加爵。之后终日淫乐，与群小狎戏，把朝内朝外搅得乌烟瘴气。朝中大臣纷纷责怪主张拥立刘贺的霍光。霍光决定废黜刘贺，另立新主，于是召集众臣到未央宫商议此事，他言辞凿凿地说："皇上昏聩无能，行为错乱，照此下去，一定会危害到国家社稷，你们说该怎么办？"群臣面面相觑，不敢回应。田延年按住剑柄激动地说："先帝托孤给将军，是因为相信将军能定社稷安天下，如今您辅佐的少帝胡作非为，危及刘汉天下，您就算以死谢罪，也无颜到九泉之下去见先帝了。今日之事，关乎宗庙社稷，最后一个响应的，我亲自将他斩首！"

霍光道歉说："现在形势到了这个地步，都是我的错。"众臣顿首道："国家百姓的命运掌握在将军手里，我等听从将军的吩咐。"霍光取得群臣的支持后，和大臣们一同觐见太后，将刘贺的种种逾矩的行为如实禀报给了太后，太后匆匆赶到了未央宫承明殿，吩咐侍卫禁止昌邑国属臣入宫。

刘贺拜见了太后之后，便回宫了。刚刚进门，大门陡然关闭了。昌邑国属臣全被拦在了外面。刘贺惊问："怎么回事？"霍光回答说："太后有令，昌邑国属臣不得入内。"刘贺很不高兴，但也无可奈何。昌邑国属臣被逐出了金马门，其中 200 多人陷入牢狱之中。刘贺被霍光囚禁了起来。他疑惑地问："我的臣属做了什么，为什么要被关押？"

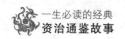

不久，太后召见了刘贺。刘贺忐忑不安地问："我做错了什么，太后因何事召见我？"霍光和群臣联名上书弹劾刘贺，列举了种种罪状，包括：为先帝奔丧，毫无悲戚之色，不忠不孝；沿途劫掠良家妇女，不义；与昌邑属官、乐师整日嬉戏游乐，斗鸡走狗，聚众淫乱，不似人君；不尊礼法，行为荒诞，等等。太后听不下去了，皱眉道："身为臣子，你们不能乱来。"尚书令接着列举刘贺的斑斑劣迹，包括胡乱封赏，挥霍无度，在位27日内，各官署征调物资的次数累计高达1127次。

太后听了，无比震惊，同意废掉刘贺。刘贺申辩道："我听说天子要是有七位忠臣倾心辅佐，即使再昏庸，也能守住天下。"霍光说："太后已经把你废黜了，你为何还自称为天子？"说完，解下他的印绶，呈交给了太后。

智慧贴士

刘贺因为在非常短暂的时间里做了无数的荒唐事，沦为天下笑柄。世人皆对刘贺口诛笔伐，却没有认真思考过，大汉王朝何以会出现这样的闹剧？刘贺这样的无能之辈能顺利登位，是否是贪恋权力的霍光有意为之？抑或是由于帝王政治的影响，宗室贵族不敢过问国事，皆沉迷于斗鸡走马，渐渐堕落成纨绔子弟，昌邑王刘贺因此才不成器？这个问题是非常值得我们深思的。

祸国红颜的后宫秘事

在遇到赵氏姐妹前，汉成帝非常宠爱许皇后和班婕妤。有一天，汉成帝游赏后宫庭院，很想和秀色可餐的班婕妤同乘一辆车。班婕妤说："臣妾观看古代名画时发现，英明的君主身旁总有治世良臣相随，末代君王身边只有如花似玉的宠妾，陛下若让臣妾坐在身旁，情形是不是有些类似呢？"汉成帝听罢，大为叹赏，于是不强求她陪自己行乐了。太后知道这件事以后，也对班婕妤赞赏有加。

后来，汉成帝在阳阿公主家里邂逅了能歌善舞、翩若惊鸿的赵飞燕，立即被她惊若天人的美貌和清丽脱俗的气质吸引住了，迫不及待地把她召入宫，从此专宠她一人。不久，赵飞燕的妹妹赵合德也入了宫，赵合德姿色不输赵飞燕，且身材玲珑有致，香肌雪白丰腴，看起来更加风情万种，人们见了她，莫不称赞她美貌。披香博士淖方成指责赵氏姐妹说："她们可是红颜祸水呀，大汉的火德肯定会毁在她们手里。"

汉成帝得了赵氏姐妹，如获至宝，进宫没多久就封她们为婕妤，比任何嫔妃都受宠，许皇后和班婕妤都被冷落到一边。赵飞燕不知满足，竟设计诬陷许皇后、班婕妤行巫术，试图除掉两位美人。汉成帝色令智昏，不分青红皂白地废黜了许皇后，处死了许皇后的姐姐，将她的家人逐出了京城。被问罪时，班婕妤坦然地回答说："我相信'生死有命富贵在天'。光明磊落、德行高的人尚且没有得到神明赐予的福祉，心术不正的人更加不可能得到神明的福佑了。鬼神若全知全能，能明白人间的事，不可能听从加害圣上的邪恶诅咒；鬼神要是不明白人间的事，听不懂人的言语，向鬼神诅咒岂不是徒劳？所以我绝不会行邪术诅咒任何人。"

汉成帝觉得班婕妤言之有理，不仅没有治她的罪，还欣然赏给她百斤黄金。由于赵氏姐妹擅妒，且心肠歹毒，班婕妤担心再次受到她们的迫害，便请求到长信宫侍奉皇太后，汉成帝同意了。汉成帝想要立赵飞燕为皇后，太后嫌赵飞燕出身低下，坚决不同意。太后的外甥淳于长在汉成帝的授意下，经常在太后面前替赵飞燕美言，好话说尽，费尽唇舌劝了一年多，太后终于勉强答应让赵飞燕做皇后。

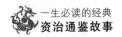
赵飞燕如愿以偿地成为了六宫之主，却不如从前受宠了。比起形销骨立、弱不禁风的瘦美人，汉成帝更喜欢丰肌玉骨、活色生香，饱满而又依艳的女人，故而移情别恋，把所有的心思都放在了赵合德身上。赵合德被封为昭仪，迁居到了富丽堂皇的昭阳舍。昭阳舍修建得十分奢华，朱红色的墙壁庄严气派，镀金门框光彩闪耀，白玉台阶莹润剔透，仿佛冰雪雕刻得一般，工匠还用质地上乘的蓝田玉、明珠以及色彩艳丽的孔雀翎做装饰，把房间修饰得如同天宫里的琼楼玉宇一般。

赵飞燕长期独守深宫，甚为寂寞，心里怨恨汉成帝喜新厌旧，便暗地里和侍郎、宫奴私通。赵合德听说后，哭着对汉成帝说："我姐姐是个烈性女子，倘若受到诬告，我们赵家就要惹来灭族大祸了！"说完就嘤嘤地啜泣起来，装出一副悲痛欲绝的样子。汉成帝信以为真，一旦有人告发赵飞燕秽乱后宫，背后与人私通，汉成帝立即将其杀死灭口。

智慧贴士

赵氏姐妹是祸国红颜的典型代表，她们残害皇嗣，迷惑汉成帝，险些毁掉大汉基业，因此一直遭到后世的唾骂。可是弱不禁风的女子为什么能兴风作浪，呼风唤雨呢？假如没有汉成帝纵容，她们即便有通天的本领，在男权社会里也休想掀起一束浪花，可见后宫女人做虐，都是仰仗皇帝的权势，至高无上的皇权才是一切罪恶产生的源头。

王莽篡汉：一场有准备的权力政变

元寿二年（公元前1年），汉哀帝猝然离世，太后王政君让大司马董贤负责料理丧事，令侄子王莽协助董贤。王莽趁机怂恿尚书弹劾董贤，王政君顺水推舟罢免了董贤，想要让王莽取而代之。董贤被逼自杀后，王政君让公卿们讨论大司马人选。以前王莽当过大司马，有政治才华，口碑又不错，因此受到大臣们的一致推崇。唯有前将军何武、左将军公孙禄担心朝纲被外戚把持，彼此互相举荐，没有推选王莽，但并没有影响太后的决定，王莽依然被选任为大司马。

王莽上台后，开始大肆打压排挤异己，为了更快地揽权，他把德高望重的三朝老臣孔光收入门下，利用孔光的名声和威望奏事。孔光谨小慎微不敢得罪权贵，王莽便假借太后的名义逼迫他就范，时常编织罪名弹劾自己不喜欢的人，然后把奏疏交给孔光，吩咐孔光向太后奏请。如此一来，凡王莽所求之事，太后几乎全都答应了。何武、公孙禄因不肯举荐王莽为大司马，受到了报复，都被免职了。但凡反对王莽的人都受到了不同程度的政治迫害，不少人被扣上各种罪名惨遭杀害。凡是亲附王莽的人都受到了大力提拔。王莽的堂弟王舜、王邑、孔光的女婿甄邯等人都进入了权力核心部门。

王莽培植出了一大批亲信和党羽，他只要稍加暗示，众人便按照他的意愿上奏。在太后和群臣面前，王莽总是顿首涕泣，再三推让，表现得非常恳切恭顺，几乎所有人都被蒙蔽了。新即位的汉平帝年仅九岁，不能理政，暂由太后王政君垂帘听政，王莽凭借外戚的身份，轻而易举地控制了朝纲。元始元年（公元 1 年），王莽当上了太傅，被封为"安汉公"，得以参与四辅之事，还得到了 28000 户采邑的赏赐，地位扶摇直上。他欣然接受了封号，却坚决不肯接受加封的采邑，用忧国忧民的口气说："等到老百姓丰衣足食的那一天，我才能考虑接受采邑的封赏。"

太后年老，越发厌倦处理朝政，王莽便怂恿群臣上书劝谏太后，微不足道的繁琐小事不必亲自过问。太后于是把国家大事交给了王莽和四辅，自己只保留了封爵的权力。元始五年（公元5年），有个见风使舵的大臣上书要求王莽效法周公，代行天子之职。王莽觉得时机成熟了，准备谋朝篡位。汉平帝渐渐长大了，不甘心大权旁落，且怨恨王莽强行把母亲留在中山，致使母子俩长期分离无法见面。王莽察觉出了汉平帝的不满，决定先下手为强。同年十二月腊日，王莽把掺了毒药的椒酒进献给汉平帝，汉平帝喝了之后，生命垂危，不久便毒发身亡了。太后和群臣商量立嗣事宜，王莽以兄弟互相做后代继承大统，有悖人伦为由，将年长的继承人全部排除，最后决定立汉宣帝的玄孙刘婴。

后来，谢嚣上书说武功县长疏浚水井时，挖出了上书"告安汉公莽为皇帝"的白石，人们议论纷纷。群臣以此为由，请求太后让王莽摄政，太后不悦地说："这是在欺骗天下人。"执意不许。王舜再三劝说，太后被迫同意。不久，大臣们以嗣君太过年幼不利于安定社稷为由，请求王莽加冕称帝。初始元年（公元8年），符瑞降临全国各地，暗示王莽是天子。王莽要求太后交出传国玉玺，准备登基。太后不肯。王舜前去劝解。

太后边哭边骂："你们父子宗族，全仰仗汉朝的恩典，才能世代享受荣华富贵，如今不仅不思报恩，却琢磨着窃夺国家政权，简直猪狗不如。你们既然要更改历法和制度，就该刻一个新的玉玺，何必索要亡国的不祥之物，我这个汉家寡妇，活不了太久了，要和这前朝的玉玺一块儿下葬，你们谁也别想得到它。"王舜为难地说："王莽对玉玺志在必得，太后能反抗得了他吗？"太后一把将玉玺掷在地上，恶狠狠地骂了一句："你们迟早要被灭族。"王舜把玉玺交给了王莽。王莽正式称帝，建立了新朝，册封刘婴为安定公，拉着他的手哭着说："周公摄政，尚能还政于周成王，成就千古美谈，我迫于天意，不能还政于你。"说完连连叹气。百官莫不动容。

智慧贴士

庄子曾经说过："圣人不死，大盗不止。"远离人间烟火的圣贤之道，严重违背了人的天性，所以尊崇他的读书人前赴后继地被培养成了伪君子。王莽在成为窃国大盗之前，所作所为皆符合君子之道，但却不合自己本性，掌控了权力之后才露出了本真面目，可悲的是他还要装腔作势，维护自己的君子形象，足见他有多么虚伪。

东汉牵连最广的谋逆大案

永平十三年（公元 70 年），楚王刘英伙同术士秘密制作金龟玉鹤，在上面篆刻文字充当符瑞，企图篡位自立，事情败露后，被迫自杀。然而这桩谋反大案并没有因为刘英生命的结束而终结，朝廷追查了好几年，受牵连者不计其数，上至王公大臣，下至地方豪杰，全都卷入了这场风波，处死的处死，流放的流放，收押的收押，甚至连审案的官吏都受到了惩治。从京城到地方血流成河，监狱里人满为患，一时间风声鹤唳，人心惶惶。

刘英策划谋反时，把名士都记录在了花名册上。吴郡太守尹兴的名字也在上面，他本人及其所属的 500 多名官吏都被押入大牢，严刑审讯。半数属官被拷打致死。除尹兴外，只有陆续、梁宏、驷勋等少数几个人还活着，他们受尽了种种非人的虐待和折磨，被打得血肉模糊、肌肉溃烂，模样惨不忍睹。陆续受刑时，咬牙坚持，面不改色，可是在牢里看到母亲送来的饭菜时，却忍不住啜泣起来。

狱吏问他为什么哭，陆续回答说："因为只能见到母亲亲手做的饭菜，却见不到母亲。"狱吏问："你怎么知道这饭菜是你母亲做的？"陆续说："这肉切得方方正正，葱切得整整齐齐，都是一寸长，

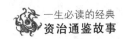

只有我母亲会那么做。"狱吏把这件事禀报给了汉明帝。汉明帝觉得有其母必有其子，陆续应该是个堂堂正正的人，不可能参与谋反，遂重新审视了楚王一案，赦免了尹兴、陆续等人。

颜忠、王平在审讯过程中供出了隧乡侯耿建和朗陵侯臧信等人。耿建等人说自己与颜忠、王平素未谋面，坚称对方含血喷人。双方各执一词，审案人员无所适从，汉明帝龙颜大怒，没人敢探究真相。侍御史寒朗认为其中有冤情，便装扮成耿建的样子审讯颜忠和王平。两人吓得语无伦次。寒朗于是上疏说耿建等人是被诬陷的，像耿建这样无辜蒙冤的人非常多。

汉明帝问："颜忠、王平为何要诬陷耿建呢？"寒朗说："他们知道自己犯下死罪，多牵连一些人，是为了给自己脱罪。"汉明帝说："既然如此，你为何不早说？"寒朗说："我怕耿建等人确实有罪，日后被人找到谋反的证据。"汉明帝大怒："没有原则。"说完喝令左右责打寒朗。寒朗高叫道："请容我再说一句话。"汉明帝问："可有人和你一同拟写奏章？"寒朗说："奏章是臣一人写的。"

汉明帝又问："你为什么不跟三府商量一下？"寒朗说："我追查案子已经有一年了，没找到主谋，反而上疏为牢里的犯人申冤，犯下灭族大罪，不想牵连别人，独自上奏，是希望陛下早日醒悟，赦免无罪之人。审案的官员为了自己不担责，把无罪的人定成有罪，审讯一人牵连十人，审讯十人，上百人受株连。其中的冤屈人尽皆知，只是没人敢触犯龙颜说实话罢了。我今日说了，死而无憾了。"汉明帝被寒朗感动了，两日后赦免了洛阳监狱的1000多名犯人。当时正在闹旱灾，犯人得到大赦之后，天空下起了雨。后来，又有400多名无辜者获释，楚王谋反案渐渐平息。

智慧贴士

皇族宗室谋反，通常会牵连无数的无辜者。无辜者受到的惩罚往往要比谋反者严厉百倍。在皇权专制制度下，统治阶级普遍把维护皇家利益作为最高宗旨，践踏蹂躏官民的事情时有发生，官民的生存权和民权得不到任何保障，只能任由特权阶层摆布。

党锢之祸

汉桓帝尚未登基时，周福是他的老师。汉桓帝当上皇帝以后，周福擢升为尚书。周福是甘陵人，他的同乡房植同样在朝为官，威望很高，乡人根据两个人的地位和宦海生涯编了一首歌谣："房植才是万世师表，周福是靠帝师的身份显贵的。"周家和房家的宾客互不相让，彼此诋毁，两家因此结怨。甘陵的士人分裂成了南派和北派，自成一党开始互相攻击，好在没有引起轩然大波。

延熹九年（公元166年），郭泰和贾彪从3万多太学生中脱颖而出，受到李膺、陈藩、王畅三位士大夫的推崇。双方开始互相吹捧。太学生于是编造歌谣说："李膺是世人楷模，陈藩不畏强暴，王畅才华横溢。"当时读书人喜欢互相褒扬或贬斥，形成了一股潮流，这股风气影响到了朝野。大臣都怕受到士人诋毁，为了维护名誉，纷纷与之结交。河南人张成能掐会算，算出朝廷要大赦天下，就让自己的儿子行凶杀人。司隶校尉李膺督促执法部门将张成父子捉拿归案。不久，朝廷果然宣布大赦天下，李膺坚持将张成父子正法。

张成因为通晓方术，结交了不少有权有势的宦官，汉成帝有时也找他算卦，对他的印象还算不错。张成伏法后，宦官打算替他报仇，于是暗中唆使张成的弟弟上疏弹劾李膺，说他拉拢太学生，结党营私，胡乱批评时政。汉桓帝大怒，打算肃清国内所有党派，下令将各郡、各封国的党人全部抓捕入狱。

太尉陈藩说："这次逮捕的人全是忧国忧民、广受赞颂的忠臣，怎么能糊里糊涂地关进监狱呢？"汉桓帝不加理会，把李膺等人统统投入黄门北寺监狱，受牵连的太学生超过了200人。朝廷到处悬赏捉拿漏网者。有个叫陈寔的学生说："我不投案坐牢，太学生就没有精神依靠了。"遂主动自首，慷慨入狱。狱吏提醒太学生范滂说："但凡被关进来的人，都要祭拜皋陶。"范滂说："皋陶是古代的贤臣，他要是知道我是清白无辜的，自然会替我向天帝申冤，假如我真的有罪，祭拜他又有何用？"其他囚犯听了，纷纷拒绝祭拜皋陶。

陈藩上疏为李膺及太学生们求情，请求汉桓帝明察，言辞激切，汉桓帝大怒，罢免了陈藩，当时许多深受世人敬仰的名士都因为受到牵连入狱，度辽将军皇甫自诩为一方豪杰，却没被逮捕，深以为耻，主动要求入狱受罚。朝廷没有理会。自陈藩去职后，朝野震动，大臣都想明哲保身，不敢进言。贾彪为了营救李膺等人，跑到洛阳游说城门校尉窦武、尚书霍谞等人。窦武向朝廷递交了奏疏后，便以养病为由辞职，霍谞也写了一封替李膺党人求情的奏疏。汉桓帝怒气稍解，于是派王甫审讯太学生。

范滂等人披枷带锁地站在阶下。王甫逐个审讯，厉声问："你们互相推崇，彼此袒护，究竟有什么居心？"范滂说："孔圣人教育世人，要效法善举，远离邪恶。我称赞良善的士人，是为了让高尚的思想影响更多的人，鞭挞批评恶行，是为了让人们远离污浊邪恶。我以为朝廷鼓励这么做，没想到被看成是结党。古人修德行善，能给自己谋来福祉，如今修德行善，却招来祸难。我死后，请把我埋葬在首阳山，上不负苍天，下不负伯夷、叔齐这样的圣贤。"王甫听罢，大为感动，就命人卸下了他们身上笨重的枷具。

由于李膺一案，牵扯到了很多宦官，宦官担心惹祸上身，苦苦请求汉桓帝赦免李膺党人，最终200多人被遣返故里，朝廷宣布永不录用这些人，很多人因此前途尽毁。

◀智慧贴士▶

党锢之祸反映的是士大夫和宦官之间的斗争，以代表清流的士大夫完败，代表浊流的宦官集团完胜而告终。饱读诗书、心忧天下的士大夫之所以斗不过宦官，是因为在古代，掌握知识和舆论的人永远斗不过权势人物，在政治昏暗的历史时期，强权会被奉为公理，正义往往没有立锥之地。强者为尊，成王败寇已然成为一条颠扑不破的法则。

娶妻养子，祸乱全国的太监

东汉名臣杨秉过世后，因他举荐走向仕途的刘瑜上疏批评时政，直言不讳地说："宦官不该享有裂土封爵的待遇，任由他们收养子嗣，传承爵位，豢养美女，不仅伤害了民生，还消耗了国家的府库。现在宦官修建的府邸越来越多，样式奇巧，颇费人力，他们用严酷的刑罚逼迫老百姓为他们建造豪宅，致使民间怨声载道。更有甚者贿赂官吏，左右司法，使得老百姓蒙受冤屈却无处申诉，被迫沦为盗贼。良民沦为盗寇，官府不思考为政的得失，反而不由分说地出动军队镇压，导致官逼民反的事情越来越多。官府经常悬赏捉人，穷苦的百姓为了得到赏钱，甘愿铤而走险，以性命相搏。家里的父亲和兄长冒死擒拿罪犯，妻子儿女眼睁睁地看着他们死去。"

分析完了国情之后，刘瑜笔锋一转，开始批评国君："皇上喜欢微服出行，经常下榻到宦官的府宅。宦官因为天子的驾临，受宠若惊，让宾客到处散播这些消息。有些宦官因此恃宠而骄，到处为非作歹。希望陛下能听从微臣的规劝，远离奸邪之人，尽力施惠于民，

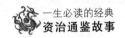

施恩于天下。如此一来，吉风祥雨自然会降临。"汉桓帝看完奏疏后，急招刘瑜入宫，询问灾祸祥瑞的征兆。同僚希望刘瑜避重就轻，闪烁其词地搪塞过去。刘瑜没有那么做，又撰写了一封长达八千言的奏疏，措辞更加激烈，恳请汉桓帝能重视民生，抑制宦官的行为。然而汉桓帝只关心凶兆吉兆，国运兴衰，从未想过要控制宦官。

在汉代，宦官很有权势，官民竞相送去厚礼贿赂他们。富商张泛是宫内某个妃子的远亲，善于雕刻精巧的物件，源源不断地给宦官送礼。因为背后有宦官做靠山，张泛变得非常骄横，经常仗势欺人，横行乡里。太守成瑨在岑晊、张牧的劝说下，秉公办案，将张泛绳之以法。不久，朝廷下发了赦令，成瑨不加理会，依法处死了张泛，并杀死了张泛的族人和宾客，共有200多人。

小黄门晋阳县有个叫赵津的人，长期为害一方，太原郡太守刘瓆将其逮捕归案。朝廷颁布了赦令，刘瓆置之不理，毅然处死了赵津。中常侍侯览把这件事和张泛伏诛的案子牵强附会地牵扯到一起，唆使张泛的妻子鸣冤，宦官趁机大肆污蔑成瑨和刘瓆。汉桓帝震怒，下令将二人逮捕。宦官又指使官吏构陷成瑨、刘瓆，胡乱罗列罪名，强烈要求将二人枭首示众。

汉桓帝执政时期，宦官的兄弟和亲属都很显贵，要么被任命为一州刺使，要么被封为一郡太守。这些人巧取豪夺，欺男霸女，无恶不作，长期鱼肉乡里，百姓饱受欺凌，日子过得无比凄惨。中常侍徐璜的侄子徐宣素以残忍暴虐闻名。他想强娶原汝南太守李暠的女儿，未能如愿，于是就仗着宦官的权势胡作非为，竟带人闯进李暠家里，抢走了人家的女儿。把女孩掠回府上之后，百般羞辱，以女孩作箭靶，在嬉戏娱乐中，将对方杀死。

东海国宰相听说了徐宣的劣迹后，缉捕了徐宣，并逮捕了他的家人。徐家上下不分男女老幼统统入狱，均受到了严刑拷问。属吏都奉劝黄浮网开一面，免得得罪宦官。黄浮说："徐宣是害群之马，今日依法惩处他，就算明日要以命相抵，我也甘愿，假如朝廷追究下来判处我死罪，我死也瞑目了。"于是将徐宣斩杀于闹市，然后暴尸示众。宦官被驳了面子，跑到汉桓帝那里哭诉。汉桓帝大怒，判处黄浮髡刑，把他发配到左校营服役。

◎智慧贴士◎

宦官是非常腐朽的一股政治势力，在中国古代历史上扮演着重要的角色，与封建制度相始终，2000多年来，他们要么把持权柄，祸乱朝纲，要么结党营私，扶植亲属，祸国殃民。宦官之所以可以肆意妄为，是因为他们是皇帝的贴身奴仆，代表至高无上的皇权，可以狐假虎威、仗势欺人。

苟且偷生，累及无数的大名士

名士张俭因为上疏弹劾宦官侯览作恶，受到政治迫害，沦为朝廷要犯，四处逃亡。情急之时，看到人家门户便闯进去请求屋主收留。人们敬佩他的为人，都愿意冒险收容他。后来张俭流落到了东莱郡，藏匿在李笃家中。外黄县令毛钦带着兵刃到李笃家里拿人。

李笃说："张俭是朝廷通缉的要犯，我怎么可能冒着杀头的风险窝藏他？他是万人敬仰的大名士，你为什么非要擒拿他不可？"毛钦把手放在李笃肩头说："古时蘧伯玉不以自己一人做君子为荣，而是引以为耻，而今你为何要独揽正义？"李笃说："我可以和你共享正义，现在你已经得到了一半。"毛钦心领神会，长叹一声离开了。

李笃把张俭带到了北海郡戏子然家，接着护送他去了渔阳郡，几经周转逃出了塞外。张俭自从被官府通缉以来，投奔了许多人家。

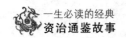
好心收容他的人要么被诛杀，要么家破人亡，要么遭到逮捕讯问，受牵连者遍布全国各地。有的郡县因此而败落下来。张俭和孔褒是好朋友。无路可走的时候，他前去投奔孔褒。孔褒恰好到外地去了，两人失之交臂，但孔褒的弟弟孔融在家。孔融当时只有16岁，自作主张把张俭藏了起来。后来他窝藏朝廷要犯的事情被告发了。张俭已经逃之夭夭了，孔褒、孔融双双入狱。官府不知道该给谁定罪。

孔融说："是我私自把张俭藏匿在家里的，哥哥并不知情，我愿领罪受罚。"孔褒说："张俭到我家是为了投奔我，与弟弟无关。"兄弟俩争着领罪，官吏不好裁决，就问他们的母亲该如何处理。母亲说："我是一家之长，这件事由我负责，我愿领罪。"母子三人争着受死，官府从未见过这样的现象，不知该如何论处，便将此案上报给了朝廷。汉灵帝做出了最终裁决，处死了孔褒。危机过后，张俭回到了家乡，后来又被朝廷起用，当了卫尉，活到84岁才寿终正寝。

当年，夏馥听说张俭到处逃窜，受牵连者众，忍不住感叹道："大丈夫敢作敢当，何苦去牵连无辜善良之人。为了自己逃命，祸害千千万万家庭，还有什么面目活下去。"他受到迫害时，尽可能不连累他人。他剃掉了胡须，刻意改变了自己的形貌，躲到深山老林里隐居度日。在一家冶铸金属处辛苦工作了两三年，以羸弱之躯挖掘烟炭，经常累得精疲力竭，脸色格外憔悴。周围的人都不知道他的身份，误以为他就是一个普通的佣工。弟弟夏静前来送缣帛的时候，他坚持不肯接受，叹息着说："我坚守正道，被宦官陷害，才落得这个地步，如今只想苟全性命于乱世，你为什么带着东西来找我呢？这是为我招来祸患呀。"党锢之祸还没有结束的时候，他就去世了。

智慧贴士

张俭是万人仰慕的大名士，为了保全他，无数的人前赴后继地死去，无数的人经历了家破人亡的惨剧，与其说张俭人格魅力无敌，不如说他自私怯懦。自己闯下大祸，没有担当的勇气，靠牺牲别人来保全自身，不是义士所为。相较而言，夏馥的做法更值得肯定，他不曾把风险转嫁给别人，在流亡的过程中，没有连累过任何人，能够设身处地地为他人着想，这才是真正的伟丈夫。

敢对权贵下狠手的酷吏

王甫、曹节两大奸臣擅权干政，玩弄权术，为所欲为，把朝野搅得乌烟瘴气。他们得势时，父亲、兄弟、侄子、养子都跟着做了高官。有的位列九卿，有的当了太守、县令，势力遍及全国各地。王家和曹家统辖的地区，暗无天日，亲属普遍贪赃枉法，残暴不仁。

王甫的养子王吉好杀人，每次把人杀死以后，都会把尸体切成块装在囚车里，让人一路推着游街。到了夏季，尸体腐烂得快，他便命人搜集人骨，用绳子串联起来，以囚车载着森森的白骨游街。老百姓看到这幅景象，吓得浑身发抖。王吉在沛国做了五年宰相，虐杀的人超过 1 万。一时间天怒人怨。尚书令阳球愤恨地说："假如有朝一日我做了司隶校尉，一定不会让那些昏官恶霸横行。"

没过多久，阳球擢升为司隶校尉。恰好王甫唆使门生侵吞京兆财物 7000 余万钱，被人告发。阳球决定严审此案。阳球趁机向汉灵帝揭发王甫、段公、淳于登、袁赦等人横行不法。王甫、段公、王萌、王吉等人全部锒铛入狱。阳球亲自严刑审讯他们。王甫的养子王萌说："我们父子论罪当死，请你看在同朝为官的情分上，饶恕我的父亲，让他少受些皮肉之苦。"阳球说："你罪恶滔天，死不足惜，凭什么要求我宽恕你的父亲？"王萌大骂道："你以前在我们父子手

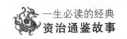

下当差，像奴才一样卑贱，你这个恶奴竟敢背叛主子。今天你卖主求荣，落井下石，日后一定遭报应。"

阳球大怒，吩咐左右把污泥塞到王萌嘴里，不让他开口，然后用皮鞭棍棒痛打王甫、王萌父子，把两人活活打死了。王氏父子的同党段公不堪压力，自杀了。阳球将王甫切成几段，扔在城门外展览，并抄没其家产，将其他亲属流放到了偏远的比景。处死了王甫以后，阳球把矛头对准了曹节，于是开始上疏弹劾曹节，并对都官从事说："先除掉权奸，再对付其他奸佞。至于公卿大族，你去惩办就好了，用不着我亲自出马。"权贵听说后，吓得魂不附体，甚至不敢大声喘气。

曹节节假日依旧待在府衙，不敢回家，生怕遭遇不测。后来虞贵人去世了，百官为其送葬，曹节也参加了葬礼，在路旁看到了王甫的碎尸，不由得淌下泪来，难过地说："我们可以争权夺利，彼此残杀，怎能让奴才走狗舔舐我们的鲜血？"回宫后，曹节对汉灵帝说："阳球是酷吏出身，冷血残暴，司徒、司空、太尉等三府都控诉过他的罪行，陛下应该罢免了他，不能任由他继续施虐。"汉灵帝听取了他的意见，改任阳球为卫尉。

阳球不愿接受任命，连忙觐见汉灵帝，掷地有声地说："我虽然不是一个道德高尚的人，承蒙陛下恩德，得以充任铲除奸佞的鹰犬。前些日子，杀了王甫、段公两个跳梁小丑，不足以谢天下。还望陛下再让我留任一个月，我必能惩治豺狼虎豹一样的奸佞，迫使他们全部乖乖低头认罪。"说完跪地顿首，连连扣头，额头磕出了血。宦官不耐烦地说："你敢抗旨不遵！"连声呵斥了好几次，阳球才肯领命。阳球失势以后，曹节又恢复了权势。

智慧贴士

阳球嫉恶如仇，善于惩治作奸犯科、横行无忌的权贵，曾一度令公卿贵族胆寒，他自认为自己是在为民除害，代表正义的一方。不可否认的是，他打击权贵，确实能够在某种程度上遏制权势人物的嚣张气焰，有助于净化社会风气，但采用非人道的残酷手段打击犯罪是不可取的，酷吏执法贻害无穷，不仅会扭曲司法理念，践踏社会文明，还会把国家带向歧途。

疯狂敛财的贪婪皇帝

汉灵帝对经商怀有浓厚的兴趣，在后宫建造了林林总总的商铺，模拟都城的繁华市场，让宫女们打扮成商人的样子买卖货物。琳琅满目的商品刺激了人们的贪欲，后宫盗窃案频发，宫人为了抢夺财物争斗不休。然而这些都没有败坏汉灵帝的雅兴。他经常穿着商人的服饰，和宫女们玩行商的游戏，闲暇之余一块儿纵酒作乐。

除了爱好行商以外，汉灵帝还喜欢斗鸡走狗。有一次，竟让小狗戴着文官的帽冠在西园里到处乱走，还给狗披上了绶带。有时驾着驴车在院内横冲直撞。人们竞相模仿，纷纷驾着驴车出行。驴子价格飞涨，一头驴的价格大致和一匹马相当。

汉灵帝存了不少私房钱，收罗了大量奇珍异宝。地方进贡的贡品，要遴选出一部分，将最珍稀名贵的送往皇帝的私人府库，这部分另选的物品被称之为"导行费"。中常侍吕强上疏说："普天之下莫非王土，率土之滨莫非王臣，天下的财富自然归皇上所有，何必分公家财富和私人财富呢？如今中尚方收纳了四方的珍宝，中御府收藏了各地的精美丝织品，西园聚集了本该送往大司农的财物，骥厩豢养着本应由太仆管理的骏马。地方进献贡品，都要上缴导行费，这样做无疑会给老百姓增加负担，百姓愈加贫困，贡品的数量也在

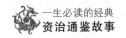

削减。有些谄媚的大臣为了取悦皇上，必然竞相进献私人财物，这些财宝都是搜刮民脂民膏得来的。皇上不加阻止，不正之风就会大行其道。"汉灵帝看了奏章之后，不加理睬，继续搜罗敛财充实自己的小金库。

汉灵帝是个不折不扣的昏君，在位期间不关心国家社稷，去世前，没有选立合适的接班人，大汉国运在他手上进一步衰落下去。由于皇子接二连三地夭折，何皇后所出的儿子刘辩刚出生不久就被送到道士家里抚养，没有像其他皇子那样在皇宫中成长。当时何皇后以为道人的法术能保护儿子免受病魔的侵害，汉灵帝也这样认为，却不想这个错误的决定几乎误了刘辩一生。刘辩整日和道士相处，没有接受正规的教育，不懂宫廷礼仪，缺乏威仪，且性情浮躁轻率，汉灵帝对他很不满意，一度想要废长立幼，改立刘协为太子，但始终没有下定决心。

临终前，汉灵帝把年幼的刘协托孤给了蹇硕。蹇硕在汉灵帝驾崩后，打算诛杀外戚何进，扶立刘协为帝。他派司马潘隐等人和何进商议要事，决定趁机下手。马潘隐对何进使了个眼色，示意他逃跑。何进会意，立刻驱车抄近道逃回了自己的营地。化险为夷后，以身体有病为由，不再贸然进宫。

智慧贴士

汉灵帝是一个不折不扣的庸主，喜欢吃喝玩乐，疯狂敛财，花了不少心思攒私房钱，从未关心过国计民生。汉朝百姓遇上这样的昏君，实乃大不幸。但汉灵帝并不是中国历史上唯一一个视财如命，热衷于搜刮民脂民膏的昏君。中国历朝历代的许多统治者，都在想方设法地聚揽财富、盘剥百姓。之所以会出现这种现象，是因为在家天下的政治体制下，全国财富和臣民都是皇家资产，皇帝巧取豪夺被视为天经地义。

大将军何进：引狼入室，屠杀宦官

中平六年（公元 189 年），外戚何进掌权，决定大规模屠杀宦官。在血洗宫廷之前，中军校尉袁绍曾经对何进说："窦武想要铲除宦官，事泄反被宦官所害。禁军一直害怕宦官，窦氏利用过宦官，结果玩火自焚。您如今手握雄兵，麾下多英杰，又不乏名流，都乐于为您效犬马之劳。您何不趁此机会消灭宦官集团，为天下除害呢？"

何进于是向妹妹何太后建议，将常侍以下的宦官全部免职。何太后不同意："内宫的失误自古就由宦官负责，这是祖宗定下的规矩，不可废除。先帝刚刚下世，我怎能对侍奉他左右的宦官动手呢？"何进改口说，那么就从最嚣张跋扈、目无王法的宦官下手。何太后的母亲舞阳君和弟弟何苗都被宦官收买了，纷纷进言说："何大将军处心积虑地加害宦官，为的是自己独揽大权。"何太后信以为真，开始猜忌何进。

何进得不到太后支持，对宦官有所忌惮，迟迟没有采取行动。袁绍建议召集各路豪杰威逼太后铲除宦官。陈琳阻拦说："您手握军权，对付宦官易如反掌，现在必须当机立断，不要寄希望于外援。等到征讨宦官的势力坐大，权柄就落到别人手上了。"何进不听。典军校尉曹操听说了这件事之后，不由得笑道："古往今来，宦官只是享受皇帝的恩宠罢了，手上没有权力。只需一个狱吏消灭首恶，就能让他们臣服，何必把地方的军队招进宫呢？要想兴师动众地剿灭所有宦官，消息必然会泄露出去，依我看，何进要失败了。"

何进欲引狼入室，把并州牧董卓引进京城。侍御史郑泰劝阻说："董卓残忍贪婪，一旦授予其大权，他就会威胁到朝廷的安全。您贵

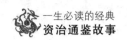

为皇亲国戚，又有兵权，可以惩治任何有罪之人，不需要外援。"何进听不进去，郑泰愤而辞官。董卓在赶往京城的半路上，就拟写了一份征讨宦官张让的奏疏，请求何太后除奸。何太后不加理会。

何苗对何进说："你我能有今天的权势和富贵，全仰仗宦官的帮助，不如和宦官和解吧。"何进迟疑不决，听说董卓抵达了渑池，下令阻止他继续进军。董卓不听号令，继续大摇大摆地前进。谏议大夫种邵劝他撤军。董卓疑心京城有变，拒不听令。种邵借皇帝之名训斥他们，董卓才退到夕阳亭。

袁绍担心何进改变主意，就激将他说："当断不断必受其乱。将军要早作打算，否则就会步入窦武的后尘了。"事后，袁绍密切关注着宦官的动静，同时催促董卓赶快进京。何太后很害怕，立即免去了中常侍、小黄门等宦官的职务，何进把他们赶回了老家。袁绍奉劝何进将所有的宦官赶尽杀绝，何进犹豫不决。袁绍便假借何进的名义下令诛灭宦官。宦官人人自危。张让的养子娶了何太后的妹妹，因为这层关系，何太后不忍心为难张让等宦官，没过多久就把各常侍召回了皇宫。中常侍张让保住了自己的地位。

八月二十五日，何进奏请何太后将宦官一网打尽。张让、段珪私下里商量说："何进说自己有病，连先帝的葬礼都没参加，现在忽然进宫，是想效法窦武吗？"经过打听，才知道何进要诛灭所有宦官。张让马上纠集了几十人埋伏了起来，然后假借何太后的名义宣何进入宫。何进刚一露面，就被重重包围了，当场被张让等人杀死。

智慧贴士

汉朝晚期，外戚和宦官的斗争空前激烈，为了扳倒对方掌握最高权力，双方往往会不择手段，无所不用其极。何进甚至不惜引狼入室，召地方军阀入京，此举直接导致了董卓之乱，为日后的乱局埋下了伏笔。

一手遮天，肆意废立皇帝的乱世奸雄

中平六年（公元 189 年），何进死于宦官之手，其部下吴匡率众杀入皇宫，大肆诛戮宦官。张让、段珪等宦官为求自保，带着小皇帝刘辩和陈留王刘协逃出了京城，一行人等来到了小平津。河南中部掾闵贡赶来与皇帝会合。

闵贡严厉斥责张让等宦官："你们若不肯以死谢罪，我就要亲自操刀了。"说完杀死了好几名宦官。张让和其余宦官吓破了胆，向小皇帝磕头辞别之后，纷纷投水而死。闵贡逼死了宦官后，亲自护送皇帝刘辩和陈留王刘协回宫。半路上找来一些车马，刘辩自己骑一匹马，刘协和闵贡共乘一匹马。

董卓抵达显阳苑的时候，远远望见皇宫的方向火光冲天，料定宫里发生了变故，于是火速前进，路上打听到小皇帝向北逃走了，于是就赶到北邙阪恭迎少帝。刘辩看到董卓率领千军万马气势汹汹地赶过来，吓得哇哇大哭。大臣要求董卓撤军，董卓斥责道："你们身为人臣，不能倾力辅佐皇室，让皇帝在外面颠沛流离，还有脸要求我撤军？"

董卓问话的时候，年幼的刘辩回答得颠三倒四、语无伦次，询问年纪更小的刘协时，刘协从容地把事情的经过讲述得清清楚楚。董卓很高兴，觉得刘协有帝王之才，比刘辩更适合当皇帝。由于刘协是董太后养大的，董卓自认为与董太后同宗，更加坚定了立刘协的决心。董卓进入洛阳时，麾下只有 3000 兵马，不足以服众，为了虚张声势，他让士兵夜里偷偷出了军营，次日早晨再大张旗鼓地回来，让不明真相的人们误以为他的军队源源不断地奔赴洛阳城。

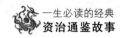
　　不久，董卓收编了何进、何苗的队伍，把丁原的部下吕布发展成亲信，怂恿吕布反水杀死丁原，然后顺理成章地吞并了丁原的军队。有了强大的军队以后，他开始琢磨着染指政治权力，向朝廷施压要求取代司空刘宏，然后又冒天下之大不韪，试图废立皇帝。董卓振振有词地对袁绍说："君主之位，有德者而居之，每每想起汉灵帝那样的昏君，我心里就愤恨不平。刘协聪明伶俐，不如立他当皇帝吧。有的人小事聪明，大事却糊里糊涂，不知刘协是不是这种情况？他要是成不了英主，我们就没有必要继续辅佐刘氏子孙了。"

　　袁绍说："刘汉江山的基业已经延续 400 多年了，在百姓眼里已然成为正统。皇上年纪尚小，不曾做过令百姓痛恨的事情。你废嫡立庶，必然遭到天下人的反对。"董卓按着剑柄怒喝道："天下大事还不是我说了算，谁敢与我作对？你以为我的刀是没用的摆设吗？"袁绍拔刀回敬道："难道只有你一人是敢打敢杀的豪杰吗？"说完气哼哼地出去了。袁绍的家族出过四世三公，董卓不敢直接加害他。袁绍立马逃奔到了冀州。

　　九月，董卓对文武百官说："刘辩不配做君主，我想效法伊尹、霍光，改立陈留王刘协当皇帝，诸位以为如何呀？"大臣不敢回应。董卓又说："霍光废掉刘贺的时候，田延年要用佩剑诛杀最后一个响应的人。谁要反对我，就会受到同样的处置。"众臣更加惶恐了。尚书卢植掷地有声地说："刘贺昏聩荒唐，所以霍光才会废黜他。如今皇帝年龄尚小，没有做什么危害社稷的事，为何要废掉他？"董卓勃然大怒，欲抽刀斩杀卢植，众人不约而同地劝谏，说杀贤会令天下人不安，董卓才肯罢手。

　　随后，董卓逼迫何太后废黜少帝刘辩，改立刘协为帝。后来将何太后和刘辩都害死了，从此大权独揽，威震天下。

董卓废刘辩立刘协，令人大惑不解，一个无能的少帝，要比能言善辩、少年早慧的陈留王更容易驾驭。表面上看，董卓此举属于自找麻烦，其实不然。他是想通过废立皇帝，加强威慑力，进一步巩固自身的权势，不想弄巧成拙，成为天下人竞相征讨的国贼。他之所以失败，是因为忘记了一个最简单的道理：皇帝是一国的根本，擅自废立，必会招来群起而攻之的后果。

吕布、董卓反目成仇

董卓残暴不仁，视人命如草芥，动辄杀人，部下不慎说错一句话，立刻被处死，致使侍奉他的人，每天见了他就像见到活阎王一样不安。由于血债累累，董卓害怕遭人报复，于是将武艺非凡的中郎将吕布收为义子，要求对方每日随行在侧，贴身保护自己。然而没过多久，董卓就和吕布有了嫌隙。有一天，因为一件微不足道的小事，董卓大动肝火，将手戟狠狠地朝吕布掷去，多亏吕布反应迅速，才躲过了一劫，随后和颜悦色地道歉，董卓才肯作罢。

发生这件事以后，吕布开始忌惮并怨恨董卓。不久，吕布被派去守卫中阁，和董卓门下的一个娇媚可人的侍女有了私情，担心董卓兴师问罪，心里更加忐忑了。司徒王允想要除掉董卓这个奸贼。王允和吕布有些交情，吕布把对董卓的强烈不满和憎恨毫无保留地告诉了王允，王允索性把消灭董卓的计划向吕布和盘托出，并要求吕布帮助自己。

吕布为难地说："他可是我的义父啊！"王允说："你又不是他的亲生儿子，他将手戟扔向你的时候，差点儿威胁到你的生命，那时可曾顾及过父子情分？"吕布想了想，认为董卓确实是个冷血无情、

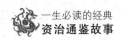
残忍暴虐的恶人，于是答应为王允做内应。

初平三年（公元192年），汉献帝刘协病体初愈，召集大臣议事。董卓乘车入朝。吕布和骑都尉李肃、陈卫等人假扮成卫士，悄悄埋伏在北掖门一带。董卓一现身，早已等候多时的李肃操起兵戈就朝他猛刺过去。由于董卓重甲在身，兵器无法刺入。董卓只是手臂被划伤了，并无大碍。因为受惊过度，忽然从车上跌了下来。董卓踉踉跄跄地爬起来，大叫道："我儿吕布在哪儿？"吕布说："我奉诏征讨董卓逆贼。"董卓叱骂道："你这个背信弃义的狗东西。"吕布上前一步，用矛杀死了董卓，吩咐左右砍下老贼的项上人头。董卓的仆人和主簿田仪见自己侍奉的主子已身首异处，纷纷扑向董卓的尸身，以示哀悼，他们全都被杀死了。

吕布掏出诏书，对惊魂未定的官兵说："我奉旨诛杀董卓一人，其余人等一概免罪。"官兵喜出望外，高兴得欢呼起来。百姓听说祸国殃民、杀人如麻的大军阀董卓死了，纷纷涌上街头庆祝，一路上载歌载舞，笑逐颜开。长安城内的男人女人卖掉了衣裳和仅有的首饰，买来了好酒好肉，一起摆宴庆祝，仿佛过节一般。

董卓死后，被暴尸于市。当日骄阳似火，天气炎热，董卓身上的油脂流了一地。看守突发奇想，制作了一个大灯芯，小心地放在董卓的肚脐处，然后点燃了灯芯。董卓躯体肥胖，脂肪丰富，接连烧了好几天，烛火才渐渐熄灭。袁氏家族的门生恨董卓入骨，将残存的骨灰倾洒到了大路上，用挫骨扬灰的方式泄愤。

智慧贴士

吕布和董卓反目，表面上看是王允挑拨的结果，其实是两人矛盾不可调和，积怨已久之后的爆发。董卓无情无义，暴戾恣睢，必然会众叛亲离。吕布反水是为了自保，但客观上顺应了时势，加速了董卓的灭亡。

曹操起家的政治王牌：挟天子以令诸侯

建安元年（公元 196 年），韩暹、杨奉护送汉献帝回到了洛阳。曹操准备从许昌恭迎汉献帝。谋士们反对说："崤山以东局势未定。韩暹、杨奉护送天子回东都，功劳不小，他们必然因此骄纵，岂能心安情愿地服从你？"

荀彧不以为然地说："晋文公迎奉周襄王，各路诸侯纷纷归附；汉高祖刘邦为义帝戴孝服丧，致使天下百姓心悦诚服地归顺他；如今天下大乱，皇上长期流亡在外，崤山以东局势混乱，曹公一直未能迎接圣驾。现在皇上已经回到了东都洛阳，可是经过董卓之乱，旧都荒废，到处都是废墟焦土，天下人为之感慨。曹公若能迎奉天子，必能收揽人心。匡扶汉室，招揽天下英雄，乃众望所归，到时天下归心，各地的叛贼还能有什么作为呢？不必过分在意韩暹、杨奉之流，假如被别人捷足先登，就会错失良机。"

曹操于是派曹洪前往洛阳迎接汉献帝，由于扼守险要之地的董承从中阻挠，曹洪无法成行。谋士董昭认为，杨奉兵多将广，军事实力雄厚，但缺少外援和盟友，于是就以曹操的名义写信给杨奉说："将军把大汉天子从危难之中拯救出来，并护送他返回东都，此举无异于'扶大厦于将倾，挽狂澜于既倒'，为天下人所钦佩。如今豪杰并起，混战不休，最重要的就是天子的平安。供奉天子，平定四海，非将军一己之力能为。将军兵强马壮，可在朝中主持大局，我粮草充足，可在庙堂之外给予将军必要的援助。你我合作，可成就大事。"杨奉读完信之后，对部下说："曹操在许昌驻军，兵力粮草都很充足，朝廷正需要这样的人。"于是推荐曹操当镇东将军，并让他

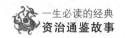
继承了父亲的爵位。

韩暹自以为护驾有功，变得骄纵跋扈，董承愈发不能忍受他的傲慢无礼，于是就秘密地召曹操前来，曹操率军赶到了洛阳，狠狠地斥责了韩暹、张扬。韩暹担心性命不保，急忙投靠了杨奉。汉献帝感念韩暹、张扬护卫过自己，赦免了他们的罪过。八月十八日，汉献帝为了表彰曹操的功劳，封他为司隶校尉、录尚书事。曹操封赏有功之臣，严惩有罪之人，追怀为国尽忠的烈士，建立了自己的威信。他向董昭问计时，董昭说："将军发兵讨逆，迎奉天子，匡扶汉室，将来必能成就霸业。可是洛阳将领未必能听从将军的命令，将军在洛阳辅政，障碍颇多，不如把天子迎到许昌。"

曹操说："我担心杨奉阻止我迁都许昌。"董昭说："杨奉缺少盟友，是真心实意和将军结盟。你能当上镇东将军，承袭父亲的爵位，全都是杨奉的功劳。你应该派人送去厚礼酬谢人家，顺便说说迁都许昌的理由——'洛阳缺粮，为保证天子衣食无忧，应让天子暂时移驾鲁阳，许昌临近鲁阳，交通便利，粮食充足。'杨奉是个有勇无谋的人，不会怀疑你的用心。"曹操同意了，遂把都城迁移到许昌，将汉献帝安置了下来。有了汉献帝这张王牌，曹操打出"奉天子以令不臣"的旗号向诸侯发号施令，同时广招天下英才，实力日益壮大。

智慧贴士

挟天子以令诸侯，是一张绝佳的政治王牌。曹操有了这张王牌，在当时就好比举起了一面正义的旗帜，讨伐别人师出有名，聚揽贤才，有朝廷颁发的正式文书，分封行赏均符合道统。这种无可比拟的优势是其他拥兵自重的军阀所不具备的，这就是曹操迅速崛起的奥秘所在。

靠"哭戏"赢来皇位的魏文帝

曹操的正妻丁夫人没有为曹家留下子嗣，小妾刘氏生下了长子曹昂，丁夫人以嫡母的身份抚养曹昂长大成人。后来曹昂随军出征、战死沙场，丁夫人万分悲恸，整日埋怨曹操，曹操一气之下把丁夫人赶回了娘家。过了一段时间，曹操怒气全消，多次请求丁夫人回家，遭到丁夫人的断然拒绝，万般无奈之下，只好与之离异。曹操的小妾卞氏被扶正。

卞氏生下了曹丕、曹彰、曹植、曹熊四个儿子。曹植文采斐然，才华横溢，深得曹操的喜爱，很有希望被选为接班人。曹丕比曹植年长，心机深沉，野心勃勃，又得到了尚书崔琰的支持，各方面的条件丝毫不弱于曹植。当时丁仪、丁廙、丞相主簿杨修都拥护曹植。曹操在选立继承人时犹豫不决，秘密地向外界征求各方人士的看法。大多数士人不赞同废长立幼，纷纷倒向了曹丕。

尚书崔琰公开回复说："按照伦常朝纲，春秋大义，长子曹丕是当之无愧的继承人，他忠厚仁孝，有勇有谋，是嗣承曹魏大统不二的人选。"尚书仆射毛玠说："袁绍废长立幼，宗族尽灭，土地沦丧，可见长幼不分会招来大祸。"曹丕因为年长的缘故，受到封建士大夫的一致推崇。然而曹操似乎更喜欢曹植。曹丕于是向太中大夫贾诩虚心求教，想要知道该怎么做才能讨好父亲。贾诩回答说："你好好培养德行，尽力做个孝子，做事亲力亲为，从早到晚侍奉好父亲就可以了。"曹丕将这番话铭记于心，把所有的心力都放在了尽孝这件事情上。

有一次，曹操出征，曹丕和曹植赶来为他送行。曹植诗兴大发，

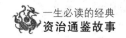

出口成章，瞬间完成了一首歌颂曹操功业的诗，全诗优美流畅，辞藻华丽，给人以如沐春风之感。在场的人皆被曹植过人的才华征服，莫不交口称赞。曹操也很高兴。曹丕感到非常茫然，不知道该怎样卖力表现自己，才能压过弟弟曹植。济阴人吴质对他耳语道："大王即将远征，你只要哀哭一场就可以了。"曹丕心领神会，当场临风涕泣，哭得非常伤心，人们都感到十分悲伤，连曹操都被他的情绪感染了。大家都认为曹植虽然才华出众，但送行吟诗，有卖弄之嫌，不如曹丕质朴真诚。曹丕通过以假乱真的表演成功蒙蔽了众人和曹操，最终被立为曹魏政权的接班人。

左右长御兴高采烈地向卞夫人贺喜，要求卞夫人拿出财物封赏大家，全府上下共同庆贺。卞夫人说："曹丕因为年长才被魏王立为储嗣，作为母亲，我很庆幸没有背负教子无方的骂名，不过也不需要赏赐别人来庆贺吧。"曹操听说了这件事以后，赞叹道："喜怒不形于色，是常人难以做到的。卞夫人安之若素，实为难得。"

曹丕欣喜若狂，抱着议郎辛毗的脖颈眉飞色舞地说："你可知我已被父王立为继承人？"事后辛毗把曹丕被立为储嗣之后的表现告诉了女儿宪英，宪英说："储嗣是要继承宗庙社稷的人，只有父王死了，自己才能即位，所以理应对立储之事感到悲伤，对接管国家政权感到忧惧。然而曹丕毫无悲伤忧虑之心，反而欣喜异常，可见曹魏政权长久不了，国运不会昌盛。"

后来曹植违反礼制，在驰道上行车，激怒了曹操。为了敲山震虎，曹操处死了看守宫门的公车令，并加重了违反禁令的惩罚，从此与曹植关系日渐疏远。曹丕继承魏王之位后，选择了篡汉自立，自己当了皇帝，被尊为魏文帝，在位仅仅六年就驾崩了。曹魏基业后来被司马氏篡夺，印证了宪英当年的预言。

◖智慧贴士◎

曹丕能从激烈的夺嫡斗争中脱颖而出，战胜才华盖世、誉满天下的弟弟曹植，靠的不是德行操守，也不是政治才华，而是精彩绝伦的"哭戏"，可以毫不夸张地说，他的江山是哭出来的。由此可见，在当时的历史时期，善于伪装和诓骗的伪君子，往往比真性情的人更容易获得成功。

"上门送教"的一流教育家

郭泰有学问善辩论，是个不可多得的大才子，但在洛阳游学时，籍籍无名。陈留人符融非常欣赏他，把他推荐给了河南尹李膺。李膺和郭泰一见如故，对其赞不绝口，两人结为至交。郭泰因此声名鹊起。郭泰回乡时，官员儒生纷纷赶来为他送行，一直送到黄河渡口，随行的车子有好几千辆。

郭泰喜欢游历四方，由于见多识广，练就了慧眼识人的本领。有个叫茅容的中年人，四十出头，有一天干完了农活，躲在树下避雨。其余的农夫以各种姿势坐在地上，十分随意，唯有茅容端坐着，身体笔直，神情肃穆，与常人大不相同。郭泰见了，甚为惊奇，于是要求到茅容家里借宿，想进一步了解这个正襟危坐的乡野村夫。

次日，茅容杀鸡下锅，做了一顿丰盛的大餐。郭泰以为对方热情好客，为了欢迎自己的到来，特地做了鸡肉。没想到茅容把半只鸡给了母亲，其余的鸡肉放在了阁橱里，以供母亲日后享用。当天，郭泰吃的是粗茶淡饭，但却并不生气，反而称赞茅容说："你真是个贤人。我为了依礼招待客人，曾经削减过对父母亲的供养，而你却如此孝顺，真是令人钦佩呀。"说完起身作揖，勉励对方多读书。茅

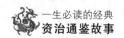

容在他的教诲下变成了一个德行甚高的人。

巨鹿人孟敏有一天扛着瓦罐外出，走着走着，瓦罐啪的一声掉在了地上，他懒得瞧一看便若无其事地离开了。郭泰觉得很奇怪，禁不住问其缘由。孟敏说："瓦罐摔碎了，不可能复原了，多看几眼又有什么用呢？"郭泰认为他是个很有想法的人，于是苦口婆心地劝他外出游学。孟敏受到鼓舞，去了很多地方，开阔了眼界，积累了不少知识，最终变成了一个闻名遐迩的知识分子。

陈留人申屠蟠原来只是一个漆工，鄢陵人庾乘不过是一个普通的门卒，由于地位卑微，受人轻视。郭泰对二人另眼相看，激发他们上进，结果二人都成为了远近闻名的名士。出身底层社会的屠夫，引浆贩酒的小贩，平凡无奇的士卒，由于受到郭泰的赏识和勉励，奋发图强，最终成就一番事业的人，数不胜数。

济阴人黄允才华横溢，智慧过人，曾经名噪一时。郭泰对他说："你才学出众，必成大器。年过四十之后，名气会更大。到时你要严于律己，不然就会身败名裂。"后来司徒袁隗为侄女寻找如意郎君，一眼看上了黄允，称赞他说："黄允要是能做我的女婿，那真是我的荣幸啊。"黄允为了攀龙附凤，立刻休掉了与自己相濡以沫多年的发妻。他的妻子辞别前，当着众人之面，说了丈夫好几件见不得光的丑事，然后绝尘而去。黄允因此身败名裂。

智慧贴士

郭泰是继孔子之后，第二个笃信有教无类信条的大教育家。他并不认为只有衣冠楚楚的儒生、名士才能读书，始终相信市井小民、乡野村夫、贩夫走卒引浆卖车者之流，也能读书，也能成才。他不遗余力地践行自己的教育理念，主动上门送教，改变了无数人的命运，堪称是教育大家。

"空城计"真正的发明者

曹操领兵攻入濮阳城之后，一把火烧掉了自己刚刚穿过的东门，表示自己将勇往直前，绝不退回。和吕布激战之后，被对方击败。混乱之中为敌人所俘。活捉他的骑兵并不认识他，竟然当着他的面问："曹操现在人在哪里？"曹操不动声色地说："骑着一匹黄马狼狈逃窜的那个人就是曹操。"骑兵立刻追赶骑着黄马夺路狂奔的那个人，曹操侥幸逃脱，从漫天大火中杀出，逃回了军营，顾不得洗去风尘，便到军帐中慰问将士，令士兵抓紧时间打造攻城器械。随后再次攻打濮阳。这一次曹操和吕布对峙了100多天，双方杀得难分难解。

当时到处都在闹蝗灾，粮食十分匮乏，城内百姓饥馁，饿殍满地，吕布粮草将尽，曹操也快支撑不下去了。双方各自引兵撤退。九月，曹操率领大军退守甄诚。吕布抵达了乘氏县，企图占领这个县城，受到了当地人的抵抗，被李进打败，只好退守山阳。不久，吕布又带领1万兵马攻打曹操。

当时正值麦熟时节，曹操麾下的士兵大部分都出城收割麦子去了。留守军营的不足千人，无力守住阵地。营地西侧是大堤，南面有一大片树林，树木繁茂，幽静深邃。曹操把有限的兵力一分为二，在大堤后面设下了埋伏，另一部分士兵故意暴露在敌军的视线之内，引诱对方上当。吕布迎面杀过来的时候，曹操率军迎战，两军展开厮杀后，大堤后面的伏兵突然杀出，骑兵步兵一拥而上，打得吕布措手不及。吕布大败，曹操乘胜追击，直到吕布逃回营寨，才原路返回。吕布不敢恋战，连夜撤兵。

曹操和刘备交战更为惊险。有一次，曹操率领大军从长安城出发，一路翻身越岭，穿越了地势陡峭的斜谷，在险要的关隘布设了兵力。刘备说："曹操亲自领兵作战，也改变不了什么，汉川我志在必得。"于是纠集部队占据险要地带。双方始终相持不战。曹操的军队在北山脚下押运粮草，黄忠企图带人劫获这批军粮。不知什么缘故，超出了预定的时间，良久不见返回军营。

赵云很疑惑，派数十轻骑前去查看情况，不想恰好遇上了曹军主力。与强敌不期而遇，赵云并没有慌乱，始终镇定自若，一边奋力冲杀，一边有计划地撤退，终于退回了军营。曹军追至营前，眼看就要发动猛攻，情形十分危急。面对来势汹汹的敌兵，赵云走了一步险棋，下令大开营门，放倒战旗，停止击鼓鸣金。曹操见寨门大开，无人防守，任由自己长驱直入，怀疑赵云在营中设下了埋伏，于是不战而退。这时蜀军忽然擂起战鼓，营内传来震耳欲聋的喊杀声，密集的箭矢如雨点儿般射向曹军。曹军军心大乱，纷纷抱头鼠窜，人踩马踏死伤无数，在逃命的过程中不少人失足落水淹死。次日，刘备巡视赵云的军营，仔细查看了与曹军厮杀的战场，不由得感叹说："子龙，你真是浑身是胆啊！"

智慧贴士

"空城计"的真正发明者并不是诸葛亮，那么这一奇险的妙计，究竟是谁想出来的呢？据相关史料记载，有两种说法：一说为曹操，麦熟时节曹操和吕布交战时，使用过空城计，当时留守营垒的士兵不多，他故意虚张声势，放吕布的人马入营，用奇计大败吕布；一说为赵云，强敌入侵，赵云大开营门，偃旗息鼓，以少量兵马迷惑曹操，从而化险为夷。

不战而屈人之兵的"吴下阿蒙"

吕蒙勇武异常，但却不通文墨，孙权常常劝勉他说："你身居高职，应该多读点儿书。"吕蒙每次都以军务缠身为由搪塞。孙权说："我不是让你钻研晦涩难懂的儒家经典，日后充当博士，只是想让你多看一些史籍，以便博古通今。你总说自己忙得不可开交，抽不出时间阅读，难道你比我还要忙吗？我忙得焦头烂额，仍然会忙里偷闲，抽空读书，因此受益良多。"吕蒙找不到推脱的理由，从此开始发奋读书。

有一天，鲁肃外出办事，途径浔阳，和吕蒙交谈了一番，发现吕蒙进步飞快，不仅思维敏捷，而且字字珠玑，讲话有理有据，颇使人信服，不由得感叹道："你现在有学问有见地，满腹雄韬伟略，再也不是当年那个吴下阿蒙了。"吕蒙说："相别三日，当刮目相看。"鲁肃对吕蒙钦佩不已，与他结为了好友。

刘备取得益州之后，有了自己的根据地，孙权想要把荆州要回来，派诸葛瑾当说客，游说刘备交还荆州土地。刘备断然拒绝道："我正打算发兵攻取凉州，等我得了凉州，再把荆州还给你们吧。"诸葛瑾把这番话转达给了孙权，孙权咕哝着说："他只是找借口搪塞罢了，根本就没打算归还荆州。"于是派出三位东吴将士到长沙、零陵、桂阳三郡担任长官，三位长官前往荆州就任，被镇守在那里的关羽赶了出去。孙权大怒，派吕蒙领兵2万兵马夺回荆州三郡。

长沙郡、桂阳郡纷纷归降东吴，唯有零陵太守郝普死守阵地，拒不出城投降。关羽奉命争夺三郡。鲁肃在益阳迎战关羽。孙权下诏令吕蒙放弃零陵，火速支援鲁肃。吕蒙把诏书藏了起来，当晚召集部下发布出战的命令。第二天早上，进军零陵。交战前，他找到郝普的好友邓玄之说："郝普讲求忠义，令人佩服，但他看不清形势，不通时务，就不足取了。现在刘备困守汉中，无力摆脱夏侯渊，关羽远在南郡，我们主公亲自赶赴沙场兴兵讨伐。他们都自顾不暇，怎么可能分出兵力支援零陵呢？我要是率军攻打零陵，很快就能攻克城池。到时郝普不仅自己丢了性命，还会连累到年迈的老母亲，这是多么令人痛心的事情。郝普顽抗到底，誓不投降，必然是在等待援兵。你是他的朋友，不要再让他抱着这种不切实际的想法了，何不对他晓以利害，为他免除灾祸呢？"

邓玄之把吕蒙的话原原本本地转述给了郝普。郝普不战而降。吕蒙接受他的受降时，掏出了孙权的诏书给对方看，得意地抚掌大笑。郝普知道自己上了当，羞愧难当，但木已成舟，事情已经没有挽回的余地了。

智慧贴士

作战的最高境界是不战而屈人之兵，兵不血刃地攻城略地，取得完胜，这种打法不仅自己毫无损失，而且未曾夺人性命就达到了目的，对双方而言，都不失为一种绝佳的选择。唯有高瞻远瞩、满腹文韬武略的战略家才能娴熟地运用这种兵法，吕蒙正是这样一位了不起的战略家，故而得以功彪史册。

魏　纪

《魏纪》上启黄初元年（公元 220 年），下至景元三年（公元 262 年），囊括 40 多年历史。司马光从曹丕称帝写起，为我们描绘了魏、蜀、吴三国鼎立的政治图景以及三国争霸的历史。三股政治势力之中，司马光尊曹魏为正统，与一般的官方论断相契合。曹魏被视为正统，是因为曹丕是通过禅让的形式即位称帝的，并且占据了两京（长安和洛阳），制度完备，具备合法性。相较而言，蜀汉和东吴充其量只能算是割据政权，合法性存疑。

文学作品描述这段历史的时候，普遍贬曹尊刘，弱化东吴，司马光用史实资料纠正了我们的认知偏差，给我们描绘了不一样的三国图景，原来东吴人才辈出，蜀汉内部矛盾重重，魏国实力无比强大，而真实的历史人物也不像文学作品塑造的那样非黑即白，他们有着复杂而鲜明的个性，各自扮演着自己的角色，名垂青史者背后有为人所不知的无奈和心酸，被万世唾骂的人物其实是蒙受了不白之冤……一切都那么值得玩味。

改变历史的节点：关羽之死

关羽被杀后，刘备既悲痛又羞愤，决定讨伐孙权报仇雪恨。赵云说："民贼独夫是曹操，而不是孙权。我们如果能消灭曹魏，孙权

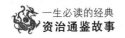

必然会归附。现在曹贼虽然不在了，但他的儿子篡汉自立，当了皇帝，我们应该顺应天意民心，攻下关中，控制黄河、渭水上游地区，然后征讨逆贼，攘除凶顽，到时函谷关东边的仁人志士和豪杰，必然会投奔我们的正义之师。陛下不能在灭亡曹魏前，贸然攻打孙权。蜀吴一旦开战，战火将连年不息，讨伐孙权绝不是上上之策。"蜀汉大臣纷纷劝谏。刘备不听。

在刘备眼里，关羽既是爱将，又亲如手足，兄弟惨死，他必须讨回一个公道。所以无论臣子怎么劝说，他都听不进去。广汉郡有个叫秦宓的士大夫，向来淡泊名利，上疏直言征讨东吴对蜀国不利，惹恼了复仇心切的刘备，被关在大狱里，过了很久才重见天日。刘备宣布征讨东吴时，张飞积极响应。张飞带着1万兵马从阆中进发，赶赴江州与大部队会师。出发前，张飞被麾下的两个部将合伙暗杀了。

张飞的性格和待人处事的方式与关羽完全不同。关羽爱兵如子，深受士卒爱戴，但对门第显赫的士大夫态度傲慢。张飞则完全相反，对士大夫毕恭毕敬，对普通军吏、士兵漠不关心，有时非常残酷，动辄鞭挞将士。刘备多次警告他说："你杀戮过重，刑法过于严苛，把受过鞭刑的部众留在身边，无异于自招其祸。"张飞屡教不改，依旧肆意殴打谩骂身边的将领和士兵，最终惹来杀身之祸。张达、范强两位将领，仇视张飞已久，趁其不备，痛下杀手，然后捧着张飞的项上人头进献孙权。刘备听说张飞遇害，又吃惊又难过，坚定了讨伐东吴的决心。

刘备亲自领兵攻打孙权，孙权赶忙求和。诸葛瑾写信给刘备说："陛下和关羽的兄弟情谊，是否比跟先帝的感情更重？荆州的版图难道比整个国家还大吗？现在曹魏和东吴都是陛下的仇敌，陛下先灭亡哪个政权更合适？您自己好好斟酌一下吧。"刘备对这套说辞毫不理会。当时有传言说诸葛瑾与刘备暗通消息，背叛了东吴。孙权说："我和诸葛瑾发过毒誓，他至死都不会背叛我，就像我永远都不会背叛他一样。"但流言仍未止息，关于诸葛瑾是叛徒的传闻传得沸沸扬扬。

陆逊相信诸葛瑾的为人，但认为应该表达一下对传闻的关注和忧虑，破解谣言。孙权说："诸葛瑾尽心竭力辅佐我多年，我们俩情同骨肉，彼此信任。他的为人我非常了解，他永远不可能做出有悖道义的事情，也不会发表于礼不合的言论。以前诸葛亮曾奉刘备之命出使我东吴，我曾劝诸葛瑾趁机将弟弟诸葛亮留下。诸葛瑾说'我弟弟已经决定鞠躬尽瘁为刘备效力，我也已经决定誓死为主公效力，我们各为其主，不能怀有二心。弟弟不肯留在东吴，是因为不想背叛刘备，就如同我不可能背叛主公一样。'我和诸葛瑾能坦诚相待、推心置腹，我们的关系绝不可能被谣言离间。"

刘备兴师动众讨伐东吴，孙权派陆逊领兵迎战。曹丕要求大臣分析刘备是否会对孙权动武。群臣说："蜀国只是一个小国，赫赫有名的战将只有关羽一人，现在关羽死了，蜀国战斗力锐减，举国上下都会十分恐惧，不可能贸然出兵。"侍中刘晔持相反意见，他说："蜀国虽然国土面积狭小，实力很弱，但刘备若想通过耀武扬威的方式提升自己的震慑力，必然会出兵，只有出兵，才能彰显自身的强大。更何况关羽和刘备虽是君臣关系，却情同兄弟，关羽遇害，刘备不去复仇，不符合道义。"

孙权迫于压力，主动向曹魏称臣，态度极为谦恭。魏国大臣纷纷上表称贺。刘晔说："孙权不会无缘无故臣服于我们，肯定是东吴遭遇了前所未有的危机。东吴杀了关羽，刘备亲率大军讨伐。孙权面对强敌，心里不安，又担心我们乘虚而入，在背后偷袭，所以才主动割让土地请求归附魏国。这样做有两大好处：一，可阻止我们

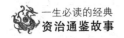

向东吴进军；二，可借助我们的力量，巩固和壮大自己，以迷惑和牵制外敌。现在天下三分，我们魏国疆土占全国的十分之八，东吴和蜀汉国土面积仅有一州大小，皆靠凭借天险偏安一隅。我们应该趁蜀国进攻东吴之机，攻打孙权，这样不出十日，吴国就灭亡了。消灭了吴国，蜀国就没有盟友了，势单力孤，即便把吴国的土地送给它，它也支撑不了多久。更何况蜀国只能得到吴国的边疆地区，我们却能占领吴国的本土。"

曹丕说："孙权主动纳土称臣，我们却发兵攻打他，这样做，就没有人敢放心归附我们了。不如接受东吴的投降，趁乱切断蜀军的后路。"刘晔说："我国距离蜀国太过遥远，距离东吴比较近，得知我们发兵攻打东吴，蜀国必然会大举兴兵讨伐东吴，觉得东吴背腹受敌，必然灭亡，会抓紧时间跟我们抢夺胜利果实，想方设法多占些东吴的疆土，绝不可能改变原有的军事计划。"曹丕听不进去，最终接受了孙权的投降。

智慧贴士

关羽之死是三国历史的转折点，改变了魏蜀吴的实力对比。刘备痛失臂膀，又失荆州，实力大为虚弱，为了给关羽报仇，摒弃了联孙抗曹的基本外交国策，迫使孙权倒向了曹魏，蜀汉变得孤立，情形更加不利。

书生陆逊：以"火攻"之术，一夜成名

刘备下令把营地设在巫峡建平和夷陵之间，数十座军营依次开。蜀军与吴军对峙了整整五个月，仍未开战。刘备让数千士卒转移到平地安营扎寨。吴国将士恳请出战，陆逊说："其中必有诈，我们暂且静观其变。"刘备见吴军如此谨慎，引蛇出洞的计划无法实现，只好撤掉山谷里的伏兵。

事后陆逊上疏说："夷陵是兵家必争的战略要地，它的得与失，关系到吴国的存亡。丢失夷陵，荆州形势将岌岌可危，到时我们损失的可不止是一个郡。今日夷陵之战，只能胜不能败。刘备一反常态，不守住自己老巢，冒险倾城而出，必是有备而来。我担心他会水陆并进。从目前来看，他没有走水路，是从陆路过来的，抵达夷陵就地安营扎寨，看来他已经做好了军事部署，不会再改变作战计划了。大王不必忧虑，末将已经有破敌的把握了，您尽管放心高枕而卧吧。"

闰六月，陆逊忽然宣布转守为攻，部将不解地说："趁敌人立足未稳，突然发起进攻，方有胜算，现在刘备的大军已侵入我东吴腹地五六百里，同我军对峙了大半年，并且成功占领了地势险峻的战略要地，防守森严，这时发动进攻，怕是出师不利呀。"陆逊说："刘备老谋深算，作战经验丰富，蜀军初到夷陵时，他考虑得一定很周全，我们不能贸然出击。现在蜀军长期驻扎在野外，久久找不到我军的破绽。众将士必然非常疲惫，心情无比低落，刘备已到了黔驴技穷、无计可施的地步，我们前后夹击，必能大败蜀军。"于是下令向刘备的军营发动突袭。起初很不顺利，吴将惋惜地说："我们一无斩获，白白损兵折将。"

陆逊信心满满地说："我已经有对策了。"于是命令士兵携茅草闯入蜀军军帐，纵火烧营，结果大获全胜。吴军乘胜出击，攻下了蜀军40座营垒，杜路、刘宁两员大将缴械投降。刘备夺路狂奔，登上了马鞍山，在四周部署兵力，严防死守。陆逊从四面发动攻击，迅速缩小包围圈。蜀军兵败如山倒，损失了1万多兵马。刘备连夜奔逃，驿站员在路口放火烧铠甲，以阻挡追兵。刘备得以逃出生天，奔逃到了白帝城。蜀军的辎重、武器全部丢失，尸体相枕，横贯江

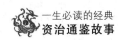

面，景象无比凄惨。刘备痛心地说："我戎马倥偬一生，如今被陆逊小儿狠狠羞辱，这难道是天意吗？"

蜀将傅彤断后，部将皆战死沙场。他继续战斗。吴军奉劝他赶紧缴械投降。傅彤大声唾骂，继续单枪匹马作战，最终力竭而死。程畿的部将建议把相连的战船分开，便于顺江逃跑。程畿叹息说："我自从参军以来，只知道披挂上阵，奋勇杀敌，从来没学过逃跑这项本领。"他坚决不肯逃跑，最终也战死了。

智慧贴士

陆逊火烧刘备七百里连营，一战成名，成为了继周瑜之后，第二个运筹帷幄、英姿勃发的儒将。作为一介书生，他之所以能取得如此辉煌的战绩，是因为他拥有冷静睿智的头脑和气定神闲、安之若素的定力，通过长久的观察，发现了刘备布局的破绽，能够抓住机会克敌制胜。

托孤重臣李严被废的幕后隐情

诸葛亮发兵攻打祁山时，令李严坐镇后方，负责供应军需。当时正值雨季，淫雨霏霏，连绵不断，他担心没有办法把军粮如期运送到前线，就派人传喻后主刘禅的旨意，要求诸葛亮班师回朝。诸葛亮不敢违抗君命，被迫退兵。李严听说后，佯装吃惊，说："后方粮食充足，军需齐备，丞相为何突然撤军？"不仅把自己的责任推得一干二净，还想陷害诸葛亮，上表说："丞相假装撤兵，为的是诱敌深入。"

诸葛亮回朝以后，受到朝廷的责问。刘禅误以为诸葛亮畏战，不想倾力北伐。为了澄清事实，他把李严所写的信函全部上交了出去，信中内容疑点重重，难以自圆其说，明显与事实不符。面对如山的铁证，李严张口结舌，无法辩驳，只好认罪。诸葛亮建议罢免李严，削去他的官爵，将其放逐梓潼郡。

李严与诸葛亮同为顾命大臣，深为刘备倚重，因为犯下大错，被贬为平民。诸葛亮上表罢免了李严，不久起用李严的儿子李丰。为了消除李丰的顾虑，特地写了一封信，在信中说："我和你们父子皆为蜀汉的臣子，都想尽心竭力匡扶汉室，我诚心举荐你父亲，没想到他会中途背离。假如你父亲能痛改前非，愿意好好为国家尽忠，你能和蒋琬肝胆相照，互相提携，好好为朝廷效力，那么一切还能弥补，希望你能明白我的一片良苦用心。"

诸葛亮又给蒋琬、董允写了一封信，感叹人心难测："孝起（即陈震）曾经对我说过李严城府很深，不容易接近，我以为他固然严肃刻薄一些，但不冒犯他，还能和他和睦相处。真没想到他竟然是苏秦、张仪之辈，性情反复无常，搬弄口舌制造是非。"

在阴雨连绵的季节派兵翻山越岭押送粮草确实比较困难，因为天气原因不能如期供应军需物资本来是情有可原的。李严即便失职，也不至于被免官。但是他争强好胜，一心想要和诸葛亮一较高下，不惜栽赃陷害，就不足取了。魏军在运送粮草方面遇到过同样的问题，散骑常侍王肃曾上疏说："平地行军，千里供应军粮，也不能保证喂饱军队，士兵时常面有饥色，如今要翻越崇山峻岭，一路凿山开路前进，消耗更大，更何况大雨连绵不绝，山路崎岖，湿滑难行，军队步履维艰，军粮远在千里之外，补给不足，无法正常作战。此乃用兵之大忌。听说曹真的大军走了一个月都没到达子午谷，只走了一半的路程，所有的战士都忙着修路，疲敝不堪，而敌人却以逸待劳，这也是兵家大忌。周武王讨伐商纣，出关后选择了退兵，武帝、文帝讨伐东吴，兵临长江却没有南渡，这就是顺应天时啊。英明的君主因为赶上雨季而休兵罢战，百姓必能理解，以后遇到合适

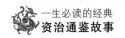

的时机再拼力作战，难道不比违背天时冒险更好吗？"

◆智慧贴士◆

李严和诸葛亮一样，同为蜀汉托孤重臣。刘备死后，诸葛亮成为了蜀汉政权的中流砥柱，而李严却被迅速边缘化了。李严为何会失势呢？司马光认为，李严两面三刀，心机深沉，为推卸运输粮草不利的责任陷害诸葛亮，犯下大错，被依法罢黜。

事情并非那么简单。长期以来，蜀汉内部一直并存着三股势力，一是益州集团，即本土势力；二是东州集团，即刘璋旧部；三是荆州集团，即刘备旧部。三股势力并不团结，总是在明争暗斗，李严和诸葛亮之间存在矛盾并非个人恩怨使然，而是不同势力斗争的结果，李严陷害诸葛亮，被诸葛亮罢黜，象征着刘备旧部暂时取得胜利，说明第三股政治势力在蜀汉政权当中占据绝对主导地位。

善于溜须拍马的三国谋士

刘晔足智多谋，常出惊人之语，被魏明帝曹叡所倚重。魏明帝打算出兵征讨蜀国，大臣都劝他不可贸然行事。刘晔建议魏明帝发兵伐蜀，然而却在大臣们面前说，不能对蜀国动兵。中领军杨暨非常欣赏刘晔，认为他谋略过人，具有远见卓识，每次退朝都去拜访刘晔。杨暨坚决反对伐蜀，刘晔深表赞同，说出一大堆理由附和。

后来，杨暨竭力劝谏魏明帝讨伐蜀国，魏明帝不耐烦地说："你不过是个纸上谈兵的书生，怎么懂得用兵之道？"杨暨涨红脸说："微臣的话无足重轻，不足为信。但刘晔是先帝最为看重的谋士，他也经常说万万不能讨伐蜀国。望陛下三思。"魏明帝感到很奇怪："刘晔对朕说，蜀国可以讨伐呀。"杨暨不服气地说："陛下不妨把刘晔召来对质。"魏文帝同意了，于是将刘晔招入宫中。面对质问，刘晔一言不发，事后单独求见魏明帝，责备对方说："兴师动众征伐蜀国，属于重大决策，应该秘而不宣，我在睡梦中都担心泄露天机，陛下怎么能随口说出去呢？常言道'兵不厌诈'，没正式展开军事行动时，最好守口如瓶。陛下毫无顾忌地透漏军事机密，敌国怕是已经知道了。"魏明帝认为他讲得很有道理，连忙道歉。

刘晔又责备杨暨说："渔夫钓鱼都知道放长线钓大鱼的道理。你心直口快，是个正直的大臣，但不懂谋略，不足取。以后要三思而后行。"杨暨听了，也向他道了歉。不久，有人对魏明帝说："刘晔心口不一，忠诚不足，他擅长揣摩圣意，一味曲意逢迎，陛下不妨测探一下。和他交谈故意说反话，看他怎么反应，如果他一味附和，说明他一直在献媚迎合陛下。要是他提出不同的见解，能够跟陛下推心置腹，说明是个忠臣。"魏明帝依言行事，发现刘晔果然在有意迎合自己，心中大为不悦，从此渐渐疏远了他。刘晔瞬间失宠，受了很大刺激，以至精神失常，最后抑郁而终。

智慧贴士

狡诈擅谋不如抱朴守拙，自以为聪明往往会聪明反被聪明误。刘晔才智超群，精通权谋之术，但不知忠信诚实为何物，终被君王所忌，忧虑而死，岂不令人感叹？

死后余威不灭的诸葛亮

司马懿和诸葛亮对峙了三个多月，一直没有正面较量。诸葛亮屡次到阵前交战，司马懿始终龟缩不出、按兵不动。情急之下，诸葛亮想到了激将法，让人给司马懿送去了妇人的锦绣头巾和花衣裳。

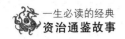

司马懿忍受不了这种奇耻大辱，上奏朝廷要求马上出战。魏明帝不允，让辛毗拿着符节前往军中阻止司马懿出兵。

姜维对诸葛亮说："辛毗手持符节到了魏军军营，不让司马懿出战，看来魏军是不会和我们交战了。"诸葛亮说："司马懿无心恋战，他上表要求出兵，是为了向部将炫耀武力，不过是虚张声势而已。正所谓'将在外，君命有所不受'，他要有信心打败我军，有必要千里传书，请求出兵作战吗？"不久，诸葛亮派使者到魏军中打探虚实，司马懿绝口不提军事，只打听诸葛亮的饮食起居。使者如实回答说："丞相夜半才睡，每天早起，事无巨细亲力亲为，但凡二十军杖以上的惩罚，都要过问，每日所食不足几升。"事后，司马懿高兴地说："诸葛亮食欲不振，睡眠不足，又被琐事缠身，军务繁忙，终日劳累，怕是活不久了。"

果不其然，诸葛亮积劳成疾，渐成沉疴。刘禅很担忧，派李福前来探望，顺便询问国事。李福和诸葛亮商谈了一番之后，转身离去，几日后，又来找诸葛亮。诸葛亮说："我知道你为什么会折返。前些日子你与我促膝长谈，有些事情没问。你要问的事我心里已有了答案，蒋琬是最佳人选。"李福道歉说："日前没有询问，您故去后，谁能担当重任，折返回来是为了弄清这个问题。那么蒋琬之后，谁又可以接任呢？"诸葛亮回答说："费祎。"李福接着问："那谁又能替代费祎呢？"诸葛亮默然良久，没有作答。

不久，诸葛亮病逝。杨仪率领军队撤退。百姓把蜀军撤兵的消息告诉了司马懿，司马懿急忙追赶。姜维令蜀军调整军旗的方向，击鼓鸣金，佯装向魏军发起进攻。司马懿不敢继续前进，赶忙收兵。杨仪连日行军，把大军平安带到斜谷之后，才发丧。百姓作谚语曰："死诸葛吓走活仲达。"用以调侃诸葛亮和司马懿。司马懿听罢，笑道："我只擅长预测活人的事，不擅长预测人的生死啊。"后来司马懿亲自前往蜀军的营垒查看了一番，忍不住长叹道："诸葛孔明真是治军的奇才呀。"他追击蜀军直至赤岸，没有追上，无功而返。

◈智慧贴士◈

诸葛亮是一位非常具有传奇色彩的政治家、军事家，生前声名显赫，事后余威尚存，竟能吓走智谋与自己旗鼓相当的司马懿，足见他有多么非同凡响。诸葛亮紧紧抓住了老对手司马懿谨慎、多疑的弱点，制造各种假象误导司马懿，把军队安全撤回了蜀汉，堪称军事史上的一大奇迹。

魏延蒙冤：子虚乌有的"反骨"

魏延是诸葛亮麾下的得力大将，勇武过人，爱护士兵，深受士卒爱戴。每次追随诸葛亮打仗，都要求自己领兵1万单独执行任务。诸葛亮断然拒绝。魏延认为诸葛亮太过谨慎，以至自己英雄无用武之地，军事才干得不到发挥，心中大为不快。诸葛亮比较信任长史杨仪。杨仪聪明干练，反应机敏，处理调兵遣将、筹办粮草等军务，雷厉风行，顷刻完成。魏延居功自傲，别人都不敢与之争锋，唯有杨仪不肯退让。因此魏延非常痛恨杨仪，两人剑拔弩张，不能相容。诸葛亮觉得魏延和杨仪都是难得的奇才，从不偏袒任何一方，但始终无法化解他们之间的矛盾。

费祎有一次出使吴国，吴王孙权借着酒意说："杨仪、魏延原本都是宵小之辈，只有一些鸡鸣狗盗的本事，现在被蜀国重用，今非昔比，不能随便轻视了。诸葛亮如果不在了，他们俩必然会给蜀国带来祸乱。你们实在是太糊涂了，居然不小心提防。"费祎说："杨仪、魏延关系不睦，是私人恩怨使然，不像韩信、黥布那样有谋叛

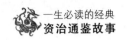

之心。蜀国想要消灭强敌，一统天下，必须依靠人才，不重用杨仪、魏延这样的顶级人才，处处防备，就好比防止海上起风浪把舟楫抛掉一样，这是不明智的。"

诸葛亮临终前，吩咐杨仪、费祎把军队撤回蜀中，令魏延断后，姜维以副将的身份协同作战；倘若魏延不肯听从军令，执意继续北伐，大军可自行出发，班师回朝。诸葛亮死后，杨仪遵照遗命秘不发丧，派费祎前去探测魏延的态度。魏延说："丞相不在了，还有我魏延。让相府的臣属护送灵柩回国安葬就行了，我要统领各路兵马继续讨贼，怎么能因一人的生死而破坏北伐大计呢？我魏延可不是等闲之辈，怎么能任由杨仪摆布，只负责断后呢？"费祎说："我会把你的意见转达给杨仪的，杨仪只是个舞文弄墨的文官，不懂军事，历练比较少，必然不敢拂逆你的意思。"说完便骑马离开了。魏延认为自己失言了，后悔说了刚才的话，想把费祎追回来，可惜没有追上。

魏延有些不安，派人到杨仪那里打探诸葛亮临终前的安排，发现各路兵马正准备撤退，不由得怒火中烧，赶在杨仪行动之前，率众南归，将沿途的栈道全部焚毁，故意不让杨仪通行。杨仪大怒，上表说魏延谋反，魏延也上表说杨仪叛乱。双方各执一词。刘禅不能决断，于是询问蒋琬、董允。蒋琬、董允一致认为杨仪没有二心，怀疑魏延居心不良。

杨仪一边行军，一边修路，马不停蹄地追赶魏延。魏延在南谷口等着杨仪。杨仪让大将何平迎击魏延。何平大骂道："丞相刚刚过世，尸骨未寒，你们怎么能自相残杀呢？"魏延的部将纷纷逃散。魏延携儿子逃入汉中。杨仪紧追不舍，派马岱追杀魏延父子，灭其三族。蒋琬率军征讨魏延，行至数十里，听说魏延已死，立即班师回朝。

当初，魏延听说诸葛亮病逝，想要杀掉杨仪等宿敌，扫清障碍，取代诸葛亮辅政，根本没打算起兵叛乱，他至死不肯向曹魏投降，还派兵攻打杨仪，原因便在于此，杨仪按照大逆之罪诛灭其三族，确实有失公允，有公报私仇之嫌。

杨仪自以为消灭了魏延，就能取代诸葛亮的位置，没想到诸葛亮另有安排，有意让蒋琬接替自己。诸葛亮认为杨仪虽然有才干，但心胸狭窄，脾气急躁，不堪大用，从没打算让他做自己的接班人。杨仪回朝后，没有被委以重任，过得十分清闲，心里很郁闷。以前杨仪官拜尚书，蒋琬只是一个尚书郎，地位低微。后来两人都受到了提拔，当过丞相参军和长史。但杨仪陪伴诸葛亮左右，处理各种军务，自认为资历和才干都远远胜过蒋琬，如今屈居蒋琬之下，不免牢骚抱怨。人们都觉得他口无遮拦，怕惹出什么是非，不敢与之来往。

费祎慰问他的时候，他又大发牢骚："丞相病逝后，我要是能早点儿投奔曹魏，就不可能落到今天这个地步。现在真是追悔莫及呀。"费祎把这席话如实禀报给了刘禅。刘禅大怒，下旨将杨仪贬为庶民，放逐到汉嘉郡一带。杨仪遭贬黜之后，心中不服，连忙上疏抗辩，言辞激切，语气极为生硬。刘禅忍无可忍，派人抓捕杨仪，杨仪畏罪自杀。

智慧贴士

由于受到《三国演义》的影响，很多人误以为魏延天生有反骨，死有余辜，但历史上的魏延和文学作品中的形象是不同的。真实的魏延曾深受诸葛亮器重，没有反心，最终死于非命，不是诸葛亮设计安排的，而是与宿敌杨仪夺权斗争失败造成的。大体来看，魏延是一员勇将，可惜太过妄自尊大，不能正确认识自己，以致走向歧途，酿成悲剧。

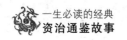
司马懿：嗜血狡诈的"老狐狸"

到了秋季，阴雨绵绵，河水暴涨，大雨连续下了一个多月，天空还没有放晴，地面积水高达数尺，魏军惶惑不安，打算拔营转移。司马懿下令说："谁敢擅自迁营，格杀勿论!"都督令史张静无视军令，被当场斩首示众。士兵不敢轻举妄动，军心安定下来。将士们想趁敌兵冒雨打柴放牧之际发动突袭，司马懿不同意。司马陈疑惑地问："以前我们发兵进攻上庸的时候，八路兵马一齐出发，昼夜不分，马不停蹄地行军，仅用十六天就攻破了城池，杀死了孟达。这次我们远程行军，为何行动如此迟缓?"

司马懿说："孟达虽然兵力不足，可军粮充裕，足以支撑一年，我们的兵力虽然是孟达的四倍，但粮草有限，最多能支撑一个月，假如不速战速决，怎能破城？现在情况与当年不同，如今敌人的兵力远胜于我军，敌军粮草紧缺，军士饥馁，我们军粮足够吃，不必急于求成。更何况大雨不止，不利于作战。目前敌人粮草将尽，我们却还没有包围他们，是为了让他们安心。他们仗着人多势众和风雨交加的天气，宁愿忍饥挨饿，也不肯投降。我们要故意示弱麻痹他们。不能打草惊蛇，把他们吓跑。"

群臣听说天降大雨，大军难以正常作战，纷纷上疏要求退兵。魏明帝说："司马懿知道如何随机应变，他必能擒住公孙渊。"大雨停止后，司马懿开始使用各种器械攻城。城内粮食都吃完了，已经出现了人吃人的惨剧。公孙渊束手无策，只能坐以待毙。杨祚等部将被迫投降。八月，公孙渊派王建、柳甫求和，声称只要司马懿肯罢兵，他就会出城投降。司马懿斩杀了来使，责备公孙渊说："郑楚两国地位相当，郑伯却肯袒胸裸背牵着羊出城投降。我贵为魏国上公，王建、柳甫算什么东西，竟要求我退兵，这不是很失礼吗？如果你诚心投降，就派聪明一些的人过来。"

公孙渊又派卫演求和，约定了受降的日期，并主动送去了人质。司马懿强硬地说："两军打仗，能战则力战，不能战就死守，守不住就赶快逃走。不然的话，就剩下屈膝投降和受死两条路了。公孙渊既然不肯亲自前来投降，那就是自寻死路，用不着送人质了。"公孙渊绝望了，赶忙带着儿子向东南方遁逃。没有跑出多远，便被卫兵追上，父子统统被杀。司马懿攻克了襄平，将公卿以下的官员全部斩杀，士兵和平民惨遭杀戮，一共死了7000多人。

司马懿因为战功赫赫，又手握重兵，引起了朝廷的猜忌。同僚李胜改任荆州刺史，赴任前夕到司马懿府上辞行。司马懿佯装颓唐，让两个婢女搀扶着颤颤巍巍地走出来接见。更衣时故意失手把衣服掉在地上。没说几句话就直呼口渴，婢女连忙端来一碗稀粥，他哆哆嗦嗦地接碗，竟然拿不动。婢女见状，只能捧着碗喂他喝。司马懿半张着嘴唇，眼神木讷，任由米粥从嘴角溢出，弄脏前襟。

李胜感叹道："听说你中风未愈，没想到居然病得这么重。"司马懿气息微弱地说："老病残躯，怕是命不久长。你出任并州刺史，临近胡地，一定要多加小心，我们日后怕是不能见面了，我的儿子司马师和司马昭就拜托你照顾了。"李胜更正说自己就任的地方不是并州。司马懿继续装糊涂："你方才提到并州。"李胜进一步解释说："不是并州，是荆州。"司马懿不好意思地道歉说："我耳聋眼花，思绪混乱，刚才没听明白你的话。你要回老家做官，正好能大展拳脚，干一番轰轰烈烈的大事业。"

李胜把当时的情形禀报给了曹爽，叹息着说："司马懿半死不活，只比死人多一口气罢了，现在形神分离，憔悴不堪，离死期不

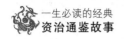

远了。"过了几日，他又哭着对曹爽说："司马懿病得很厉害，没有希望复原了，怕是快要驾鹤西去了，这着实令人难过。"曹爽信以为真，从此不再提防司马懿。

智慧贴士

司马懿善用兵，谋略过人，总能旗开得胜，但名声远不如诸葛亮，原因在于他残忍嗜血，喜欢滥杀无辜，为人阴险狡诈，心术不正。在战场上，他是高瞻远瞩的战略家、杀人如麻的军事家，在官场上，他是老奸巨猾的官僚和野心家，装病装糊涂时，表演出神入化，堪称一绝，凭借出色的伪装成功麻痹了曹爽，为子孙篡夺曹魏政权铺平了道路。

诸葛恪：成于聪明，败于自负

东吴君主孙权去世后，大臣诸葛恪（诸葛瑾之长子）专权。诸葛恪因为滥用兵力，导致吴国损失惨重，为臣民所厌恶。东吴宗室弟子孙峻极为憎恶诸葛恪，经常在吴王孙亮（孙权第七子）面前进献谗言，污蔑诸葛恪谋反。孙亮信以为真，同意在酒席上刺杀诸葛恪。诸葛恪赴宴前夕，心神不宁，辗转反侧，彻夜难眠。近期，家里继而连三发生各种匪夷所思的怪事，诸葛恪顿时生出一种不祥的预感。

次日，诸葛恪驾车入宫，将车马停放在宫门外。孙峻已经设好了埋伏，担心阴谋败露，诸葛恪临时改变主意逃走，就亲自出来试探说："你如果身体不适，可以以后再赴宴，我会向皇上说清楚。"诸葛恪说："就算勉为其难，我也要觐见皇上。"张约、朱恩曾经写密信提醒诸葛恪："今天宫殿里的陈设有所变动，怕是其中有诈。"

诸葛恪起了疑心，把信件拿给滕胤看。滕胤建议马上打道回府。诸葛恪说："这些无能的小辈能做出什么惊天动地的事情。他们所谋划的无非是在酒菜里下毒。"于是携剑穿履上殿，拜谒完孙亮，回到了坐席上。

诸葛恪担心酒里有毒，一口酒也没喝。孙峻似乎看透了他的心思，于是说："你的身体没完全恢复，要是家里有药酒，可以派人拿来喝。"诸葛恪马上吩咐下人取酒。少顷，下人把酒送来了。诸葛恪痛饮了几杯。孙亮感到酒兴阑珊，返回了内室。孙峻起身如厕，在茅厕里换上了短衣，出去之后大喊："皇上下令逮捕诸葛恪。"诸葛恪闻言，连忙起身反抗，剑未出鞘，孙峻的刀就直劈下来，张约（诸葛恪的心腹）拔刀砍孙峻，砍杀了对方的左手，孙峻回击，把张约的右臂斩断了。卫兵听到打斗声，冲上了大殿。孙峻说："皇上要抓捕诸葛恪，现在他已经被正法了。"然后命令卫兵收起武器，清扫现场，重新摆设酒宴。

诸葛恪的两个儿子惊闻父亲被杀，连忙带着母亲奔逃。孙峻决计斩草除根，派人将母子三人全部杀掉了。随后让人用草席包住诸葛恪的尸骸，抛向荒郊野岭，又派人杀害了诸葛恪的弟弟诸葛融和他的三个儿子。诸葛恪的两个外甥也受到了牵连，三族被夷灭。臧均上疏请求安葬诸葛恪，他认为诸葛恪已经为自己的罪行付出了惨重的代价，如今人已经死了，应该让他入土为安。孙亮同意了，允许诸葛恪的部下为其收敛尸骨。

诸葛恪年少成名，深为孙权倚重。父亲诸葛瑾不仅不高兴，反而整日忧心忡忡，认为诸葛恪可能给家族带来灾祸。诸葛瑾的好友张承也觉得诸葛恪将来会毁掉家族的声誉。陆逊曾经劝导诸葛恪说："比我资格老的人，我会尊奉他，和他一同升迁，屈居我之下的人，我会提携他扶持他。你气焰太盛，总是凌驾于前辈之上，又鄙视不

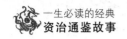

如你的人，这样为人处世，是不能安身立命的。"

　　诸葛恪对淮南动兵时，蜀国名将张嶷非常忧虑，给诸葛亮的养子诸葛瞻写了一封信，在信中说："吴王刚去世，新主年幼羸弱，诸葛恪接受先王遗命辅政，岂能容易？周公和周成王是亲戚，摄政期间，遭到管叔、蔡叔的中伤诋毁，霍光作为顾命大臣摄政，也曾经招人陷害，他们是因为遇到了圣明的君主才幸免于难。吴王生前从来不把生杀大权下放给别人，临终之际，却把后事和国事托付给了诸葛恪，这着实令人担忧。吴楚两地的人都很浮躁，诸葛恪离开幼主，带兵讨伐敌国，恐怕不是明智之举。希望你能劝他早点儿罢兵，安心发展农业，数年以后，我们吴蜀两国一同讨伐魏国也不迟。"张嶷分析得十分合理，诸葛恪果然失败了。

　　不久，吴国大臣纷纷上疏，请求封孙峻为太尉，并举荐孙权的女婿滕胤担任司徒，有个大臣对孙峻说："国政大权本来就应该由皇族宗室掌控，假如真把滕胤擢升为司徒，那么他的权势就仅次于太尉您了。他在朝中很有声威，大臣们会纷纷倒向他。"于是上奏请求让孙峻当丞相掌管朝政，兼任大将军，统领军队，处理军中要务，不设御史大夫。士大夫为此感到无比失望。滕胤有个女儿嫁给了诸葛恪的儿子，诸葛恪获罪被杀，滕胤趁机提出罢官归隐。孙峻不答应："鲧犯下的罪过，不会株连到儿子大禹，你何苦如此呢？"两人虽然不睦，但仍能正常共事，滕胤不仅没有受到迫害，还被册封为高密侯。

　　齐王孙奋收到了诸葛恪的死讯，立刻动身前往芜湖观测时局的变化，傅相谢慈劝他不要冒险，孙奋大为不悦，一怒之下将谢慈杀了。朝廷怪罪下来，削夺了孙奋的王位，将他贬为庶民。诸葛恪的外甥女张氏，嫁给了南阳王孙和，早就知道诸葛恪想要迁都，所以叫孙和提前做准备，早早修筑武昌宫。时人以为诸葛恪想要废掉孙亮，改立废太子孙和为帝。诸葛恪被刺杀后，孙峻以此为由逼迫孙和自杀。孙和临死前，悲悲戚戚地向张妃道别。张妃不愿独活，也随他而去了。另外一个妻妾何姬说："家中的女眷如果都追随相公自刭，谁来抚育孩子呢？"于是顽强地活了下来，把孙家的后代抚养成人。

◈智慧贴士◈

诸葛恪是诸葛亮的侄子，诸葛瑾的儿子，继承了诸葛家族的优良基因，聪明绝顶，才干出众，可惜性格缺陷明显，既不像诸葛亮那样虚心谨慎，又不像诸葛瑾那样成熟稳健，为人太过自负，总是锋芒毕露，导致被幼主孙亮猜忌，结果在孙亮的默许下，被政敌孙峻害死。

史上最有气节的少帝

魏帝曹髦不甘心大权旁落，有一天召集王沈、王经、王业三位大臣说："司马昭狼子野心昭然若揭，连路上的行人都知道，朕不能等着被废，今天就要和诸位一同讨伐他。"王经认为司马昭权倾朝野，地位不可撼动，曹髦的抗争无异于以卵击石，连忙奉劝道："从前鲁昭公容忍不了季氏总揽大权，想要夺回君主的权力，政变失败，被迫出走，把整个国家都丢了，成了天下人的笑柄。如今司马昭独揽大权已久，朝廷内外的大臣全都为他效力，不顾逆顺之理已经不是一天两天了。更何况宫中宿卫不足，兵将寡弱，陛下凭什么征讨司马昭？一旦和司马昭兵戎相见，形势就会恶化，这就好比病情非但没有被缓解根治，反而进一步加深了一样，后果不可预测。还望陛下三思。"

曹髦听完这番冷酷的分析，愤然从怀里掏出一块黄绢诏书，一

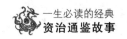

把摔在地上,冷冷地说:"朕心意已决!生又何欢死有何惧,何况未必会死呢!"接着辞别了太后,抛下三位大臣,抽出长剑,毅然登上御辇,带着一大批宿卫、奴仆大张声势地出宫。王沈、王业感觉大事不妙,为了自保,背叛了曹髦,决定向司马昭告密,两人本想拉着王经一起投靠司马昭。王经不肯。

曹髦决定孤注一掷、放手一搏,面色凝重地奔向东止车门,被司马昭的弟弟司马伷拦住了。曹髦的侍从厉声呵斥司马伷的兵士,司马伷一行人被震慑住了,慌忙逃走。曹髦不费一兵一卒,就迫使敌人败走,轻轻松松达到了不战而屈人之兵的目的,信心大增。他的乐观情绪感染了随从,一行人继续大张旗鼓地前行,不久再次和司马昭的党羽狭路相逢,与迎面赶来的中护军贾充展开了血战。双方在皇宫南阙下厮杀,曹髦挥舞着佩剑,亲自上阵砍杀。他率领的是一支不伦不类的军队,自然敌不过贾充的正规军,很快败下阵来。不过官军不敢伤害天子,有意要撤退。成济面有难色地问贾充:"现在已到了万分危急的时刻,这该如何是好?"贾充不屑地说:"司马氏豢养你们这些人,就是为了让你们今天拼死效力。事已至此,还有什么可问的。"

成济会意,提着长戈击杀曹髦,曹髦抵御不住,被当场杀死。司马昭听说宫里发生了变故,曹髦死在了动乱中,不由得大惊失色,颓然地跪倒在地上。司马孚急忙赶到了现场,将曹髦的头放在腿上,悲伤地大哭起来:"皇上遇难,罪过在我呀!"

智慧贴士

历史上的傀儡皇帝大多羸弱窝囊,像木偶一样任人摆布,曹髦却是一个例外。他不甘心受人操纵,敢于拼死一搏,以飞蛾扑火的热情横冲直撞,哪怕战死亦不后悔。毫无疑问,曹髦是个悲壮的勇士,生不能随心所欲,赢得自由,死时却能轰轰烈烈,慷慨激昂,实在令人感佩。

晋　纪

《晋纪》上启泰始元年（公元 265 年），下至义熙十三年（公元 417 年），囊括了 150 多年的历史，包括西晋、东晋两部分内容。西晋是大一统的王朝，东晋则属于六朝之一。西晋末期，匈奴、鲜卑、羯、羌、氐五大游牧民族，纷纷入主中原，建立了自己的政权，到了东晋时期，偏安南方的华夏政权与北方五胡十六国并存。

虽然农耕文明和游牧文明截然不同，汉族和少数民族的风俗习惯、文化传统大相径庭，但他们建立的政权本质上并无区别，同为君主专制制度，帝王将相的行为有诸多类似之处，君臣关系大体一致，无论是汉人还是胡人，都曾饱受暴君荼毒、权奸迫害，连温柔贤淑的女性染指权力之后，都变成了蛇蝎毒妇或祸水红颜，可见比起文化的熏陶，政治制度对人类行为的影响更大。

五百年难遇的邪恶暴君

咸熙元年（公元 264 年），东吴政权的第三位皇帝孙休去世，群臣拥立年长的乌程侯孙皓为帝。孙皓是孙休的侄子，年方 23 岁，有能力和魄力主持大局，比孙休年幼的儿子更适合掌权。孙皓刚即位时，做了不少利国利民的好事，比如开仓赈灾，遣返宫女回家，释

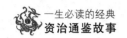

放豢养在皇宫里的动物，可谓是仁厚至极，人们都称赞他是一个得道明君。可是等到坐稳江山以后，他就变成了另外一副模样，终日沉湎于酒色，开始肆意妄为，大臣们都暗自后悔拥立了他。

东吴散骑常侍王蕃气度不凡，清高自守，不喜欢阿谀谄媚巴结人，得罪了不少权臣。那些居心不良的官员便在孙皓面前诋毁他。孙皓愈发对王蕃不满。有一次，孙皓在宫中设宴招待群臣，王蕃醉倒了，不能起立，孙皓怀疑他是装醉，就派人用车子把他送出宫，不久又召他入宫。王蕃言谈举止自若，行走如常，毫无醉态。孙皓勃然大怒，立刻喝令左右斩杀王蕃，然后吩咐随从装扮成嗜血的野兽，疯狂啃咬王蕃血淋淋的头颅，直到把人头咬碎才能停止。

孙皓的残暴行径堪比夏桀，他不仅暴虐，而且穷奢极欲、骄奢淫逸，酒色财气五毒俱全，他强令俸禄在2000石的大臣将女儿送入皇宫，官宦女子长到十五六岁，必须经过选秀入宫，只有相貌平庸没被选上的才能正常嫁人。孙皓的后宫佳丽数千，他仍不知满足，不断搜罗美女满足自己的淫欲。

中书令贺邵因为中风不能开口讲话，上疏请求休养几个月。孙皓怀疑贺邵装病，就把他囚禁在酒窖里，狠狠地拷打了好几千下。贺邵痛得死去活来，但一个字也讲不出。孙皓还是不相信他，又用烧得通红的铁锯把他的头锯了下来。用酷刑摧残死了贺邵，孙皓仍然不解恨，又把他的家人流放到了偏远的临海。

孙皓的宠妾恃宠而骄，竟让人闯到集市哄抢老百姓的财物，搞得怨声载道，司市中郎将陈声把光天化日之下抢劫的人抓了起来。宠妾得知后，哭哭啼啼地跑到孙皓那里告恶状，孙皓大怒，随便找了个借口，就用烧红的铁锯锯断了陈声的脖子，然后将无头尸体抛向了荒山野岭。孙皓酷爱喝酒，每喝必醉，每醉必怒，每次发怒都要动手杀人。他宴请臣子的时候，要求每个人必须开怀畅饮，喝到酩酊大醉，然后派黄门郎记录大臣们的反应。一个怨恨的眼神，一次不经意的失言，都会招来杀身之祸。即使侥幸保住了性命，结果也生不如死，有的被生生剥掉了脸皮，有的被挖掉了眼睛，不仅容貌尽毁，而且成了废人，再也不能像从前那样抛头露面了。

太康元年（公元 280 年），孙皓向晋武帝司马炎俯首称臣。西晋名臣贾充问："听说你坐镇东吴的时候，经常剜人眼目，剥人脸皮，这些人都犯了什么不可饶恕的大罪，要受到这么严酷的对待？"孙皓理直气壮地说："弑君的臣子或是不忠的臣子，就应该受到这样的刑罚。"贾充听了，觉得毛骨悚然。孙皓神色不改，丝毫没有愧疚之意。

智慧贴士

孙皓暴虐残忍，人神共愤，罪不容诛，但受到责问时，他却振振有词，毫无悔意。原因在于，他始终认为，贵为帝王，可以对臣民生杀予夺，肆意践踏，君主用惨无人道的酷刑体罚大臣是一件再正常不过的事情，无须汗颜。他的直言道出了帝王政治的本质以及君主专制制度的丑恶。

臭名昭著的开国元勋

贾充从晋文帝时期就备受宠信，在朝中很有权势，由于参与夺嫡斗争，把晋武帝司马炎扶上了太子之位，所以先帝驾崩新君即位以后，更受宠信。贾充是个阿谀奉承的谄媚小人，为人虚伪阴险，善于弄权，在朝野党羽众多，为正直人士所痛恨。

有一天，晋武帝和裴楷谈论施政之道，裴楷直言不讳地说："陛下之所以功绩德行比不上尧舜，是因为朝中有贾充这样的大臣。陛

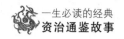

下应该重用德才兼备的贤士，弘扬正道，不应该按照自己的好恶用人。"任恺、庾纯和贾充有隙。贾充想要把任恺从君王身边赶走，于是就不停地夸赞任恺忠实敦厚，建议晋武帝把任恺调到东宫。晋武帝采纳了他的意见，让任恺做了太子少傅。

鲜卑族首领秃发树机能频繁扣边，晋武帝十分焦虑。任恺说："陛下不妨派一位有才智有威望的重臣前去安抚夷狄。"晋武帝同意了，询问人选时，任恺和庾纯一致推荐贾充。晋武帝于是就把这项重要任务交给了贾充，让他掌管秦、凉州的军务。贾充忧心忡忡，不愿接这烫手的山芋，却又无法拒绝。赴任前，同僚们设宴为他践行。

贾充向荀勖问计。荀勖说："你位居宰相，却被他人控制，岂不让人看轻？天子既然已经下了命令，你是推脱不掉了。要想留在京师，不被调离，唯一的办法就是和太子结亲。"贾充说："谁去为我牵线搭桥呢？"荀勖表示他愿意帮助贾充促成这门亲事。事后，荀勖对同僚冯紞说："贾充要是远离朝野，被调到了外地，我们也会跟着失掉权柄，如今太子尚未成婚，我们何不劝劝皇上，让他下旨赐婚，促成太子和贾充女儿的金玉良缘。"冯紞深表赞同。

当时晋武帝已经确立了太子妃的最佳人选，决定让太子迎娶名臣卫瓘的女儿。贾充的夫人郭槐为了让自己的女儿进入东宫，不惜花费重金贿赂了杨皇后。杨皇后不断地吹枕头风，请求选贾充的女儿做太子妃。晋武帝不为所动，冷静地说："卫瓘的女儿有五点符合太子妃的要求，贾充的女儿有五点不合要求。卫氏家族血统优良，子嗣众多，子女相貌端庄，肤白貌美，身形修长。贾氏家族善妒，子女少，姿颜丑陋，又黑又矮。"杨皇后坚持立贾充的女儿贾南风为太子妃。荀勖、冯紞歪曲事实，极力夸赞贾南风美貌灵秀，蕙质兰心。晋武帝于是让太子纳娶了贾南风。贾充得以留在京师。

贾充度过危机后，开始和任恺明争暗斗。贾充因为是皇帝身边炙手可热的大红人，大臣们都竞相依附他。其他权势人物也有自己的党羽。朝中宗派林立，利益错综复杂，因此纠葛不断。晋武帝得知了这些事情，对群臣说："你们都是国之重臣，当勠力同心为朝廷效力，同僚之间要和睦相处。"贾充、任恺点头称是，他们清楚皇帝的意思，皇帝分明知道他们在内讧，却没有挑明。两人索性也跟着装糊涂，表面上互相追捧，一团和气，私下里却争斗不休，积怨越来越深。为了把任恺逐出权力核心，贾充故意推荐他出任吏部尚书。任恺就任后，政务缠身，和皇帝接触的机会越来越少了，君臣之间逐渐疏远。贾充趁机窜通荀勖、冯纨污蔑任凯。任凯莫名其妙地丢掉了官位，长期赋闲在家。

智慧贴士

贾充是西晋的开国元勋，但因为作恶多端，没能名留青史，反而成了遗臭万年的跳梁小丑。生前他玩弄权术，排挤打压忠良，在染指政治的同时，又插手后宫事务，把宫廷上下搅得乌烟瘴气。故而被视为权奸的代表，为后人所不齿。

乱国妖后：假孕造谣并毒杀太子

有一天晚上，皇宫发生了火灾，晋武帝司马炎亲自登上层楼巡视火情。皇孙司马遹年方五岁，拉着司马炎的衣角躲到了光线幽暗处，低声说："夜里皇宫忽然失火，君主要提防可能出现的变故，不能站在光亮处，让别人看到。"司马炎万般没有想到孙子年纪那么小，居然考虑那么周全，对其大加赞赏。

司马炎一向认为太子司马衷不成器，若不是因为司马衷生下了司马遹那么聪慧的孩子，司马炎早就把他废黜了。为了让皇孙顺利即位，司马炎保留了司马衷的太子之位。后来司马衷继承了大统，贾南风晋升为皇后，司马遹被立为太子。贾南风虽贵为国母，却膝下无子，母亲郭槐劝她善待太子。贾南风不听。郭槐原本打算撮合韩寿的女儿和太子的婚事，太子也想利用政治联姻的方式拉拢韩氏家族，但韩寿的妻子贾午和贾南风不同意。贾午和贾南风是同母异父的姐妹，两人沆瀣一气，从中阻挠，这门亲事便不了了之了。经过商议，两姐妹打算让太子迎娶王衍的小女儿。太子听说王衍的大女儿雪肤花貌、清丽可人，就打算将她娶过门。但贾南风却强行把这个美貌动人的大家闺秀聘给了自己的外甥贾谧。

郭槐临死的时候，苦口婆心地劝说贾南风远离贾午、赵粲，贾南风置若罔闻，居然和贾午、赵粲联合起来害太子。太子小时聪明伶俐，名声甚佳，长大之后贪图玩乐，荒废了学业。贾南风故意派人教唆太子挥霍享乐。太子因此经常入不敷出，越来越骄奢。太子沉迷于卖肉的游戏，还喜欢阴阳之术，触犯了各种禁忌，中舍人杜锡好心劝谏，太子不厌其烦，居然把针藏在毡垫里扎杜锡。太子渐渐变成了不可一世的纨绔子弟。贾谧依仗皇后的权势，在太子面前十分放肆，太子气不过，两人愈发不能相容。

贾谧对贾南风说："太子私藏钱财，与奸佞小人为伍，一心想着要对付你，他日必然会加害于你。等他做了皇帝，就会把你打入冷宫，不如废掉他，重新立一个心慈面软的人做太子。"贾南风听了，到处诋毁太子，挺着大肚子假装怀孕，并秘密安排妹夫韩寿的儿子取代司马遹的位置。

后来太子司马遹的长子生了重病，太子为其祈福。贾南风听说后，心生一计，谎称晋惠帝司马衷龙体欠安，急招太子入宫。太子匆匆忙忙赶来，贾南风不让他和父皇见面，矫诏赐给太子三升酒，逼迫其全部喝下。太子不胜酒力，婉言拒绝，那个送酒的婢女说："太子真是不孝啊，皇上赐的酒你都不肯品尝，难道是嫌这酒脏吗？"太子只好把酒都喝完了。贾南风派人趁太子醉得神志不清的时候，诓骗太子抄写谋反的文章，文章大意为："陛下最好自行了断，否则我就要入宫同你做个了断。皇后也要引刀自裁，不然我就要亲自结果你二人的性命……"

太子醉眼蒙眬，头痛欲裂，糊里糊涂地抄下了这篇充满杀气的文章，全然不知自己写了什么。贾南风据此诬告太子谋反。晋惠帝信以为真，打算处死太子。大臣提议核对笔迹，以免太子受冤。贾南风拿出太子奏事的文书，大臣查验后，确认谋反的文章确实出自太子之手，没办法再替太子辩白了。贾南风见一些老臣极力反对处死太子，担心夜长梦多，就建议把太子贬为庶民。晋惠帝答应了。太子沦为平民后，被囚禁在了金墉城。次年，贾南风唆使一个黄门投案自首，谎称曾经和太子一同策划谋反。晋惠帝想起太子大逆不道之举，怒火中烧，一气之下，把太子转移到许昌关押了起来。同年三月，贾南风假传圣旨令黄门孙虑毒杀太子。孙虑把这个任务交给了看守刘振。刘振不想伤害太子，另给太子安排了房间，暂时断绝了他的饮食，以防有人下毒。孰料孙虑居然亲自动手了，逼迫太子服毒自杀。太子跑到茅厕躲避，结果被孙虑用药杵活活打死了。

智慧贴士

贾南风是历史上有名的祸国妖后，为了保住既得利益，曾假孕散播谣言诋毁太子、设计毒杀太子，为人十分歹毒。她之所以能屡屡得手，不是因为她的计谋有多么高明，而是因为她深谙宫廷政治，善于利用人与人之间的矛盾，挑拨离间，因此能够从错综复杂的政治斗争中取利。

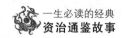
令人瞠目结舌的炫富比赛

洛阳有三个腰缠万贯的超级富豪：一个是中护军羊琇，为景献皇后的叔伯堂弟；一个是后将军王凯，是当朝天子的舅父，文明皇后的弟弟；还有一个是侍中石崇，是晋朝功臣石苞之子。前两位是皇亲国戚，第三位是名臣之后，都是非常有权势的人，而且家资丰厚，拥有令人咋舌的财富。

王凯和石崇竞相攀比，暗暗较劲。王凯用甘甜爽口、价格不菲的饴糖水刷锅，以炫耀自己的财力。石崇听说后很不服气，马上让下人把密蜡放进灶坑当柴烧。当时蜡烛很贵，普通人家用不起，天色一黑就得上床休息，只有王侯贵族才能秉烛夜读或通宵玩乐。石崇浪费密蜡烧火做饭的事迹在京城传开了，人们都认为他比王凯富有。王凯急了，为了压倒石崇这个纨绔子弟，用名贵的紫色蚕丝制作了绵延 40 里的帐幕，分设在道路两旁，行人置身其中，莫不啧啧称奇。石崇马上用精美的锦绣彩缎沿路铺设 50 里，看起来更奢华。紧接着又把花椒粉掺入泥料中，粉饰自己的房屋。

王凯见状，连忙用赤石腊装饰四面的墙壁。为了斗倒石崇，王凯使出了撒手锏，请求外甥晋武帝帮忙。晋武帝于是赐给他一株非常罕有的珊瑚树，那树亭亭如盖，超过两尺高，看起来非常气派。石崇输了一局，动了怒，挥起铁如意朝珊瑚树狠狠地砸过去，将那树击得支离破碎。王凯认为石崇是因为嫉妒自己，才故意毁掉珍稀之物。孰料石崇竟说："何必为一棵树生那么大气呢，我还你便是了。"说完吩咐左右将自家府上的珊瑚树全部搬来。有六七株树足有三四尺高，每一株都苍劲挺拔，光彩夺目，其他的珊瑚树与王凯家里的大致相同。两相对比，王凯的宝物立马相形见绌。

这场斗富比赛不仅在民间引起了轩然大波，还惊动了朝野。有个叫马傅咸的大臣上疏说："微臣以为，奢侈挥霍造成的浪费，比百年难遇的天灾还要严重。古时耕地有限，人口众多，却仍有存余，是因为人人崇尚节俭的缘故，如今我国疆域辽阔，人口稀少，物资供应却十分紧张，这都是奢侈浪费的缘故。奢侈之风得不到纠正，人们竞相攀比，没完没了地斗富，那么天下就要大乱了。"

◈智慧贴士◈

炫耀是人类的本性，炫富比赛自古有之，像王凯、石崇这种一掷千金斗富的故事比比皆是。在当时，人们不以奢侈浪费为耻，反以为荣，将其当成自我标榜的一种方式。这种行为在"路有冻死骨，朱门酒肉臭"的社会背景下显得尤为浅薄和可鄙，充分反映出了豪门大族的轻浮、冷漠、为富不仁的本质。

悲情齐王：被捧杀的完美主义者

齐献王司马攸因为心情不畅、怨愤郁结得了病，上疏请求为文明皇后守陵，以便留在京都养病。晋武帝没批准，派宫廷御医给他诊治。由于晋武帝怀疑司马攸装病，御医们为了逢迎皇帝，一致说司马攸身体安好，根本没病。河南尹向雄说："皇家宗室子弟众多，可德行高有威望的人却寥寥无几。正因如此，齐献王才显得十分难得。希望陛下允许齐献王留在京城好生养病。这样做对于挽回皇家声誉也是有好处的。"晋武帝不听。向雄非常郁闷，不久含恨而死。

司马攸的身体每况愈下，病情迅速加重。晋武帝不加理会，仍然催促他赶快回封地。司马攸扶病辞行。晋武帝见他衣冠楚楚，仪表堂堂，虽然脸色有些憔悴，但仍然精神饱满，言谈举止如常，越发觉得他不曾生病。司马攸告别了晋武帝，就动身上路了。因为病得厉害，路上又饱受舟车劳顿之苦，没过几天，就开始大口吐血，不久就病死了。晋武帝听说后大吃一惊，依照礼节前去奔丧。司马攸的儿子号啕大哭，说父亲的病是被宫里派来的御医耽误了。那些医生说他并无大碍，撒谎欺骗他，不曾认真给他诊治，这才导致病发身亡。晋武帝马上下令处死了御医。

以前，晋武帝非常疼爱弟弟司马攸，两人是同胞兄弟，血脉情深，彼此亲近。后来由于荀勖、冯𬘓等奸臣不停地进献谗言挑拨离间，晋武帝对弟弟有了猜忌之心。身为帝王，所思所想自然与常人不同。晋武帝担心自己百年之后，儿子不足以服众，声誉甚隆的弟弟会趁机夺位，因此坚持不肯让司马攸留在京都。司马攸拖着病躯离开，最终吐血身亡，晋武帝非常哀伤。冯𬘓说："齐献王名过其实，天下人却都爱戴他，愿意归附他，已经威胁到了皇权。现在他病死了，乃社稷之福，皇上何必这么难过呢？"晋武帝闻言，停止了哭泣，下令按王侯的规格为司马攸举办葬礼。

司马攸生前彬彬有礼，言行符合谦谦君子的标准，且不违礼制，一生鲜有过错。晋武帝也觉得他的行为无可指摘，对这个弟弟素来有几分敬畏之心。两人交谈的时候，晋武帝要思考斟酌很久才肯开口讲话，生怕自己过于唐突冒失。可惜因为听信小人谗言，他竟间接害死了自己最疼爱的弟弟。这是何其可悲啊！

智慧贴士

司马攸是政治博弈的牺牲品，虽然没有野心，为人正派，无可指摘，仍逃不开被迫害致死的命运。晋武帝与荀勖、冯𬘓等奸臣以及那些见风使舵的无良御医固然要对他的死负责，但从另一个角度讲，他的个人悲剧是自己酿成的。作为谦谦君子，他被视为楷模，因此处处严格要求自己，生了重病不愿展露病态，举止如常，这才加深了晋武帝的误会，以致白白枉死。

弑兄夺位的汉赵藩王

永嘉四年（公元 310 年），汉光文帝刘渊驾崩，皇太子刘和即位。刘渊是南匈奴单于的后裔，打着恢复刘汉江山的名号，创建了汉赵政权。继任者刘和猜忌心重，且心胸狭窄，不能容人，因此被一些奸佞小人利用了。刘渊尸骨未寒，刘乘、刘锐便聚在一起密谋，向刘和进献谗言说："先帝分配权力不合理，让三位藩王戍守京城，执掌军政大权，又让楚王刘聪（刘渊第四子，刘和的弟弟）把 10 万大军驻扎在近郊，这么做不利于皇权的正常交接呀，陛下当慎重考虑。"

刘和于是把这番话告诉了安昌王刘胜、安邑王刘钦等人，刘胜说："先帝还没下葬，四位藩王不曾有过犯上作乱的举动，兄弟间一旦互相残杀，让天下人怎么看待陛下呢？请陛下不要听信谗言，您不相信手足兄弟，世上还有谁可相信呢？"刘锐大怒，大声叱骂刘胜，当场将他杀死。刘钦吓得双膝发软，表示愿意服从皇帝的旨意。

不久，刘锐发兵征讨楚王刘聪，呼延攸和永安王刘安国率军攻打齐王刘裕，刘乘和刘钦攻打鲁王刘隆，田密率众攻打北朝王刘义。四大藩王均受到了讨伐，楚王刘聪早有准备，以逸待劳等待刘锐自投罗网。刘锐得知刘聪早已做好了周密的军事部署，马上调转马头，和呼延攸、刘乘会师，攻打刘裕和刘隆，将两位藩王杀死。

同年七月二十三日，刘聪率兵攻下了西明门。刘锐见大事不妙，仓皇逃到了南宫。次日，刘聪杀气腾腾地闯进光极殿，杀死了刘和，

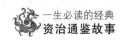

擒获了刘锐、刘乘、呼延攸等向四大藩王发难的大臣，然后砍下了他们的头颅，悬挂在熙熙攘攘的路口示众。大臣们见状，纷纷请求刘聪登基即位，刘聪说刘乂是汉光文帝刘渊的亲生儿子，更有资格继承皇位，假装要把皇位让给刘乂。刘乂害怕卷入权力之争，哭着推辞，再三要求叔父刘聪即位。刘聪装模作样地推脱了很久，才勉强答应，摆出一副道貌岸然的姿态，解释说："刘乂和诸位大臣坚持让我继承大统，是因为政局动乱，我较为年长，能稳住局面。我不便推脱了。等到刘乂长大成人，我再把国政大权交还给他。"于是就顺理成章地当上了皇帝。

坐上龙椅后，刘聪马上宣布大赦天下，改年号为光兴。由于他是因为年长才当上皇帝的，所以总担心自己的兄长刘恭会篡位，于是趁刘恭呼呼大睡之机，凿穿了卧房的墙壁，将其杀死在床上。

智慧贴士

汉赵政权为少数民族创建，本质上与中原王朝并无区别，政治体制相同，连权力斗争的形式都高度类似，都没有绕开父子相残、兄弟相爱相杀的悲剧。可见在高度集权的皇权社会里，人的野心会被刺激得无限膨胀，染指最高权力的皇族成员更容易被权力欲腐蚀，更容易鬼迷心窍，做出令人发指的恶行。

西晋末代君王的屈辱之路

公元 311 年，刘聪率军攻入了洛阳。晋怀帝司马炽慌慌张张逃了出去，准备逃往长安，结果半路上被刘聪的军队俘获了。刘聪没有杀害司马炽，起初对他很客气，先后册封他为特进左光禄大夫、会稽郡公，还心平气和地对他说："你当豫章王的时候，我和王武子一起拜见过你。王武子把我引荐给了你，你说你早就听说过我的大名，还赠送给我一把木弓和银制的砚台，这些往事你可还记得？"

司马炽谦卑地说："臣下当然记得。可惜当年有眼不识于泰山，不知道您就是真龙天子。"刘聪感叹道："你们家为什么要骨肉相残呢？"司马炽回答说："我们家族内部自相残杀，是为了拥立陛下你呀。假如我们家人关系和睦，不为权力争得头破血流，没有发生内耗，陛下您又怎么能轻而易举地取得天下呢？"刘聪对这个回答非常满意，于是慷慨赐婚，把出身名门的小刘贵人许配给了司马炽。

刘聪是个喜怒无常、翻脸无情的人，愈发容不下司马炽。两年后，他在光极殿大宴群臣，故意在众目睽睽之下羞辱司马炽，让他像仆从一样给每一位大臣斟酒。晋朝的旧臣王隽、庾珉见到昔日的天子沦落到给人倒酒的地步，不由得触景伤情，想起亡国之恨，忍不住痛哭起来。刘聪大为不悦，打算惩治这群前朝遗老。后来有人诬告庾珉谋反，刘聪趁机将包括庾珉在内的10多位前朝老臣都毒杀了，司马炽也被毒死了。

建兴四年（公元316年），汉赵大司马刘曜率军攻打长安。晋愍帝（晋怀帝司马炽的侄子）司马邺被迫投降，沦为亡国之君，不久就被押送到了汉赵的都城平阳。刘聪召见司马邺时，和颜悦色，客客气气，司马邺俯首称臣，跪地叩首。刘聪故技重施，马上给司马邺封了官职，任命他为光禄大夫。出猎的时候，让司马邺换上车骑将军的服装充当先导。有人认出了司马邺，大声说："他就是前朝的皇帝。"人们听说后纷纷跑过来围观，西晋老臣见状，不由得老泪纵横。

太子刘粲奉劝刘聪对西晋皇族斩草除根："周武王为何要杀掉商纣王呢？是因为担忧前朝的恶人聚众谋叛，造成不可收拾的灾祸。现在那些揭竿而起的人，全都打着西晋皇帝司马邺的旗号，依我看，

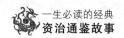
还是早点儿把他杀了吧，以免日后夜长梦多。"刘聪说："我杀了庾珉等前朝遗老，民心向背没发生什么改变。我实在不忍心杀掉司马邺，还是再等等看吧。"同年十二月，刘聪大宴群臣，要求司马邺给在座的臣子斟酒，还强令他拿着厕所盖子尴尬地站在一旁。晋朝旧臣辛宾看到自己的皇帝被当众羞辱，激动地站了起来，抱住司马邺失声痛哭。刘聪大怒，当场就把辛宾杀了。

后来，赵固和郭默率军攻打汉赵的领地，太子刘粲领兵迎战。赵固声称要俘虏刘粲，用刘粲换回西晋皇帝司马邺。刘粲奏请刘聪说："假如司马邺死了，晋朝的老百姓就丧失了复国的希望了，他们没了指望，就不会继续追随赵固了，到时赵固的军队会自己土崩瓦解。"刘聪认为他说得很有道理，就下令处死了司马邺。

智慧贴士

末代君王的人生通常是无比悲惨的，要么在改朝换代的动乱中被杀，要么被新上任的统治者长期幽禁，最惨的是生前饱受凌辱，死时悄无声息。西晋末代的两位君王正是如此，都曾经在大庭广众之下被公开羞辱，尽管表现得极为顺从和谦卑，却都没能保住性命。末代君王下场如此悲惨，多半是因为天无二日、国无二君，一山难容二虎，新君不能容下旧日的君主。

尊汉攘胡，"大义灭亲"的匈奴人

大兴元年（公元 318 年），刘聪驾崩，刘粲登基即位。外戚权臣靳准对刘粲说："臣听说公卿大臣想要效法伊尹、霍光，计划除掉我和太保呼延晏，让大司马刘骥主政，这些人心怀叵测，打算图谋不轨，陛下应当先下手为强，防患于未然。"刘粲不以为然，没有理会他的建议。靳准不死心，又让太后和皇后劝谏，刘粲被说服了，将太宰刘景、大司马刘骥、刘骥的弟弟刘逞、太师刘顗和大司徒齐王刘劢全部打入死牢，没过多久，就把他们统统处死了。

同年八月，刘粲秣马厉兵，打算讨伐顾命大臣石勒。丞相刘曜掌管军务，留守长安。靳准担任大将军，刘粲把所有事务全权托付给了他，自己天天吃喝玩乐、醉生梦死，对国家大事不闻不问。靳准矫诏把自己的两个堂弟靳明、靳康封为了车骑将军和卫将军，准备伙同金紫光禄大夫王延发动宫廷政变。王延忠于朝廷，不肯造反，连忙翻身上马，打算入宫告发靳准，半路上被靳康劫住了。靳准干脆一不做二不休，率甲兵杀气腾腾地闯入了光极殿，煞有介事地悉数刘粲的种种罪行，然后将其斩杀于大殿中。

弑杀国君之后，靳准开始血洗刘氏族人，将皇族宗亲杀了个老幼无存、鸡犬不留，紧接着他又挖开了永光、宣光的陵墓（即光文帝和昭武帝的陵寝），砍烂了昭武帝刘聪的尸身，纵火焚烧了祭祀刘氏家族的宗庙。靳准一手毁掉了汉赵政权的基业，准备将大好江山移交给汉人。他非常诚恳地对安定人胡嵩说："自古以来，天子都是汉人，从没有一个胡人能统治天下，我现在把传国玉玺郑重交付给你，准备还政于晋王室。"胡嵩听了这话，心惊胆战，迟迟不敢接玉玺，靳准大怒，毫不留情地把他杀死了。

不久，靳准派人传话给司州刺史李矩说："刘渊不过是个跳梁小丑，乱世之中假托天命自立为帝，害得正统皇帝晋怀帝、晋愍帝受辱而死，我准备把二帝的棺椁送回南方，请通知晋朝皇帝奉迎。"李矩不敢怠慢，马上把这个消息告诉了东晋晋元帝司马睿（西晋灭亡后，司马睿在南方士族的支持下建立了东晋政权）。司马睿赶忙派人接收西晋二帝的灵柩，晋怀帝、晋愍帝得以入土为安。

靳准想任命德高望重的王延做光禄大夫，王延坚辞不就，怒气

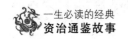

冲冲地叱骂道："无耻逆贼，为何不快快杀了我？把我的眼睛挖出来，一只放在西阳门，一只放在建春门，我要亲眼目睹石勒大将军打进来。"靳准大怒，一气之下处死了王延。刘曜惊闻宫里发生了内乱，马上从长安出发，火速驰援京都。石勒率 5 万大军征讨靳准，迅速占领了襄陵以北的平原地区。他没有马上与靳准交战，小心翼翼地避开了靳准锋芒，采取了以静制动，以守为攻的保守策略。靳准屡屡上前叫阵，石勒始终坚守不出。

同年十月，刘曜风尘仆仆地赶到了赤壁。太保呼延晏等人纷纷离开了京都平阳，前往赤壁归附，拥立刘曜为皇帝。刘曜登基后，改国号为赵，马上宣布大赦天下，只有叛臣靳准没有得到赦免。靳准背腹受敌、骑虎难下，打算向石勒乞和，于是卜泰送去财物求和。石勒无意和解，将卜泰囚禁起来，押送到刘曜哪里，任由刘曜处置。刘曜平心静气地对卜泰说："先帝刘粲确实做了许多有悖道义的事情，靳准想要效法伊尹、霍光另立明主，让朕登上大位，可谓是为朝廷立下了大功。他要是能早点迎奉圣驾，朕就会把国家大事托付给他，好好重用他，更何况免除一死呢？你回去把朕的意思转达给靳准，让他尽可以安心。"

卜泰把刘曜的话原原本本地传达给了靳准。靳准剿灭刘氏家族时，将刘曜的母亲、兄弟一并杀了，担心刘曜伺机报复，不敢投降接受招安。同年十二月，靳准被靳康、王腾等人合谋杀死，大家共同推举靳明为新主，靳明命令卜泰带着传国玉玺投降刘曜。

智慧贴士

在古代，华夷之辨影响深远，华夏族自诩为文明中心，发明了一整套的礼法和区分外化之民和本族人民的标准。四方的少数民族不知不觉也接受了这种思想。靳准为了还政于汉人，居然诛灭本族皇族，原因便在于此。

伯仁之死背后的千古奇冤

永昌元年（公元 322 年），东晋大臣王敦起兵谋反，王敦的弟弟王导带着王虞、王侃、王彬等族人每天早上在大殿外请罪。一天周青入朝，王导对他说："伯仁（周青字伯仁），我们王家老老小小上百口人全靠你了，你讲话可要慎重啊，拜托了。"周青仿佛没听见一样，昂着头走了进去。上朝后，周青竭力为王导辩护，说他是忠心耿耿的臣子，绝无二心。司马睿听信了他的话，决定对王家网开一面。周青很高兴，开怀畅饮了一番，结果喝醉了。

从宫里出来的时候，周青满身酒气醉醺醺的，王导上前和他打招呼，他充耳不闻，絮絮叨叨地对旁边的人胡言乱语："把乱臣贼子全杀掉，就能得个斗大的金印。"酒醒以后，又上书为王导说情。王导不知情，误以为周青对王家的命运漠不关心，因此怀恨在心。同年三月，王敦率军攻克了东晋国都建康，司马睿自知大势已去，只好开城投降，吩咐文武百官迎候。王敦见了周青，责备道："伯仁，你对不起我，如今有何面目见我？"周青坦然地回答道："你犯上作乱，大逆不道，我领兵平叛，没能剿灭你所带领的叛军，的确没脸见你。"

王敦的参军吕猗私下里进谗言说："周青、戴渊素有清名，具有蛊惑人心的能力，他们最近不停地大放厥词，丝毫没有悔意，现在不早点儿下手把他们铲除掉，日后还得劳师动众讨伐他们。"王敦认为周青、戴渊足智多谋又有才学，如不能为自己所用，必成大患，也想找机会除掉他们，怎奈二人名望甚高，无故杀害他们难免落得个杀贤的骂名。

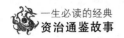
一日，王敦采用试探的口气问弟弟王导："周青、戴渊是世人仰慕的贤士，我想让他们担任三公，你怎么看？"王导沉默不语，没有回答。王敦又说："不让他们当三公，那就让他们当仆射吧。"王导漠然无应。王敦目露凶光道："如果他们不适合继续在朝为官，那么就只好杀掉了。"王导一语不发，算是默认了。王敦马上派人逮捕了周青和戴渊。

王敦曾经和谢鲲讨论过同样的问题，假惺惺地说打算让周青当尚书令，让戴渊当仆射。等到逮捕了周青和戴渊以后，王敦问谢鲲京城百姓对于自己发动政变有什么看法。谢鲲仗义执言道："您的做法虽有利于江山社稷，但有悖道义，如果您能重用周青和戴渊这样的贤士，就能安抚百姓，使得天下归心。"王敦怒道："你糊涂了吧，周青和戴渊浪得虚名，都是一些沽名钓誉之徒，已经被我抓捕定罪了。"谢鲲大惊失色，感到分外沮丧。

参军王峤说："名士怎么能说抓就抓，说杀就杀呢？"王敦大怒，扬言要把王峤杀死。众人噤若寒蝉，不敢言语。谢鲲劝谏道："明公志在天下，不会和一人计较短长。王峤的进言不符合你的意愿，便不由分说地诛杀他，不是太过分了吗？"王敦听罢，为了显示自己宽宏大量，饶恕了王峤，将他贬为领军长史。

周青在通往刑场的路上，路过太庙，他仰首大喊道："王敦匹夫，犯上作乱，滥杀忠良，天理不容，神明有知，马上诛灭他。"捕卒用利器割伤了周青的嘴，阻止他讲话。殷红的鲜血从他的嘴角一直淌到了他的脚后跟，情形十分惨烈。周青神色自若，若无其事地继续行走。旁观的行人不由得痛哭流涕。最后周青和戴渊被斩杀于石头城南门外的刑场。

侍中王彬是王敦的堂弟，他与周青往来密切。晋元帝司马睿派他慰劳王敦，他哭悼完周青之后，才去见王敦。王敦见他面有哀色，神情凄然，便问他是什么缘故。王彬老实回答道："我刚哭吊完伯仁，内心哀伤，悲不自胜。"王敦生气地说："他受死完全是咎由自取，平时待你形同陌路，你为何要哭他?"王彬回答说："周青是长者，在朝做官的时候虽称不上刚直清正，但不曾结党营私，没犯下不可饶恕的大罪，您大赦天下，唯独对他处以极刑，我深为痛惜。"接着指责王敦谋逆作乱、祸害忠良，言辞凿凿，声泪俱下。

王敦气得脸色铁青。王导为王彬的安危担心，连忙劝他下拜认错。王彬不情愿地说："我脚痛得很，没办法起身，再说我又没说错什么。"王导着急地说："脚痛好过脖子痛。"言下之意，再不认错项上人头不保。王彬面不改色，拒绝下拜。

后来王导在清理中书省的文件时，发现了周青为自己辩白的奏章，这才知道自己以小人之心度君子之腹误会周青，一股强烈的负罪感袭上了心头，他边流泪边说："我不杀伯仁，伯仁却因我而死，我辜负了他，实在是没脸面对他呀。"

智慧贴士

我们非常熟悉"我不杀伯仁，伯仁却因我而死"的千古名言，却未必知道"伯仁"为何而死，背后究竟隐藏着怎样的故事。《资治通鉴》给了我们确切的答案。伯仁冤死是因为一场误会。

周伯仁外冷内热，默默助人不声张，以为别人会懂得自己。没想到他的朋友王导平素只以外在的言行揣测他人，不能洞察人的内心，错怪了周伯仁。可见所谓的魏晋风骨、名士风流，在俗世中是很难被人理解的，稍不小心就有可能制造误会和麻烦，给自己招来祸患。

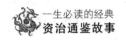

血雨腥风中的父子与主奴

公元 329 年，石勒灭亡了汉赵政权，自立为帝，建立了后赵。石勒去世后，太子石弘继位。石勒的侄子石虎废黜并杀死了石弘，篡位自立。石虎是历史上有名的暴君，他的儿子石邃也很残暴。

石邃淫邪乖戾，有许多令人毛骨悚然的嗜好，他喜欢把姬妾们打扮得花枝招展、光彩照人，然后砍下美人的脑袋，用清水把血洗干净，放在精致的盘子里，以供宾客们观赏。他还喜欢把皮肤白嫩细腻的姬妾扔进锅里煮着吃。六宫粉黛由于他的特殊爱好，陆陆续续变成了可餐的秀色，有的成了人肉盛宴中的特色佳肴，有的成了餐桌上的装饰品。

石邃之所以那么凶蛮变态，多半是因为他有一个淫荡暴虐、十恶不赦的父亲。赵王石虎一向骄奢淫逸、凶狠毒辣，对待儿子的态度非常粗暴恶劣。他吩咐石邃处理尚书事务，石邃每每奏事禀报，他都会极其不耐烦地说："这么小的事情，自己处理就行了，也值得禀报！"石邃自行处理各项事务，不去请示禀报，石虎又责问道："为何不禀报？"随之对石邃又打又骂，扬起鞭子狠狠地鞭挞。短短一个月之内，石邃被鞭笞了好几次。

石邃忍受不了父王的虐待，决定造反，私下里对中庶子李颜说："皇上贪得无厌，残暴无度，我想效法冒顿单于成就大事，你愿意协助我吗？"冒顿单于杀父自立，成为草原之王。石邃以他为榜样，言下之意就是想弑父谋反。李颜听了，惊出一身冷汗，一直闪烁其词，没有作正面回答。

七月，石邃故意装出一副病恹恹的样子，以麻痹父皇，秘密带了500多名亲信闯进李颜的府宅共谋大事。他告诉李颜，打算率众前往冀州杀死河间公石宣（石虎次子，石邃的兄弟）。一行人浩浩荡荡地出发了，纵马狂奔数里，半路上逃走了大半。李颜跪在地上，苦苦哀求石邃不要冲动，石邃酒劲儿上来了，头昏脑胀，迷迷糊糊地打道回府了。石邃的母亲郑氏听说自己的儿子要杀害亲兄弟，非常生气，连忙派人责问石邃。石邃暴跳如雷，毫不犹豫地把母亲派来的使者斩杀了。

石虎以为太子真的病了，本来打算到东宫探望，高僧佛图澄听到了一点儿风声，奉劝他不要经常打扰太子。石虎怒目圆睁，惊叹道："难道父子也要成为老死不相往来的仇人吗？"于是派女尚书去看望太子。石邃迁怒于女尚书，骗她近前说话，趁其不备拔剑便刺，毫不留情地把她杀死了。石虎大怒，找来李颜责问，李颜将事情的原委陈述了一遍。石虎果断处死了包括李颜在内的30名大臣，将石邃囚禁了起来，没过多久就把他放了。

石邃进宫朝见时，不肯谢罪，大摇大摆地扬长而去。石虎派人责备他，他丝毫没有悔意。石虎心灰意冷，将其贬为庶民。到了夜里，石虎越想越气，下令将废太子石邃、太子妃张氏及侍奉他们左右的仆从全部杀死。当晚处决了26人，东宫属臣党羽也都遭到了清洗，石邃的生母郑氏由皇后降格为东海太妃。石虎改立次子石宣为太子，石宣的母亲杜氏为皇后。

后来，石虎转而宠爱另外一个儿子石韬，想要废黜石宣，改立石韬为太子。有一次，石宣拂逆了石虎。石虎脱口而出道："真后悔当初没立石韬。"石宣很生气，石韬则得意扬扬，从此兄弟俩经常明争暗斗，不停地较劲。石韬修建了一座气势恢宏的大殿，横梁长达九丈，石宣大怒，杀死了工匠，挥剑砍断横梁，堂而皇之地扬长而去。石韬怒不可遏，把横梁加长到了10丈。

永和四年（公元348年），石韬在东明观和属官一起饮酒，晚上下榻在佛精舍。石宣派人把石韬刺杀在醉梦中，次日向石虎奏报石韬的死讯。石虎悲痛欲绝，当场昏了过去。石宣参加石韬葬礼时，不仅毫无哀痛之色，反而满脸喜气，他叫人揭开覆盖在尸体上的毯子，看了看兄弟的遗容，兀自大笑而去。石宣的反常表现引起了石虎的怀疑，石虎对石宣的手下严刑拷打，终于查清了真相。

为了替死去的儿子报仇，石虎发了狠，用铁锁戳穿了石宣的下巴，拿出残杀石韬的利剑，逼迫石宣舔舐上面干涸的血迹。石宣哀号不绝，声震殿堂。石虎还不解气，决定用以其人之道还治其人之身，用石宣虐杀石韬的办法，处决石宣。石韬死时被挖了双眼，砍了手足，肠穿肚烂，无比悲惨。石虎用同样血腥的手段杀死了石宣，扯掉了石宣的头发，剜去了他的双目，砍掉了他的四肢，残忍地剖开了他的肚腹，然后又把尸体焚烧成灰烬，倾洒在路口任过往的行人肆意踩踏。石宣的妻小全部被杀死了。石宣的小儿子只有几岁大，扯着石虎的衣裳苦苦哀求，把祖父的腰带都扯断了，仍然没有躲过这场劫难。石宣身边的仆从和宦官共300多人均受车裂酷刑而死，死后尸体被抛进了河里。

智慧贴士

石虎和儿子们斗得你死我活，如同仇敌，处死了长子石邃，又用酷刑折磨死了次子石宣，手段极其残忍。人都说"虎毒不食子"，可石虎却残害亲子，比豺狼虎豹更凶狠，这是为什么呢？这是因为君王和儿子的关系既是父子，又是主奴，按照君君臣臣父父子子的理论，儿子若有忤逆行为，君父可以随意惩治。从这个角度来讲，与其说石虎残忍变态，不如说封建礼教吃人。

令人胆寒的魔王苻生

前秦淮南王苻生从小残疾，一只眼睛看不见，性情十分暴烈。有一天，祖父苻洪调侃他说："听说眇一目的人哭的时候只有一只眼睛流泪，是这样吗？"苻生被戳到了痛处，竟把玩笑话当成了恶意的嘲讽，当场拔刀把那只瞎掉的眼睛刺出了血，恶狠狠地说："这只眼睛也能流眼泪。"苻洪见小孙子自残，行为如此过激，惊讶万分，于是就扬起鞭子抽打他，以示惩罚。苻生忍痛道："我能忍受刀剑的伤害，但忍受不了鞭打。"

事后，苻洪对苻生的父亲苻健说："这个孩子忤逆狂暴，难以控制，将来必成祸患，不如早点除掉他。"苻健听了，决心大义灭亲，把儿子苻生杀掉。苻健的弟弟苻雄阻拦说："他长大以后秉性脾气会有所改变，现在这么小，性格还没形成，你怎么忍心这么早就下手呢？"苻健放下了屠刀，暂时打消了杀子的想法。

苻生长大后，依旧像小时候那样勇猛好斗，他臂力过人，且很有胆识，敢徒手和牙尖爪利的猛兽搏斗。不仅力气大、胆量大，身手还很敏捷，奔跑起来快如闪电，能徒步追赶上疾驰的骏马，精通骑马射箭刺刀等十八般武艺。景明帝苻健所立的太子苻苌死在了战场上，太子之位虚席以待。苻健考虑另立太子的时候，民间流传出"三羊五眼"的谶语。苻健预言所指的就是独眼的苻生，于是毫不犹豫地立苻生为太子。苻健驾崩后，苻生即位。

服丧期间，苻生依旧忙着寻欢作乐，照常花天酒地，快活无比。每次接见大臣，他都会事先把五花八门的刑具摆放好，随时准备拷打、残杀看不顺眼的臣子。他登基没多久，就虐待死了 500 多人，

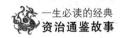

包括嫔妃、公卿以下的低级官员和随身侍奉的仆从。这些人死状极惨，有的被砍断了小腿，有的肋骨尽断，有的脖颈生生被锯断了，身怀六甲的孕妇则被剖开了肚子，一尸两命。

符生喜欢饮酒，经常大宴群臣，有一天他喝得正尽兴时，忽然转喜为怒，责备酒监辛牢："怎么不劝他们多饮几杯？居然还有清醒地坐着的。"说完，就把辛牢射杀在酒席上。众臣见状，吓得面如土色，一杯接着一杯往自己嘴里灌酒，全都喝得烂醉如泥，以各种姿势趴在酒桌上，头上的帽冠歪歪倒倒地掉了下来。符生这才满意。

符生终日纵酒狂欢，连续好几个月不上朝听政。奏折大量积压在寝宫里，他时常在醉得头脑发昏时随意批阅文书，更糟糕的是，经常借着醉意胡乱杀人。由于符生身体残疾，瞎了一只眼，"残、缺、少、偏、只、不全"等字眼都成了禁忌词，一旦有谁在不经意间提到了这些词，就会惹来杀身之祸。符生弑杀成性，喜欢活剥牛、马、羊、驴等动物的毛皮，兴奋地欣赏血淋淋的画面，看着它们抽搐、扭曲、挣扎，直至痛苦地痉挛而死。他还喜欢用滚烫的热水折磨鸡、鸭、鹅、猪，给它们逐一拔毛，几十只一群放到大殿上展览，供大家取乐。有时候他会把人的脸皮整张剥下来，强迫那些可怜的受刑之人表演，自己则在旁边笑吟吟地观看。

符生知道自己名声不佳，所以总是疑神疑鬼。有一天，他问周围的近臣："自从我登基以来，你们可曾听到过什么风声？"有人说："陛下圣明，赏罚公平，天下归心。"符生很有自知之明，知道对方在说假话，不由得怒喝道："你这个溜须拍马、阿谀谄媚之辈，该杀！"说完，命人将其拖出去斩了。几日后，他又问了同样的问题，另外一个人说了实话："陛下刑罚太重，有滥施酷刑之嫌。"符生大怒："你分明是在诬陷我？"说完把他也杀了。臣子们战战兢兢，如履薄冰，每天都有如坠深渊之感，精神压力巨大。

不仅大臣不安全，连皇室成员也成了暴君苻生计划铲除的对象。有一天，他忽然对贴身婢女说："苻坚、苻法两兄弟不值得信赖，明天我就派人把他们杀了。"婢女暗中把这件事告诉了苻坚和苻法，苻坚、苻法为了自保，决定发动政变。苻坚趁苻生喝得烂醉的时候，率甲兵闯入了大殿。苻生见士兵凶神恶煞地逼向自己，非常害怕，慌忙问左右："他们是些什么人？"周围的人异口同声地回答："是贼寇。"苻生问："他们为什么不向我行礼？"士兵们听到这可笑的醉话，忍不住哈哈大笑。苻生厉声喝道："快跪拜行礼，不照做就斩首！"当日，苻生糊里糊涂地被废黜了，没过多久，就被杀死了。

◈智慧贴士◈

苻生是恶贯满盈的暴君和令人胆寒的魔王，在他很小的时候，他的祖父、父亲便看出他不是善类，一度想要大义灭亲。是长辈更有先见之明吗？显然不是。正所谓"人之初性本善"，生性心理阴暗歹毒的儿童是很少见的，苻生之所以变成恶魔，是错误的家庭教育方式造成的。他身体残疾，不仅没有得到更多的关爱，反而遭到长辈嘲笑毒打，还差点被残忍杀死。生于这样的家庭，能变成天使的概率微乎其微，成长为恶魔才是顺理成章的事。

痴情天子为美人丢江山

后燕昭文帝慕容熙爱美人不爱江山，对苻皇后极其宠爱，不惜倾全国人力物力讨好身边的美人。两人时常外出游猎，足迹遍布大江南北，北边的白鹿山见证过他们海誓山盟的爱情，东部的青岭处

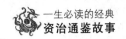

处都有他们把手言欢、纵情嬉乐的印记，南部的沧海畔，回荡着他们耳鬓厮磨时的呢喃低语。每次出行，他们都会带着一大群侍卫浩浩荡荡地上路，玩到尽兴才肯返回皇宫，半路上至少有 5000 名士兵活活冻死或者被突然窜出的猛兽吃掉。

为了让美丽不可方物的苻皇后住在仙阁一般的宫殿里，不惜耗费巨资大兴土木。宿军典军杜静抬着棺材死谏，奉劝慕容熙停止修建承华殿，与民休息，结果被杀死了。苻皇后在炎炎夏日想吃爽口肥美的冻鱼，白雪皑皑寒风凛冽的冬日想吃口感新鲜的地黄，慕容熙让大臣们必须想方设法满足苻皇后的口腹之欲，做不到的就得以死谢罪。

义熙三年（公元 407 年），集万千宠爱于一身的苻皇后香消玉殒了，慕容熙痛不欲生，悲伤得昏厥了过去，很久才醒过来。他按照安葬父母的规格，为苻皇后举办了葬礼，服丧期间披麻戴孝，只喝清淡的稀粥。紧接着，他把皇后的牌位放置在了宫内，令大臣们齐声悲哭，有声无泪者将受到严厉的处罚。大臣为了蒙混过关，只好偷偷地把辛辣刺激的东西含在嘴里，这样难受的时候，就会流下眼泪。

慕容熙的嫂子张氏灵秀聪慧，慕容熙打算让她殉葬，便污蔑她给死者缝制鞋子时，往里面掺了腐坏变质的毛毡，勒令她自尽谢罪。右仆射韦璆整天担心皇帝让自己跟着殉葬，天天沐浴更衣，准备受死。上至公卿以下的官吏，下至普通士兵和平民百姓，每家每户都得出力给皇后建造陵墓，府库因此消耗殆尽。慕容熙对监工说："把陵墓修建得气派堂皇些，我以后也会在这里长眠。"

送葬的时候，由于皇后的灵柩太高，慕容熙下令拆除了北城门，他形容憔悴，衣冠不整，赤足跟在后面行走了 20 多里地，可谓痴情至极。次日，宣布天下大赦。慕容熙是个钟情痴心的皇帝，却不是一个合格的君王，他不关心民生，设置了名目繁多的苛捐杂税，以至怨声载道，随时都有可能发生民变。当时中卫将军冯跋和弟弟冯素弗不慎惹怒了慕容熙，慕容熙想要把他们一并处死。两人畏罪潜逃，躲进了深山老林。他们和堂弟冯万泥商量："如今民不聊生，百姓怨气冲天，我们何不趁此机会聚众起事？"三人乘坐妇人的马车悄悄混进了龙城，秘密和左卫将军张兴、苻进的党羽结盟，共同推选后燕惠愍帝慕容宝的养子慕容云当盟主，慕容云托病推辞。

冯跋说："慕容熙荒淫昏聩，天怒人怨，人人得而诛之，你是高家的后人，出身高贵，为何要心甘情愿地给别人当养子，错过上苍赐给你的大好时机呢？"说完强行拉着他出了门。冯跋的弟弟冯乳陈率众攻打弘光门，侍卫纷纷逃窜，众人一拥而上闯进了皇宫，收缴了武器，将城门关闭了。慕容熙闻讯，轻蔑地说："这些人都是群乌合之众，干不成什么大事，我马上过去镇压他们。"

当时慕容熙正在城外送葬，听说宫中发生了变故，立刻穿上盔甲跨上战马返回去平叛。当晚他快马加鞭赶到龙城，率军攻打北门，久攻不下，只好退守龙腾苑。不久，慕容云被扶立为皇帝。慕容熙失势。尚方兵褚头逾墙投奔慕容熙，告诉他士兵都非常忠心，正等着朝廷的军队前来平叛。慕容熙听到这个天大的好消息，心生狐疑，慌慌张张地逃走了。城内的官兵误以为慕容熙率兵杀回来了，准备集体投降，等了很久都没有看到慕容熙的身影，犹豫再三，纷纷弃城逃跑了。慕容熙穿着便服乔装成平民躲在树林里，被人识破，沦为了阶下囚。士兵把他交给了慕容云，慕容云义正词严地列举了他的种种罪状之后，将他和他的儿子全部处死。后燕灭亡，慕容云恢复了高姓，开创了北燕王朝。

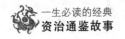
智慧贴士

慕容熙是个痴情种子，爱美人不爱江山，他的一腔柔情都给了皇后，对天下人无比冷漠。或许他是一个称职的丈夫，但却不是一个合格的君王，为博佳人一笑不顾百姓死活，导致民不聊生，仓皇下台乃至兵败身死，完全是咎由自取。

宋 纪

《宋纪》上启永初元年（公元 420 年），下至元徽四年（公元 476 年），囊括 30 多年历史。东晋灭亡后，汉人在我国南方地区陆续建立了宋、齐、梁、陈四个王朝，史称南朝，其中宋朝是宋武帝刘裕开创的，为了和赵匡胤开创的大宋王朝相区别，被后世的史学家称为刘宋。刘宋王朝是南朝疆域最为辽阔的朝代，但国君不仁，统治黑暗，短短 30 余年就亡国了，十分令人感慨。

历史上第一宗禅让血案

东晋宋王刘裕想要当皇帝，但不想落下乱臣贼子的骂名，希望晋恭帝能效法尧舜，把皇位禅让给自己。于是设宴招待群臣，打算让大臣劝说晋恭帝让贤。席间，刘裕用试探的口吻说："当初桓玄犯上作乱，谋朝篡位，窃取了晋国的国家政权，危急时刻，我最先倡导攘除奸凶，匡扶宗室，这么多年来栉风沐雨、南征北战，经历无数战斗才平定了天下。现在我老了，已经位极人臣了，凡事不能太满，太过圆满就难以久安，所以打算急流勇退了，准备回京师颐养天年。"

大臣们没听出他话里的意思，一味颂扬他的功德。天色将暮，

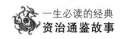
众人酒兴阑珊，三三两两散去。中书令傅亮行至宫门时，忽然恍然大悟，咂摸出了刘裕的隐讳之意。刘裕例数自己的功绩，又暗示自己身居显位，不能更上一层楼，所以想归隐，言下之意是想由人臣晋升为天子。傅亮决定帮助刘裕达成心愿，这样自己拥立有功，日后荣华富贵享用不尽。当时天色已晚，宫门已经关闭了。傅亮连夜求见刘裕，刘裕大喜，迫不及待地接见了他。傅亮说："我应该速速回到京师。"刘裕心领神会，没有多言，开门见山地问："多少人护送你回京合适？"傅亮爽快地答道："几十个人足矣。"

傅亮出宫时，外面一片漆黑，已是夜半深更，忽然有一颗闪亮的彗星拖着璀璨的尾巴从天际悠然划过，看到这番情景，傅亮激动地叹道："我以前认为通过观测天象预测王朝更迭、兴衰荣辱纯属无稽之谈，如今看来我想错了，预言怕是真要应验了。"不久，傅亮便抵达了晋朝的京都建康。四月，晋恭帝决定让刘裕辅佐自己处理朝政。六月，刘裕风尘仆仆地来到了建康。傅亮暗示晋恭帝把皇位禅让给刘裕，并把事先拟写好的退位诏书交给他，要求他照抄一遍。

晋恭帝不想让位，却也无可奈何，面对傅亮的威逼，只好乖乖就范，在侍从面前强颜欢笑道："桓玄作乱时，晋朝江山社稷不保，多亏刘公尽心竭力诛讨逆贼，晋朝的国祚才延续了近20年。刘公是晋朝的头号功臣，我当然愿意把帝位禅让给他。"不久，晋恭帝搬出了皇宫，迁居到了琅琊旧居。众臣跪地叩拜相送。秘书监徐广涕泗滂沱，泪流满面。三日后，刘裕举行了登基大典，仪式结束后，移驾回宫。徐广再次痛哭流涕，看起来极度哀伤。

侍中谢晦厌烦地说："徐公，你哀伤过度了吧。"徐广擦干眼泪说："你是宋王的亲信，我是晋朝遗老，我们的感受和悲喜当然不同。"刘裕登基后，宣布大赦天下，赦免了批评时政的人，并册封晋恭帝为零陵王，按照晋初的礼节礼遇他。次年，刘裕决定用毒酒毒死晋恭帝，永绝后患，派琅琊郎中令张伟杀人灭口。张伟哀叹着说："弑君可是十恶不赦的大罪，如果想要苟且偷生必须毒杀君主，还不如死了算了。"于是自己喝下了毒酒。后来刘裕又派人闯进晋恭帝的住所，逼迫晋恭帝服毒自尽。晋恭帝摇头道："佛说自杀身亡的人，来生就不能转世投胎做人了。"凶徒听罢，粗暴地用被子蒙住晋恭帝的脸，把他活活闷死了。

◈智慧贴士◈

刘裕谋害晋恭帝是中国历史上第一宗禅让之后发生的血案，在此之前，所有的禅让都能在和平的氛围下完成权力交接，前任皇帝都能得到妥善的安置。刘裕谋得大位后，派人杀死晋恭帝开创了一个恶例，此后禅让传位制度也染上了血腥色彩，被迫让位者能活下来的寥寥无几，皇权政治变得更加丑陋和黑暗了。

与岳飞齐名的"国之长城"

元嘉十三年（公元436年），文帝刘义隆得了重病，身体一天不如一天，过了很久，病情依然没有好转。将军刘湛私下里对司徒刘义康说："皇上身染恶疾，万一驾崩了，就没有人能控制住檀道济了。"

檀道济是刘宋王朝的重臣，曾为朝廷立下过汗马功劳，威加海内，他的亲信都是久经沙场的大将，儿子们都很有才干。由于功高震主，位高权重，儿子个个是才俊，朝廷非常忌惮他。刘义隆病情恶化时，担心檀道济会伺机谋反，刘义康建议召檀道济入京，严密监视他的举动，以防有变。

接到诏令以后，檀道济的妻子满面愁容地说："你功高震主，又不懂得韬光养晦，必然会成为众矢之的。皇上无故召你进京，肯定是猜忌你，你就要惹下杀身大祸了。"檀道济很忧虑，但不敢抗旨不遵，只好心怀忐忑地来到了京城。他在建康待了一个多月。那段时间风平浪静，并没有发生什么事。身体略微好转以后，刘义隆神经放松下来，允许檀道济离京回到驻地。檀道济如释重负，高高兴兴去了码头，忽然听到刘义隆病危的消息，既为皇帝担心，又为自己的处境担忧。少顷，朝廷传下诏令，要求他速速回宫，其实这道命令是刘义康假借刘义隆的名义传达的。檀道济不知内情，匆匆忙忙赶了回去，结果莫名其妙地逮捕了。

后来刘义隆被刘义康的谗言所惑，下诏说："檀道济趁朕身体欠安，暗地里招兵买马，居心叵测，是为乱臣，罪不容诛。"檀道济和他的儿子及给事侍郎檀植等人均被判处了死刑。檀道济几乎被满门抄斩，只有年幼的孙子躲过了一劫。司空参军薛彤、高进之深受檀道济倚重，三人志同道合，结成了牢不可破的友谊，由于薛彤、高进之重情重义，勇武刚毅，常被比作关羽、张飞。他们因为和檀道济关系太过密切，全都受到了株连，纷纷做了刀下鬼。

据说檀道济被逮时，目光如炬，怒发冲冠，一把将头巾掷在地上，痛心疾首地说："没想到朝廷居然会自毁长城。"刘宋王朝的宿敌北魏听说檀道济蒙冤被杀，无比欢悦地说："檀道济死了，刘宋自断臂膀，依靠江南那群没用的乌合之众，再也不可能成就大业了。"

🌸智慧贴士🌸

檀道济曾一度被誉为"国之长城"，是一个威名赫赫的风云人物，因为功高震主，惨遭杀戮，留下千古遗恨。檀道济的人生悲剧带有一定的必然性，君主宁愿自断臂膀、自毁长城，也要铲除功劳威名胜过自己的人，免得江山易主。这是一种政治上的考量，也是精明的君主惯用的伎俩，可悲的是臣子被忠君思想麻痹，看不透帝王之术的本质，至死无法弄清事实的真相。

奇葩暴君：酷爱起外号，以羞辱人为乐

元嘉三十年（公元453年），太子刘劭弑杀了父皇刘义隆，篡位自立。

服丧期刚满，刘劭便开始沉迷于女色，宫中的嫔妃但凡有点儿姿色的统统笑纳，完全不避亲疏、尊卑，败坏了伦理纲常，风流轶事传到民间，闹得满城风雨。刘劭崇尚及时行乐，终日和后宫女子厮混，快活得欲仙欲死。闲暇之际，他便拿大臣取乐，时不时宴请群臣，命令他们互相调侃嘲笑，戏弄羞辱对方。有一天，他让大儒士江智渊传令给王僧朗，要求王僧朗当众侮辱嘲笑自己的儿子。江智渊很为难，刘劭不悦，竟莫名唾骂江智渊的父亲。面对这样的奇耻大辱，江智渊无可奈何，因为作为臣子，无法与天子抗辩，他满腹委屈又发泄不出来，难过地伏在桌子上大哭起来。

后来刘劭的一个宠妃去世了，追封谥号的时候，江智渊建议使用"怀"字。刘劭认为"怀"字太过平常，显示不出妃子非同一般的尊崇地位，便没有采纳他的意见。一天，刘劭和文武百官经过那位宠妃的香冢，刘劭目光凶狠地望着江智渊，用马鞭指着墓碑说："上面绝对不可以出现'怀'字。"江智渊惊恐不已，由于受到了惊吓，再加上过度焦虑，没过多久就病死了。

刘劭逼死了江智渊，继续肆无忌惮地捉弄大臣。他给臣子们取了各种各样不雅的绰号，管金紫光禄大夫王玄谟叫"北方佬"，嘲笑对方是个粗野的北方人，管仆射刘秀之叫"老抠门"，给刘秀之贴上了吝啬鬼的标签，管颜师伯叫"大板牙"，直接上升到了人身攻击，嘲笑对方的相貌。朝中大臣自太宰刘义恭以下，无论高矮胖瘦，形

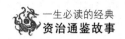

貌特征如何，几乎都被取了外号。

黄门郎宗灵秀大腹便便，体态肥胖，跪地叩拜时要花很大力气才能起身。每次聚会，刘劭故意不停地赏赐给他东西，目的在于观看他踉踉跄跄谢恩的滑稽样子。宗灵秀狼狈不堪，面红耳赤，费力地站起来的时候，总是一副汗流浃背的样子。刘劭见了，不由得捧腹大笑，开心得忘乎所以。刘劭戏弄完了大臣，经常让昆仑奴挥舞着棍棒痛殴尚书令以下的官员。官员们叫苦不迭，却不敢吭声，只能默默忍受突如其来的殴打。刘劭无缘无故地痛打过许多官吏，昆仑奴被训练得张牙舞爪，见谁都敢动粗，唯独在尚书蔡兴宗面前不敢造次。蔡兴宗为人刚正，平时不苟言笑，面目严肃，连玩世不恭的刘劭都敬畏他三分。

被唤作"大板牙"的颜师伯非常羡慕蔡兴宗，有一天他不无感慨地对仪曹郎王耽之说："现在满朝文武都成了皇帝取乐的对象，做臣子的，难免要遭受各种侮辱，而蔡尚书却能免遭戏弄，可见他非同一般，自有过人之处。"王耽之说："蔡豫章（蔡兴宗的父亲）在宰相府时，同样庄重严肃，具有凛然不可侵犯的威仪，没人敢嘲弄他，皇上举办私人宴会的时候，从不邀请蔡豫章。如今看来，蔡尚书确实继承了父亲的秉性和优点。"

智慧贴士

刘劭杀父夺位，凌辱臣子，是一个彻头彻尾的暴君加昏君，他把自己的快乐建立在别人的痛苦之上，费尽心思捉弄大臣，不是乱起绰号，就是迫使对方丑态百出，动辄使用污言秽语和暴力，以折磨人为乐。这样乖戾奇葩的国君自然不可能受到拥戴，在位仅三个月就被赶下台了，最后身首异处，正应了那句"多行不义必自毙"的古话。

齐 纪

《齐纪》上启建元元年（公元479年），下至中兴元年（公元501年），仅有22年光景，讲述的是南朝齐的历史。南朝齐是南朝国祚最短的王朝，由萧道成创建，因此又被称为萧齐。萧道齐原为刘宋王朝的武将，掌握了军政大权以后，逼迫年幼的宋顺帝禅位给自己，如愿成为了开国之君，后来萧衍故伎重演，逼迫齐和帝禅位，南朝灭亡。萧齐王朝以禅让制开始，以禅让制结束，比起流血的暴力革命，成本要低，但并不意味着这个王朝就和平安宁，远离残酷的争斗，儿皇帝不愿生在帝王家的悲呼，至今振聋发聩，年轻气盛的皇子被父亲和臣子活活逼死，令人感慨万端，功臣和君王之间的恩怨纠葛，令人深思……禅让得来的王朝同样充斥着刀光剑影、血雨腥风，存在着你死我活的较量，裹挟着谜一样的暴戾色彩。

傀儡儿皇帝的悲苦人生

建元元年（公元479年）三月，宋顺帝刘准封萧道成为相国，赏赐给他10个郡的封地。四月，刘准赐予萧道成王爵之位，又给了他10个郡的封地。不久，刘准宣布退位，把皇位禅让给了萧道成。

按照惯例前任皇帝退位的第二天应该朝见文武百官，完成禅位

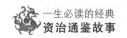
的仪式。刘准却迟迟不肯露面，悄悄地躲在了宫中佛像的宝盖之下。刘准年仅十三岁，还是一个稚气未脱的孩子，十岁那年，在萧道成的拥立下，他糊里糊涂地做了儿皇帝。长期以来，朝政大权一直把持在萧道成手里，他这个儿皇帝形同虚设，只是一个有名无实的傀儡罢了。后来萧道成步步紧逼，要求封官加爵，还要求他把皇位让给自己。刘准被逼无奈，只好答应了。

举行禅位仪式那天，刘准退却了，可能是因为心里害怕，也可能是觉得把自家江山拱手让给外姓人，愧对列祖列宗，所以躲藏了起来。萧道成希望早登大宝，等得不耐烦了，就让亲信王敬逼迫刘准就范，配合自己完成禅让的最后一个环节。太后担心萧道成伤害刘准，带着宦官到处寻找。好不容易找到了小皇帝，可无论怎么劝说，对方就是不肯出来。王敬一边威逼利诱一边劝说，刘准哭着爬了出来，不情愿地登上了板舆。临行前，刘准哭哭啼啼地问："是要杀掉我吗？"

王敬宽慰道："别害怕，只是让你搬到外面的宫殿住，当年你的祖先也是这样对待司马家的。"刘准听罢，泪如泉涌，悲叹道："我下辈子绝不生在帝王家了。"宫里的人听了，都感到一阵心酸，忍不住啜泣起来。痛哭了一场之后，刘准心绪稍解，情绪慢慢稳定了下来，他拍着王敬的手说："假如我没什么事，一切都顺利的话，就赠给你 10 万钱。"

当日，文武百官全都出席了，场面庄严肃穆。按照规矩，禅位仪式上，应由值班侍中谢朏解下小皇帝的玺绶交给即将上位的新皇帝萧道成。谢朏故意装糊涂，传召的人提醒他，马上把玺绶交给萧道成。谢朏说："我是宋臣，不为齐效力。"说完，继续蒙头大睡。传诏的使者害怕担责，就让谢朏装病，打算找人替代他移交玺绶。谢朏坦然地说："我没病，身体没有大碍，没必要装病推脱。"说完穿上了朝服，整理好衣冠，若无其事地乘车回家了，据不理会禅位之事。

最后，王俭暂时充任侍中，完成了玺绶的交接仪式。典礼结束后，刘准乘车前往太子府宅。半路上，他忽然感到十分郁闷："今天为什么不奏乐呢？"左右低头不语，周围一片死寂。右光禄大夫伏车痛哭："人人都想长寿安康，我却因为活得太久而悲伤。我要是早早死去了，就不会频频看到这种改朝换代的事情了。"言毕，泣不成声，百官也跟着哀哭。

司空褚渊捧着玺绶请求萧道成登基即位，萧道成欣喜若狂，却不肯接，装模作样地推脱了一番。褚渊的堂弟褚昭问自己堂侄褚贲："你父亲今天去哪儿了？"褚贲回答说："到齐宫萧道成那里送玺绶去了。"褚昭愤愤地说："我真是不明白，他为什么要把一家的东西送给另一家。"二十三日，萧道成即位，改国号为齐，创立了南齐政权。

智慧贴士

儿皇帝刘准小小年纪，就已经看透了人世的悲凉和权力斗争的可怕，所以发出了"奈何生在帝王家"的感慨。世人皆仰慕身份尊贵的皇族，却鲜有人知道皇族背后的心酸故事，皇室成员一旦大权旁落，境遇连平民都不如，不但身不由己，随时还可能遭遇杀身之祸，实在是令人同情。

巴东王屈死之谜

南齐巴东王萧子响勇武过人，擅长骑马射箭，亲自挑选了 60 名有胆有识、武艺超群的勇士做侍卫。他经常设宴款待侍卫，和大家

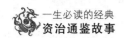

一同品尝美酒佳肴，还制作了一批精美的锦袍和漂亮的红袄，准备向少数民族换取武器。长史刘寅、司马席恭穆等人认为萧子响暗暗招兵买马，购入武器，有谋反的嫌疑，和蛮夷互通有无，有资敌的嫌疑，于是联名将此事密报给了武帝萧赜。

萧赜下诏要求彻查皇四子萧子响谋逆一事。萧子响听说父皇派官员追查自己，没有看到诏令，心生狐疑，于是盘问刘寅、司马席恭穆、魏景渊、吴修之、江悆等人。刘寅等人守口如瓶，拒不回答。吴修之说："皇上下诏了，无论如何都得想方设法搪塞过去。"魏景渊说："先把事情调查清楚再说吧。"萧子响一听，这些臣子要向调查嫌疑犯那样调查自己，勃然大怒，把刘寅等八人全部杀死了。杀完人之后，主动向武帝萧赜奏报了这件事。

萧赜本打算赦免萧子响，听说自己派去的人全被杀了，十分恼火，命令淮南太守戴僧静领兵征讨萧子响。戴僧静劝阻说："巴东王年轻气盛，刘寅等人可能在惶急激愤的情况下说了些重话，惹怒了巴东王，巴东王一怒之下犯下大错。天子的儿子误杀了臣子，算不上大罪。陛下派军队前去征讨，搞得人心惶惶，形势怕是会一发不可收。微臣不敢奉旨。"

萧赜沉默不语，不过也想大事化小小事化了，于是改派胡谐之、茹法亮、尹略带着数百名武士前去逮捕萧子响的党羽，并下诏说萧子响要肯回京请罪，就能得到赦免。张欣抬对胡谐之说："这次出征，凯旋得胜，换不来功名，落败而归则是奇耻大辱。萧子响纠集的都是一些凶残的暴徒，他们或者是为了利益钱财追随萧子响，或者是忌惮萧子响的威名被迫忠于他，无论如何，他们都不可能自行解散。假如我们告诉他们其中的利害，可能双方不用交战，就能制服他们。"

胡谐之没有采纳他的建议，率众来到江津，在燕尾洲修建防御工事。萧子响身着便服站在高高的城楼上，多次派人转告胡谐之说："我是不可能背叛父皇的，我不是乱臣贼子，只是一时冲动做错了事。我现在马上赴京领罪，你们没必要好费力气修建营垒，处心积虑地擒拿我。"尹略说："我们不和你这种背叛父亲的逆子谈判！"萧子响急得哭起来。

萧子响派人送去可口的饭菜犒赏官军，尹略毫不领情，把饭食统统倒掉了。萧子响把最后的希望寄托在了茹法亮身上，想要见见茹法亮，茹法亮不敢前去。萧子响转而要求跟茹法亮的使者谈判，茹法亮不肯派使者。萧子响派遣的使者刚一露面，就莫名其妙地被关押了起来。

萧子响气昏了头，纠集了 2000 多人布阵迎战。经过一场恶战，萧子响一举击溃了官军，尹略在混乱中战死，胡谐之等人狼狈败走。萧赜又派萧顺之领兵讨伐萧子响。萧子响当天带着随从乘船往建康赶。双方碰面了。萧子响试图向萧顺之澄清误会，萧顺之不理不睬。原来太子容不得弟弟萧子响，萧顺之离开京都之前，就嘱托他把萧子响杀掉。最后，萧顺之毫不留情地勒死了萧子响。萧子响遇害前，给父皇萧赜写了一封绝笔信："儿臣罪该万死，理应受罚。可是父皇您派胡谐之等人前来，不宣读圣旨，就树起战旗，在儿臣城池的对岸筑营。儿臣多次派人送信，要求约见茹法亮。可茹法亮始终不肯相见。手下的群小害怕，导致双方交战，一切都是儿臣的错。儿臣在本月二十五日准备缴械投降，希望能返回京城，在家里度过最后一个月，然后自杀谢罪。这样别人就不会讽刺南齐杀害皇子，儿臣也免去了忤逆父皇的恶名。可惜未能如愿，今天我就要死了，千言万语哽咽在喉，临别涕零，语不胜情，不知所云。"

过了很长时间，萧赜游赏皇家园林，看到有只母猴烦躁地窜来窜去，哀号不止。萧赜觉得非常奇怪，就问旁边的侍从那只母猴究

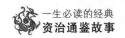

竟是怎么回事。侍从回答说："它的孩子前天坠崖摔死了。"萧赜瞬间联想到了儿子萧子响，不由得泪如雨下。事后，萧赜声色俱厉地责备了茹法亮。勒死萧子响的凶手萧顺之担心受到追究，惊恐万分，不久生了一场重病，病死了。方镇认为萧子响是叛臣逆子，兖州刺史垣荣祖说："这么说有失公允，是刘寅等人有负圣上的恩德，把巴东王逼到了无路可退的地步，才酿成了这样的恶果。"萧赜反思了整个事件，非常赞同垣荣祖的说法。

◈智慧贴士◈

萧子响屈死，是大臣苦苦相逼的结果，他们没有认真调查真相，也没有给萧子响面圣辩白的机会，致使萧子响不明不白被杀。但萧子响本人也有过错，他意气用事，擅杀朝廷派来的大臣，闯下弥天大祸，以致无法补救。萧子响死后，有人责备他叛逆，有人责备大臣处事不当，说明双方都有一定的责任，是非曲直很难厘清。

权力阴影下的功臣

齐武帝萧赜驾崩后，皇太孙萧昭业即位，萧鸾和王晏辅政。萧鸾是齐武帝的堂弟，拥有皇族血脉，想要废掉萧昭业，篡位自立。恰好萧昭业荒淫无度，不得人心，大臣都巴不得他下台。萧鸾很容易找到政治盟友。经过口风试探，他确信国之重臣王晏也想废黜萧昭业，于是两人合谋发动了政变，萧鸾夺取了皇位。有一天，两人在东府饮酒，谈到了政变一事，王晏拍着手说："我总说我胆小怯懦，现在不这么看了吧。"

王晏因拥立有功，开始居功自傲、忘乎所以，肆意评论齐武帝的功过，做事独断专行，十分霸道，还广结党羽，在朝野里安插了无数的亲信。种种出格的做法引起了萧鸾强烈的不满。由于国家大事仰仗王晏来处理，萧鸾一直没有公开翻脸，但心里已是极度厌恶王晏。始安王萧遥光建议杀掉王晏。萧鸾说："王晏拥立用功，且没有罪过。我不能滥杀。"萧遥光说："武帝在世时宠信王晏，恩不可谓不厚，王晏尚且不忠心，这样的人怎么可能对陛下忠心耿耿呢？"萧鸾认为他说的很有道理，于是派人到处收集不利于王晏的传闻。王晏每次和宾客交谈，都会屏退左右。萧鸾怀疑他在暗暗密谋造反，下定决心要除掉他。

不久，奉朝请（闲散官员）鲜于文粲（人名）上书说王晏策划谋反。陈世范上书说："王晏谋划在南郊祭祀那天，串通武帝的主帅秘密起事。"恰好有只凶恶的猛虎走出山林闯进了南郊的祭坛，萧鸾更加惊惧了。郊祀前夕，萧鸾感到非常不安，于是便取消了祭祀活动。王晏说："郊祀可是关乎宗庙社稷、国运兴衰的大事，皇上必须参加。"萧鸾听了这话，更加确信王晏要谋反了。

建武四年（公元 497 年），萧鸾召见了王晏，当天就降罪把他处死了。随后他下诏说王晏大逆不道，阴谋拥立河东王萧铉为帝。王晏帮助萧鸾篡位前，王晏的堂弟王思远说："兄长沐浴武帝的圣恩，不倾力辅佐新君，却伙同他人谋反，是为不忠不义。兄长不过是萧鸾用之即弃的工具，将来必无立锥之地，倘若现在能自刎谢罪，还能保全自己和家族的名誉。"王晏搪塞道："我正在喝粥，没空谈论政事。"

萧鸾当上皇帝后，王晏官拜骠骑大将军，身居显位，威风凛凛。他在家人面前得意地对王思远的哥哥王思徽说："思远曾经奉劝我自刎以谢天下，我要是听了他的话，怎能有今日的风光？"王思远说："你要是现在采纳了这个建议，还不算晚。"他认为萧鸾虽然慷慨授予王晏官爵，却一点儿也不信任王晏，早晚要痛下杀手，所以提醒王晏说："兄长是否发现近期发生的事情透着古怪，你不要总想着为别人谋划，却忘掉了自身的处境。"王晏没有吭声。王思远离开后，王晏望着他远去的背影，不满地咕哝道："世上竟有劝人自杀的人。"

王晏被杀后，萧鸾听说王思远劝告堂兄自杀成就清名，一再告诫王晏要提防现任皇帝萧鸾，不但没有降罪于王思远，还对他大加赞赏，擢升其为侍中。

智慧贴士

王晏是两朝老臣，在齐武帝时期有功于朝廷，在齐明帝萧鸾时期执政时期，因拥立有功，曾深得萧鸾器重。他身居显位，自恃有功便得意忘形，渐渐走向了不归路，终因遭到猜忌被杀。王晏老于世故，却忘记了最简单的一个道理，君王只信任忠心耿耿的臣子，他在背叛齐武帝，拥立齐明帝萧鸾的一刻，已经沦为贰臣，这就为日后的被杀埋下了伏笔。

梁　纪

《梁纪》上启天监元年（公元 502 年），下至绍泰元年（公元 555 年），囊括半个多世纪的历史，讲述的是南朝梁的历史和北朝的部分国史。南朝梁由萧衍创立，因此又被称为萧梁。萧衍是南朝齐宗室，以"梁"代"齐"，一度励精图治，使得国家进入了稳步发展时期，可惜他的继任者大多不成器，致使后期政局紊乱，国政大权渐渐落入高氏家族之手，国家长期处于风雨飘摇之中，最后被陈霸业所灭。北魏王朝由鲜卑人拓跋珪开创，后来分裂成了东魏和西魏。北魏、东魏政权也存在着国君大权旁落，权臣把持朝纲的问题，兴衰荣辱的过程与南朝极其相似。

视社稷为儿戏的大昏君

南齐东昏侯萧宝卷残暴无道，猜忌心重，整天疑神疑鬼，怀疑雍州刺史萧衍图谋不轨，派侍卫郑植借故探望弟弟郑绍叔，伺机刺杀萧衍。郑绍叔得知这个计划后，把刺杀阴谋悄悄地告知了萧衍。

有一天，萧衍在郑绍叔府第宴饮，席间用戏谑的口吻对郑植说："你奉朝廷之命来刺杀我，恰好赶上大家一起饮酒作乐，千万不要错过这个千载难逢的好时机啊。"宾客们听了，忍不住哈哈大笑。随

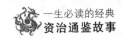

后，萧衍带着郑植查看了雍州的武器库和兵器。郑植离开前对弟弟郑绍叔说："雍州军事实力很强，不易攻取。"郑绍叔说："你回去后禀报皇上：假如他发兵攻打雍州，我一定誓死捍卫这座城池，与雍州共存亡。"之后，兄弟俩洒泪告别。

永元二年（公元500年），萧宝卷处死了萧衍的哥哥和弟弟。萧衍得知自己的兄弟被害，强忍住悲痛，连夜召集臣僚商量对策。他咬牙切齿地说："暴君恶贯满盈，暴虐无度，我们应该推翻他的统治，为天下人除害。"当天，他便调兵遣将，纠集了1万多甲兵，出动上千匹战马和3000艘战舰，准备水陆并进讨伐暴君。他吩咐士兵把大量的竹子和木柴装到船舰上，然后盖上厚厚的茅草，如此一来，火力十足的战舰便可以伪装成普通的船只了。

不久，萧衍和南康王萧宝融联合起来一同起兵造反。次年，萧宝融自立为帝，封萧衍为左仆射，授予其极大的权柄，允许他代表自己掌管军事。萧衍在作战过程中，屡次获得大捷，一路凯歌，很快兵临建康城下。萧宝卷下令坚壁清野，纵火焚城，然后把百姓赶入宫城，以宫城为堡垒，严防死守。当时守军共有7万人，萧宝卷斗志高昂，时常和侍从模拟作战的场景，佯装身负重伤，让人抬来抬去。他身披红色战袍，穿着金银制成的铠甲，骑着高头大马，一幅鲜衣怒马的打扮，招摇地出出入入。白天呼呼大睡，晚上查看敌情。听到鸣金声、喊杀声，就登楼观望，差点被流矢射中。官军大败时，萧宝卷仍然不肯赏赐将士鼓舞士气，茹法珍跪地顿首请求，萧宝卷说："叛军要抓的又不是我一个人，为什么要我拿出财物赏赐？"宫里存有一批木材，大臣请求用它修建防御工事，萧宝卷不准，打算日后修建宫殿用。

国难当头，萧宝卷却丝毫没有危机感，他满脑子想的都是游乐之事，催促士兵赶制兵刃，准备击溃叛军后驱逐百姓，快点儿出去游山玩水。他还催促工匠夜以继日地赶制金银器玩，以供自己消遣。人们都义愤填膺，故意拖延时间。城中的官民都琢磨着逃跑，军心动摇，民心溃散。茹法珍对萧宝卷说："大臣们不肯尽心竭力为朝廷效力，迟迟不能突围，应该把他们全部杀死。"王国珍和张稷怕被治罪，就暗中联络萧衍，派人送去了一块宝镜作厚礼，萧衍回赠了截断的金子，意思是大家同心、其力断金。

十二日初六夜，王国珍和张稷率众闯入萧宝卷的寝宫。当时萧宝卷正在吹奏笙箫纵情歌唱，陶醉在靡靡之音中，眼看大事不妙，拔腿就往北门跑，试图逃往后宫避难，但大门已经锁上了。萧宝卷插翅难逃，被一刀砍刀在地，惨叫了几声之后就一命呜呼了。张稷派人把萧宝卷的人头献给萧衍，然后宣布开城投降。

智慧贴士

萧宝卷是个荒唐透顶的大昏君，国家生死存亡之际，他仍然放不下贪念，执迷于享乐，结果自取其祸，一命呜呼。这样的昏君在中国历史上层出不穷，这也许就是中国频繁改朝换代的重要原因之一，可叹的是，朝代兴替了无数代，道统却千年不改，令人啼笑皆非的统治者始终在政治舞台上占据一席之地，一治一乱的循环怪圈，轮回了无数次，直到旧制度土崩瓦解，中国的历史才翻开崭新的一页。

手刃枭雄，最富血性的北魏皇帝

北魏孝庄帝和尔朱荣关系不睦，传言说君臣水火不相容，都想置对方于死地。公元 530 年九月，尔东荣的女儿尔东皇后待产，尔朱荣入宫照看，孝庄帝计划趁机铲除他。十八日，孝庄帝召见温子

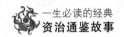
升，商量对付尔朱荣的事。孝庄帝谈到了王允杀董卓、曹魏被司马家族取代的历史事件，仰天长叹道："假如王允宽宏大量，杀掉董卓以后，能赦免凉州兵团，就能摆平乱局，不可能惨死于乱军中。"接着又说："我一定要诛杀逆贼尔朱荣，就算玉石俱焚也在所不惜。我宁愿像曹髦那样做最后一搏，壮烈地死去，也不愿像曹奂那样被逼着禅位，屈辱地苟活。"

孝庄帝计划诱杀尔朱荣、元天穆两位权臣，然后网开一面，赦免他们的党羽，免得步入王允的后尘，逼反那些走投无路的人。王道习说："尔东世隆、司马子如、朱元龙誓死效忠尔朱荣，他们非常了解军国大事，知晓国家机密，这些人不能留活口。"孝庄帝听从了他的意见，决定将这三人一并处死。元徽和杨侃说："陛下要是杀了尔东世隆，尔东仲元和尔朱天光必不投降，他们一定会负隅顽抗到底。"孝庄帝赞同这个说法，决定将尔东仲元和尔朱天光一同处决。

元徽又说："尔朱荣腰间悬挂着锋利的佩刀，情急之下他可能狗急跳墙伤人，出于安全起见，陛下还是暂且回避一下比较好。"孝庄帝决定不参与缉杀尔朱荣、元天穆的计划，吩咐杨侃在明光殿东侧设埋伏，待尔朱荣、元天穆出现，便冲出去，将他们迅速扑杀。不知何故，尔朱荣、元天穆入朝后，饭没吃完就匆匆忙忙离开了。杨侃没追上。

二十一日，尔朱荣上朝后，马上动身离开了，到陈留王家里痛饮了几杯，喝得酩酊大醉，之后托病不朝，一连好几日都没有出现。原来尔朱世隆早就知道孝庄帝的计划，私下里奉劝尔朱荣快点逃走。尔朱荣根本没把孝庄帝放在眼里，迟迟不肯动身。孝庄帝和心腹大臣都很害怕。

元徽说："陛下可谎称皇后已产下太子，召尔朱荣前来，到时寻找机会杀掉他。"孝庄帝迟疑地问："皇后怀孕只有九个月，没到分娩的时候，尔朱荣难道不会起疑心吗？"元徽说："很多产妇不足月就分娩了，尔朱荣不会怀疑的。"孝庄帝依言行事。

元徽把皇后产子的喜讯告诉了尔朱荣，当场表示庆贺，同僚络绎不绝地到府上贺喜。尔朱荣没起疑心，当天就和元天穆一同进宫了。元徽朝拜时，鲁按和李侃晞等大臣忽然提刀闯了进来。尔朱荣霍地站了起来，一个箭步扑到孝庄帝面前。孝庄帝从膝下猛地抽出一把刀，当场将尔朱荣斩杀。众人蜂拥而至，将元天穆乱刀砍死。尔朱荣的儿子尔朱菩提和30多名随从，皆为伏兵所杀。

尔朱荣暴死后，孝庄帝查看了他拟写的几分奏章，上面都是官员任免名单，留下的全是他自己的亲信，其余人等都是被罢免的对象。孝庄帝唏嘘不已："他要是今日不死，以后的局面就难以控制了。"百官听说两大权臣已被清除，纷纷赶来庆贺。孝庄帝很高兴，宣布大赦天下。

❀智慧贴士❀

一代枭雄尔朱荣权势熏天，风光一时，孰料竟死于傀儡皇帝孝庄帝之手，这是一个令人跌破眼镜的结局，可见不是所有的傀儡皇帝都绵软无力、怯懦无能。孝庄帝设计诛杀尔朱荣一事，足见其胆识和谋略，可惜他最后并没有摆脱傀儡皇帝的身份，在与尔朱家族的作战中失利，被尔朱兆杀害，结果令人不胜唏嘘。

敢于打骂指控君主的乱臣

东魏孝静帝元善见相貌英俊，仪表堂堂，他虽生得俊美却不阴柔，臂力过人，据说能徒手抱着沉重的石狮子轻轻松松逾越皇宫的高墙，且箭术了得，有百步穿杨之功。元善见能文能武，身姿矫健，

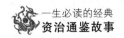
举止儒雅，有孝文帝的遗风。手握重兵的大将军高澄非常忌惮这个年轻有为的皇帝。

高澄桀骜跋扈，野心勃勃，一心想要独揽大权，密切关注着元善见的行动。中书黄门郎崔季舒负责监视皇帝的一举一动，经常向高澄禀报。高澄心里忌惮元善见，嘴上却颇多讥诮，曾写信问崔季舒："那个傻皇帝有长进没有，是不是比以前聪明些了？你应当留心观察。"

元善见血气方刚，喜好游猎，经常纵马狂奔，射杀猎物。监卫都督（官名）乌那罗受工伐在后面大喊："陛下不要让马跑那么快，大将军会怪罪的。"有一天，高澄陪元善见喝酒。高澄举杯道："臣劝陛下饮下这杯美酒。"说话的语气非常傲慢，仿佛和天子平起平坐一样。元善见不悦，恼恨地说："自古就不存在不灭王的国家，朕还要此生做什么？"高澄气急败坏地骂道："朕？朕？狗屁朕？"说完，命令崔季舒狠狠地打了元善见三拳，然后愤然离席。次日，高澄让崔季舒入宫好生慰问元善见，元善见对自己的失态表达了歉意，并赏赐给崔季舒上百匹布绢。

元善见身为君主，却被臣子谩骂殴打，他实在忍受不了这种奇耻大辱，时常吟诵谢灵运的诗抒情泄愤。常侍荀济明白元善见的苦衷，很想替皇帝分忧，于是就和元瑾、刘思逸、元大器、元宣洪、元徽等人密谋铲除高澄。由于皇宫里到处遍布高澄的耳目，他们打算修建一条秘密通道，把元善见带出宫，组织兵马征讨高澄。荀济等人以在宫苑里修建假山为借口，派人夜以继日地挖密道，挖到千秋门时，守门的军官听到了响动，马上把这件事情禀告给了高澄。高澄率兵气势汹汹地闯进大殿质问元善见："皇上为什么要反叛我们高家。我们父子两代人为国家鞠躬尽瘁，没做过对不起皇上的事。想来是你的侍卫和嫔妃教唆你这么干的。"说完，便让人把胡夫人和李嫔杀掉了。

元善见斥责道:"自古以来,只听说臣下反叛君主,从未听说过皇帝反叛大臣的。谋反的人是你,你又何必言辞凿凿地指责我呢!只有杀了你这个乱臣贼子,国家社稷才能安定。留着你,国家早晚要灭亡。我现在自顾不暇,早已将个人生死置之度外,又怎能管得了嫔妃呢?你想弑君谋反,什么时候动手悉听尊便。"高澄听了这番话,连忙跪地叩首,痛哭流涕地请罪。当夜摆酒设宴,郑重向元善见谢罪。三日后,痛改前非的高澄忽然变脸,露出了青面獠牙的凶相,命人将元善见囚禁了起来,把苟济等人押到人头攒动的热闹街市,扔到大锅里当众烹杀了。

智慧贴士

孝静帝元善见拥有明主的资质,可惜由于朝政被乱臣把持,很难有大作为,不仅无法施展政治才华,还要忍受乱臣的打骂侮辱,处境实在糟糕。在与高澄的较量中,他屡屡处于下风,不是因为个人的能力、智谋不及高澄,而是因为权柄早早滑落到了高氏家族手中,作为一个有名无实的帝王他没有反抗的资本,故而所有的努力全都付诸东流,所有的希望都化作了泡影。

深藏不露的"弱智儿"

元善见十一岁那年,被权臣高欢拥立为皇帝,建立了东魏王朝。元善见即位之初,由高欢辅政,高家由此权倾朝野。长期以来,元善见就是一个傀儡皇帝,虽然志向高远、文武全才,有希望成为一代英主,但始终脱离不了高家的掌控,可谓是壮志难酬。高欢去世后,长子高澄掌权,比高欢还要骄横,元善见受尽侮辱,处境更加

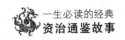

艰难。

　　高澄的弟弟高洋城府更深，他表面看起来很木讷，其实腹有韬略，心机颇重，非常擅长伪装。面对兄弟的取笑，高洋默不作声。高欢在世时，便察觉出这个儿子非同一般，认为他大巧若拙、懂得韬光养晦，智谋方面远胜过自己，将来必成大器。高欢曾经让儿子们整理一团乱丝，想借此考验他们的聪明才智。儿子们全都认真地埋头整理，丝絮越理越乱，高洋一刀把乱丝砍断了，美其名曰"快刀斩乱麻"。高欢觉得他很聪明，更加偏爱这个儿子了。

　　儿子们长大成人后，高欢拨给他们一大批兵马，让他们到战场上建功立业。然后命令都督彭乐带兵攻打自己的儿子，以此考验儿子们的胆识和军事才华。高澄和其他弟弟不敢上阵迎战，纷纷低声下气地求饶，只有高洋奋勇当先，闯入阵前与彭乐对抗。彭乐不敢伤害他，马上卸下盔甲，道出了实情。高洋将其捆绑，献给了父亲高欢。高欢非常高兴。

　　高欢死后，高澄继承了父亲的爵位。由于王侯之间的兄弟大多明争暗斗、争权夺利，高澄处处提防着高洋。高洋为人非常谨慎，他深知言多必失的道理，尽量闭口不言，还故意嘲弄贬低自己，几乎对高澄言听计从。高澄果然卸下了防御，更加瞧不起高洋，他总是用鄙夷的口吻对别人说："这样的人也能得到荣华富贵，不知相书里是怎么解释的。"

　　高洋给妻子李氏买的漂亮衣裳和各种精致的小礼物，都被高澄夺走了。李氏非常生气，不愿把新买的东西送给高澄。高洋故作轻松地笑着说："兄长需要什么，给他便是，怎么能舍不得这点儿东西呢？"高澄有时为自己的行为感到惭愧，会还回去一些东西，但凡退回的东西，高洋欣然笑纳，不多说一言。

　　东魏和梁朝交战的时候，高澄俘获了梁朝大将兰钦的儿子兰京，把他分配到厨房做奴仆。兰钦请求花高价把儿子赎回去。高澄不答应。兰京多次请求释放自己，表示愿意支付巨额赎金。高澄不胜其烦，挥起棍棒朝兰京一通猛打，并恶狠狠地威胁他说："马上闭嘴，再多说一个字，我就杀了你。"兰京忍无可忍，暗中纠集了六个人，打算刺杀高澄。

当时高澄居住在东柏堂，在那里和美丽动人的琅琊公主享受鱼水之欢。东柏堂地处邺城北城，高澄为了走动方便，不受外界打扰，把侍卫全都派到了外面。太清三年（公元549年），高澄唆使臣属逼迫元善见禅位。兰京忽然走上前来，要为大家奉上膳食。高澄不悦，厉声喝令他退下，然后对旁边的亲信说："我昨晚做了个噩梦，梦见奴才挥刀砍我，这样的奴才留不得，必须马上除掉。"兰京把凶器藏在了盘子下面，故作镇定地上前送食物。高澄怒道："我没吩咐你送饭食，为何又冒冒失失地闯进来？"

兰京抽出刀子朗声道："来取你性命！"高澄大骇，急忙窜到床底下躲避。兰京一把将床掀开，一刀刺死了高澄。高澄的心腹见状，慌作一团。杨愔落荒而逃，遗失了一只鞋，崔季舒躲到了茅厕里。陈元康用身体为高澄挡刀，肠子流了一地。高洋听说大哥遇刺，神色自若，当即指挥军队前去征讨逆贼，将包括兰京在内的作乱者全部杀死，然后对外宣扬说："奴才造反，大将军只受了点皮外伤，没有大碍。"虽然高洋秘不发丧，元善见还是听到了风声，他高兴地说："大将军终于死了，看来冥冥之中自有天意，大权应该归还皇家了。"

十一日，高洋觐见了元善见，当时有200多名全副武装的卫兵随行。他貌似着急地说："我有要事在身，必须马上前往晋阳。"拜了两拜，便拂袖而去。元善见忧心忡忡地说："高洋似乎不能容我，我不知道自己哪天会被害死。"高洋到了晋阳以后，容光焕发，神采

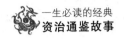

奕奕，言辞十分得体，与从前木讷老实的形象相比，简直判若两人，在场的大臣都非常吃惊。

◈智慧贴士◈

高洋是个深藏不露的狠角色，表面愚钝不堪，如同弱智，实际上是在韬光养晦，刻意隐藏实力。哥哥高澄遇刺身亡以后，他才摘下面具，处心积虑地抢夺大位。高洋即位后，成了比高澄更毒辣更暴虐的人物，由此可见不会呆笨的笑面虎才是最可怕的，这类角色一旦得势发起狠来，往往比张着血盆大口的猛虎要恐怖百倍。

陈　纪

《陈纪》上启永定元年（公元 557 年），下至至德二年（公元 584 年），仅有短短 27 年历史，讲述的是南朝陈的国史和部分北朝历史。南朝陈由陈霸先开创，是中国历史上唯一一个以国君姓氏命名的王朝。陈朝创立时，南朝整体国力趋于衰弱，北朝渐渐变得强盛起来，东魏权臣高欢之子高洋废掉了傀儡皇帝，登上了帝位，创建了北齐，北齐诸帝大多昏聩不堪，致使国家动荡不安，最后被北周所灭。

杀侄夺位血腥皇权路

公元 550 年，高洋逼迫元善见退位，自己登基做了皇帝，改国号为齐，史称北齐。高洋即位后，终日纵酒享乐，因酗酒过度病倒了。在位九年后，高洋油尽灯枯，自知将不久于人世。临终前他气息微弱地对李太后说："人皆有一死，世上已经没有什么值得我留恋了。只是太子太过年幼，我担心乱臣会篡夺了他的皇位。"随后又悲愤地对常山王高演说："你可以夺走皇位，但千万不要伤害我儿子。"

高洋驾崩后，太子高殷即位。次年，顾命大臣杨愔决定削减高演、高湛两位藩王的势力，以保证新主坐稳江山。高演、高湛奋起反击，杀死了杨愔。高演想要排挤异己，大肆清洗反对自己的大臣，时常和谋臣王晞商量此事。王晞是个儒生，言语迟缓，讲话文绉绉，高演担心自己麾下的武将讨厌他，白天故意对他不理不睬，晚上派出车子把他接到府上咨询事务。有一天，高演把王晞召入密室说："王公大臣最近逼人太甚，说我违背天意，迟早出乱子。我想以妖言惑众罪惩治他们，你怎么看？"

王晞说："皇上最近与宗室子弟日渐疏远，您仓促间杀了杨愔，行为已经逾越了人臣之道，从皇上到臣子没有不怀疑你的，所以你是不能长久拥有权势的。"高演大怒："你好大的胆子，居然敢污蔑本王，我要依法惩治你！"王晞说："天时人意，没有不同，所以我才敢冒死进言，这么做也许是神明赞许的吧。"高演说："力挽狂澜拯救国家，匡扶社稷，要等圣贤出现才行，我怎敢私下随便议论呢？你也不要再谈论了。"

郎陆杳奉命出使外前拜见了王晞，请求对方劝高演即位。王晞转达了陆杳的意思。高演说："如果大臣们都希望我登基，赵彦深从早到晚都待在我身边，他为何从未开口讲过这件事？"王晞于是便利用闲暇时间试探赵彦深。赵彦深说："对于这些舆论，我非常震惊，每次想发表意见，都三缄其口，因为害怕不敢妄言。你既然已经说出来了，那我也要冒死表达我的看法了。"于是和王晞一同奉劝高演登基。高演把臣子的意见转达给了太皇太后。赵道德说："殿下应该尽心竭力地辅佐皇上才是，亲族相侵，难道就不怕后人说你是乱臣贼子，谋朝篡位吗？"太皇太后赞同赵道德的说法。

不久，高演以天下未定政局不稳，唯年长者即位才能处理变故为由，要求早日登基。太皇太后担心江山易主，被外姓人篡夺，就同意改立他为皇帝。不管怎么说高演都有皇族血统，禅位给他，总比让乱臣贼子谋朝篡位好。八月初三，太后下诏废黜高殷，扶立高演为皇帝，再三叮嘱高演千万不要伤害高殷。孰料高演登基的第二年，便派人毒杀年幼的高殷，高殷挣扎着不肯喝毒药，凶徒暴怒，竟将他活活掐死了。高殷死后，高演又开始后悔对侄子痛下毒手，怅然了很久。

同年十月，高演在游猎的时候发生了意外，一只野兔忽然从树林里窜了出来，马受了惊，一跃而起，将高演掀翻在地。高演受了重伤，肋骨当场摔断了，不久即不治身亡。高演临死前，太后一再追问高殷的下落，高演低头不语。太后震怒，气冲冲地说："你把他杀了吧？不听哀家的告诫，死了也活该。"说完便扬长而去。

◈智慧贴士◈

高演为了巩固自己的权势，竟狠心对年幼的侄子下毒手，已然到了丧心病狂的地步。可叹的是，他在位没有多久，便意外死去了，一切的血雨腥风、阴谋诡诈归于沉寂，正应了《红楼梦》中的那句"落了片白茫茫大地真干净"。荣华富贵、至尊权力不过是虚无的存在，唯有生命最为可贵，谋权害命，为权而死，都是不值得的。

赌上国运的北朝鸿门宴

北周太师宇文招欲谋害丞相杨坚，把杨坚邀请到了自家府宅，安排儿子和妻弟全副武装侍立一旁，又在外面埋伏了刀斧手，在座席和帷幕中藏了一些杀人利器。杨坚没有带侍卫，只有从祖弟杨弘、大将军元胄陪同他一道去了宇文招的府上，这两位大将都很勇猛，一看就不是等闲之辈。

酒过三巡后，宇文招开始给杨坚削瓜果，手里拿着锋利的佩刀，一丝不苟地削着果皮。元胄见状，觉得情势万分凶险，便上前一步对杨坚说："相府还有事要办，天色不早了，您该打道回府了。"宇文招怒道："你懂不懂礼数？你有什么资格打断我和丞相的谈话？"说完，喝令他马

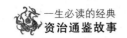
上退下，不许多言。元胄十分生气，怒目圆睁，一只手紧紧地按着刀柄，一幅凛然的姿态，寸步不离地护卫着杨坚。宇文招见状，态度马上缓和下来，令左右给元胄上酒，然后和颜悦色地说："你何必这么紧张？我请丞相赴宴完全是出于善意，难道会害他不成？"

过了一会儿，宇文招假装醉酒呕吐，想要借故离席到后阁安排刀斧手行刺。元胄害怕其中有诈，担心有什么变故发生，小心翼翼地扶着歪歪倒倒的宇文招，不让他走开。宇文招想把元胄支开，谎说口渴，让元胄到厨房取水给自己喝。元胄置若罔闻，站在原地一动不动。双方僵持的时候，滕王宇文逌过来了。杨坚依照礼节走下台阶迎接。元胄对杨坚耳语道："情形不妙，恐怕有变，此地不宜久留，最好马上离开。"杨坚不以为然地说："他现在手上没有兵马，有什么可怕的？"元胄说："可是军队听他号令，他要是想先发制人，谋害丞相，我们就完了。元胄不是贪生怕死之辈，但不能糊里糊涂地白白枉死。"

杨坚听不进去，又回到了座席上，继续无所顾忌地饮酒。元胄侧耳倾听，听到了武士披挂战甲窸窸窣窣的声音，再次走到杨坚面前说："相府公务繁忙，您该回去了。"说完强行拉杨坚走，紧接着用自己健硕的身躯把屋门挡住了，宇文招没有办法出去。元胄看杨坚走远了，已经平安出了大门，才大踏步从后面赶了上来。宇文招错过了刺杀杨坚的最佳时期，怅恨不已。

几日后，杨坚开始反击，给宇文招及其兄弟宇文盛扣上了谋反的帽子，将两人以大逆罪处死，把他们的儿子也杀死了。元胄因为护主有功，得到了大量的赏赐。

智慧贴士

隋朝开国皇帝杨坚险些死于北朝版的鸿门宴，幸运的是，他有元胄这样胆大心细，有勇有谋的将士出手相救，这才得以逃出生天，顺利铲除政敌，开创一个崭新的时代。

隋　纪

《隋纪》上启开皇九年（公元589年），下至义宁元年（公元617年），只有短短28年历史，讲述的是隋朝的历史。隋朝由隋文帝杨坚创建，是大一统的王朝，结束了南北分裂、政权割据的局面。可惜仅仅存在了短暂的28年，就断送在了隋炀帝杨广手里，二世而亡。杨广杀父屠兄淫母，为天理所不容，又穷兵黩武，频繁发动对外战争，耗尽了国库，把好好一个盛世王朝败坏殆尽，最终迎来了亡国的厄运。

梦断胭脂井的风流后主

祯明二年（公元588年），隋文帝杨坚欲完成统一的大业，想要发兵征讨陈朝。为了师出有名，下诏列举陈朝的种种罪恶，给后主陈叔宝罗列了20宗罪，以诋毁其形象。这份声讨诏书传抄了30万份，在江南大街小巷传开了，陈叔宝因此臭名远扬，隋朝的征讨之师就变成了正义之师。

十月二十八日，大隋向陈朝正式宣战。杨坚郑重其事地祭告了太庙，紧接着调兵遣将、进行军事部署。十月初二，杨坚亲赴前线，给即将走上战场的众将士践行。大军浩浩荡荡地出发了，经过马不

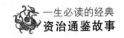

停蹄的辛苦行军，没过多久就抵达了长江北岸。后主陈叔宝听到军情之后，丝毫没把隋军放在眼里，迟迟没有派兵迎战，只是让文武大臣商量对策。由于奸佞从中作梗，朝廷始终没有拿出像样的作战方案。

陈叔宝曾经非常自信地对近臣说："此地有王气，受上苍眷佑，齐军三次大举入侵均无功而返，周军两次来犯全都是大败而归，隋军是不可能打过来的。"都官尚书孔范说："长江隔断南北，是难以跨越的天险，敌军难道能飞渡过来不成？边将急于建功立业，故意把军情说得那么紧急。我官阶低微，如果隋军真的能越过长江打过来，那我早就加官进爵荣升为太尉了。"

不久，有人谎报军情，说隋军的战马大批大批地死掉了。孔范怒喝道："那些马将来都是我们的，怎么能让它们大量死掉呢？"意思是隋军必败，牲畜马匹必被陈朝的军队俘虏。可见陈朝的大臣都有骄傲轻敌的倾向。陈叔宝也认为隋军不足为惧，因此没有花任何力气部署军事防备，继续喝酒享乐，观赏歌舞，吟风弄月，赋诗附庸风雅。

开皇九年（公元589年），隋军顺利跨过了长江天险，大举向建康进发。建康守军超过10万人，陈叔宝听说敌军快要打过来了，顿时惊慌失措，吓得日夜哭泣，把军政大事全权委托给了施文庆。施文庆和将领不和，唯恐将领们在战场上立功，于是上疏说："将领向来不知足，平时骄纵惯了，不愿服从陛下的命令，如今情况万分危急，更不能信任这些人了。"此后将领们上奏，陈叔宝都不肯批准。

隋将贺若弼发兵袭击京口时，萧摩柯向陈叔宝上奏，请求领兵迎战，遭到了陈叔宝的断然拒绝。贺若弼向钟山进发的时候，萧摩柯上疏说："隋军尚未深入，营寨和防御工事都没建好，这个时候出奇兵袭击，一定会大获全胜。"陈叔宝不听，事后宣萧摩柯、任忠入宫商量对敌之策。任忠说："深入敌区速战速决为宜，在自己的领地作战，还是保守持重一些更合适。如今我朝兵力雄厚，粮草充足，适合坚守。不妨坐守台城，沿秦淮河建造御敌的栅栏，隋军要是前来挑战，我们最好以逸待劳、坚守不出。然后派两路兵马阻断长江的水路，截断隋军传递军情的通道，拨给我 1 万军队 300 艘战船袭击六合镇。隋军会误认为越过长江的军队被我们俘虏了，士气必然会很低落。淮南百姓熟悉我，我在那里有些威望，他们听说我来，一定会率众响应。到时我们对外散布消息说要攻打徐州，趁机阻断隋军的后路，隋军肯定军心大乱，不攻自退。到了雨季，江水暴涨，处在长江上游的周罗睺肯定顺江而下来支援我们，到时隋军必败。"

陈叔宝没有采纳他的意见，次日，忽然不耐烦地说："这样对峙下去不是办法，让萧摩柯领兵出战吧。"任忠苦苦恳求陈叔宝不要贸然出战。孙犯主动请缨出战。陈叔宝批准了，让他随军出征，而后慷慨地拿出金银财帛犒赏三军。二十日，鲁广达在白土冈布阵，任忠、孔范、萧摩柯在最北面安营扎寨。营垒纵横绵延约 20 里，军队首尾不能相顾，且通讯不畅，不知道对方是进是退。贺若弼带着一批骑兵部队浩浩荡荡地奔赴钟山，到达了山顶，凭高远望，侦察敌情，掌握了军情之后，迅速下山，纠集部众和士兵，摆开阵势应敌。

陈叔宝曾经和萧摩柯的夫人偷情，萧摩柯不想为这样的君主死战，作战过程中一直比较消极被动。唯有鲁广达拼死抗击隋军，数次打退敌军的进攻，歼敌 273 人。贺若弼惨败，马上燃起烟火扰乱视线，这才稳住了军心。陈朝的官兵纷纷捧着敌首邀功请赏，一时得意忘形。贺若弼趁其不备，袭击了孔范的军队。孔范麾下的将士猝不及防，被打得落花流水，陈朝各路军见状陷入了混乱，纷纷溃散，人踩马踏，死了 5000 人。萧摩柯兵败被俘。贺若弼喝令左右将其推出去斩首。萧摩柯面不改色，那种临危不惧的勇气感染了贺若

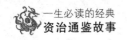

弱，贺若弱不仅没杀他，反而对他礼遇有加。

任忠灰头土脸地逃回了建康，向陈叔宝汇报了军情。陈叔宝给了他一些金子，要求他招募兵马再战。任忠想要乘船逆流而上，和上游各路军会师。陈叔宝同意了。孰料等了很久，迟迟没有消息。原来任忠已经率众投降了。非但如此，他还带着隋朝大将韩擒虎攻入了朱雀门，守军想要力战，任忠劝说道："陈朝大势已去，连我都顺应时势投降了，你们还抵抗什么？"守军闻言，一哄而散。

陈朝的官员在大敌当前的情形下纷纷逃走，只有少数几个人留了下来。陈叔宝慌了，想要躲藏起来。大臣袁宪劝陈叔宝效法梁武帝萧衍，泰然自若地面对敌人，尽可能体面地投降。陈叔宝不听，打算藏到枯井里避难。夏侯公韵跑过来阻止，把井口挡住了。两人争执了很长时间，陈叔宝才得以跳入枯井。

隋军已经猜到有人会藏到枯井里，朝井口查看了良久，又往里面投掷石头。陈叔宝没能沉住气，忍不住呼叫。众人用绳子把他拉了上来。井下还藏了三位妃嫔，也被拖了上来。太子陈深年仅15岁，稚气未脱，却比父皇陈叔宝镇定，隋军破门而入闯进来的时候，他神色自若地慰劳前来捉拿自己的将士："诸位千里迢迢远道而来，一定很辛苦吧。"隋军对他肃然起敬。

智慧贴士

后主陈叔宝没有什么可圈可点的政绩，他最为人所津津乐道的是亡国之后，携嫔妃躲藏在胭脂井中避难的狼狈相。在位期间，他荒淫误国，下台以后，依旧十分猥琐，种种表现，连自己15岁的儿子都不如，难怪会沦为亡国之君。

陈叔宝：沉迷笙歌艳曲，酒色误国

陈叔宝之所以断送了陈朝的江山，是因为他是一个昏庸的君主，在位期间荒淫好色，滥征民力，广修宫殿，一点都不关心国计民生。他修建的三座楼阁，皆高耸入云，足有几十丈高，华屋美宅数十间，窗户、门槛、阑干全都是用名贵的檀香木和沉香木制成的，散发着一种自然的清香，上面装饰着金玉翡翠，看起来非常豪奢。室内陈设精致瑰丽，异常华美，古今罕见。清风徐来时，方圆几里外都能闻到楼阁的香味。楼阁下面设有精巧的假山和一泓池水，其间遍布奇花异草，景色无比优美。

陈叔宝的寝宫和嫔妃的香阁有走廊相连，他随时都可以走过去宠幸美人。陈叔宝和妃子们在玲珑宝塔一样的精美楼阁上观赏朝晖夕阴、春花秋月，不时嬉闹调情，好不快活。宰相江总、都官尚书孔范等文官经常陪伴陈叔宝宴饮，君臣只知道喝酒赏景，对政事漠不关心。酒席上，陈叔宝常令妃嫔、臣子吟诗作赋，选取风格绮丽者配上靡靡之音，以供传唱。当时流行的曲目有《玉树后庭花》《临春乐》等，这些柔靡动情的歌曲都是赞颂后宫嫔妃美艳姿色的。君臣一边听着这样的曲子，一边痛快地饮酒，欢闹到深夜也不散场。

陈朝灭亡后，陈叔宝成了亡国之君，被押送到了隋文帝杨坚那里，杨坚没有为难他，赏赐给了他大量财物，每次见他的时候，都给予其三品官员的礼遇。杨坚担心陈叔宝出席宴会时，弹唱吴地的音乐，会让陈叔宝触景生情，想起逝去的故国，引发亡国忧思，于是禁止宫廷乐队表演吴地的歌舞乐曲。但事实证明，杨坚有些自作多情了，陈叔宝丝毫不懂得什么叫作亡国之痛。他居然希望能在隋

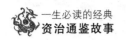

朝谋得个一官半职。

杨坚听了，不禁感叹道："陈后主真是没有心肝啊，竟如此麻木不仁！"负责看守陈叔宝的官吏说："他时常喝得烂醉如泥，大部分时间都在醉梦中，少有清醒的时候。"杨坚问："他每天喝多少酒？"看守的官吏说："每日跟随从弟子开怀痛饮，大约要喝下一石酒。"杨坚听罢，非常吃惊，嘱咐官吏控制陈叔宝饮酒，后来又改口说："算了，随他吧，不让他随心所欲地喝酒，他又靠什么消磨时光呢！"

智慧贴士

杜牧的一句"商女不知亡国恨，隔江犹唱《后庭花》"，成为千古绝唱。而欣赏《后庭花》的亡国之君指的就是后主陈叔宝。因为沉迷于笙歌艳曲，终日不务正业，被隋文帝杨坚击败并俘获。国家灭亡之后，仍然狂歌痛饮，烂醉如泥，实在不可救药。

最苦命的和亲公主

大义公主原本是北周皇族宗室之女，父亲是赵王宇文招，因为朝廷的和亲政策，远嫁东突厥，后来杨坚篡夺了北周的政权，建立了隋朝，赐封这位前朝千金为大义公主。起初杨坚对大义公主十分友好，把陈叔宝用过的漂亮屏风赏赐给了她。大义公主不领情，挥笔在屏风上写下了一首叙述陈朝被隋军灭亡的小诗，借以抒发亡国之悲。杨坚听说后十分生气，以后很少赏赐大义公主东西了。

彭公刘昶曾经迎娶北周宗室女子为妻。后来有个叫杨钦的叛将流落到了突厥，谎称刘昶和妻子想要联合突厥的力量反隋，派他来禀报大义公主。都蓝可汗信以为真，马上停止向隋朝朝贡，不再俯首称臣，还经常派兵袭扰边境。

开皇十三年（公元 593 年），杨坚派长孙晟出使突厥，借机观察突厥的动向。大义公主态度傲慢冷淡，对来者十分抗拒，还暗中派情人安遂迦怂恿都蓝可汗起兵反隋。长孙晟回去复命时，如实把自己掌握的情报汇报给了杨坚。杨坚大怒，派长孙晟前往东突厥索回叛徒杨钦。都蓝可汗不肯交人，口口声声说不曾见过杨钦。长孙晟于是用重金收买了突厥的达官显贵，打探到了杨钦的行踪，派人于月黑风高之夜将其俘获，带到都蓝可汗面前对质。

长孙晟当众揭穿了大义公主和安遂迦私通的丑事。大义公主的第一任丈夫是突厥首领沙钵略可汗，沙钵略可汗去世后，按照突厥人的传统，她先后转嫁给了叶护可汗和都蓝可汗。多次改嫁之后，她对婚姻以及贞操节烈的看法发生了改变，所以才和安遂迦有了私情。突厥人虽不像汉人那样看重妇女的贞洁，但听说可汗的妻子红杏出墙，与其他男人有染，也都深以为耻。都蓝可汗非常生气，把安遂迦捆绑了起来，交给长孙晟处置。长孙晟返回京师以后，得到了加官晋爵的赏赐。杨坚又交给了他一个任务，派他再次前往突厥，想方设法废除大义公主的名号。有个叫裴矩的大臣认为应该想办法怂恿都蓝可汗除掉大义公主。

统治突厥北方的突利可汗有意和隋朝通婚交好，杨坚同意了，开出的条件是杀掉大义公主。突利可汗于是经常在都蓝可汗面前进献谗言，添油加醋地诋毁大义公主。都蓝可汗暴怒，一气之下处死了大义公主，不久请求和隋朝联姻，恳请大隋把公主嫁给自己。

❀智慧贴士❀

大义公主经历了国破夫丧的悲剧，为了入乡随俗被迫改嫁，心中自然十分苦楚，可这个烈性女子一直没有忘记复国的梦想，试图借助突厥的力量打击隋朝，可惜她的谋算最终被一场见不得光的爱情破坏了。因为和安遂迦私通，被杨坚借刀杀人，惨死在了最后一任丈夫的刀下。

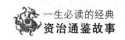
杀父淫母的无道昏君

　　仁寿四年（公元 604 年），杨坚在消暑胜地仁寿宫染上了重疾。病情越来越重，感觉死之将至，急招太子杨广前来侍奉。杨广认为父皇过不了多久就会归天，最好提前做好应对准备，顺利接手皇位，于是写了一封密信给尚书佐仆射杨素，询问有关登基注意的事项。杨素写了回信，结果送信的宫人走错了方向，误把这封信送到了隋文帝杨坚的宫室。杨坚读过信之后，非常气愤，他万万没想到儿子居然那么迫不及待地想要登基，不但丝毫不关心自己的病情，还盼望自己早点儿驾鹤西去，如此大逆不道，实在令人痛心疾首。

　　杨广不仅觊觎父亲的皇位，对父亲身边美貌端庄的爱妃也垂涎三尺。陈夫人有闭月羞花之貌，深受杨坚宠爱。有一天早晨，她起身如厕。杨广尾随而至，逼迫她就范。陈夫人拼死反抗，才保住了名节。她心怀忐忑地回到了杨坚的寝宫。杨坚见她神色慌乱、羞愤难当，忍不住问了几句。陈夫人痛哭着说："太子对臣妾无礼！"杨坚气得直捶床榻："我怎能把江山交给这个人面兽心的畜生！独孤皇后误我！"当年杨坚就是因为听了独孤皇后的劝谏，才立杨广为太子的。如今想来，悔不当初。怅恨良久之后，杨坚对杨述、元岩说："把朕的儿子招来。"

　　二人以为说的是杨广，杨坚说，把废太子杨勇叫来。二人马上起草诏书宣杨勇觐见。杨素听到这则消息后，禀告给了杨广。杨广认为杨坚可能要恢复大哥杨勇的太子之位，然后把大好江山传位给杨勇。为了阻止这件事情发生，他立刻矫诏拘捕了杨述、元岩两个知道内情的大臣，随后带着卫兵闯进了杨坚的寝宫。没过多久，杨坚驾崩的消息就传了出来。一时间宫廷内外议论纷纷，人们都认为杨坚的死与杨广脱不了干系。

陈夫人听说杨坚已经被太子杨广害死，和宫人面面相觑，顿时吓得花容失色。傍晚，杨广派人送来一只做工精巧的金盒，封纸上赫然写着"赐给陈夫人"几个醒目的大字。陈夫人吓得瑟瑟发抖，以为里面装的是毒酒，杨广要逼迫自己自尽，久久不敢把盒子打开。使者再三催促，她才颤颤巍巍地将盒盖打开了，里面没有毒酒，只有几枚象征永结同好的同心结，原来杨广是在向她求爱。宫人们见状喜出望外，开心地说："这下可好了，我们可以免除一死了。"陈夫人的脸上却没有一点儿劫后余生的喜色，她因为再次受到杨广的调戏而暗暗生气。宫人们逼迫她回礼，她才勉强拜谢了送礼盒的使者。当夜，杨广就去了陈夫人的寝宫，和佳人度过了一个销魂的夜晚。杨广即位后，假传先帝遗诏，把大哥杨勇赐死了，自以为从此就可以高枕无忧了。

智慧贴士

杨广逼杀亲父，奸淫庶母，害死长兄，罪恶累累，罄竹难书，因此被视为暴君的代表。杨广的行为与其他暴君并没有太大区别。在争夺皇权过程中，杀父杀兄是一种较为常见的现象，因为对于非嫡长子而言，父兄是自己登位最大的障碍。可笑的是，一直标榜孝悌之道的统治者，自己从不遵守最基本的道德规范，最先抛弃了孝悌观念，将杀父弑兄发展成了一种传统。

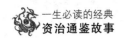

葬送大隋基业的高丽之战

大业六年（公元610年），隋炀帝杨广责备高丽王有失礼数，以此为由发兵征讨高丽，强令国内富人为朝廷购买战马。马匹瞬间变成了战略物资，价格突飞猛涨，一匹强壮健康的骏马价值足有10万钱。紧接着，杨广又派人仔细挑选精锐的新式武器，打算对高丽进行犁庭扫穴式的攻伐。

次年二月，元弘嗣奉命前往东莱海口督造征讨高丽的战船，需要在短时间内打造出300艘大船。由于工期太紧，造船的民夫不分白天黑夜泡在水里不停地劳作，腰部以下被水泡烂了，长出了蛆，累死病死者不计其数。四月，隋炀帝征调了大量的士兵、水手和弓弩手。五月，征调5万辆战车，让兵丁自己运送辎重和军需物资。七月，征发民夫、战船，运送军粮，当时江上运粮的船只绵延数千里，场面蔚为壮观，在陆地上押运兵器辎重的步卒多达数十万，人们夜以继日地赶路，不少人死在半路上。道路上尸体相枕，臭气熏天，景象惨不忍睹。

由于动用了太多的劳力，致使大片土地荒芜，田地里杂草丛生，庄稼大幅度减少，本来粮食就匮乏，却大批大批地运往战场，民间发生了严重的饥荒，谷物价格飞速上涨，东北边疆一斗米的价格飙升至好几百钱。当时贪官污吏横行，变本加厉地盘剥百姓，百姓被搜刮得一无所有，日子过得苦不堪言。不少老实巴结的农民在饥寒交迫中死去，而善于以权谋私、敲诈勒索的人却活得异常滋润。老百姓被逼上了绝路，被迫聚众为盗。大业八年（公元612年），杨广纠集了113万人马进攻平壤，负责押运辎重的人数超过士兵的两倍。

举行完祭祀仪式之后，杨广开始调动军队，准备作战。从初三日开始，每天有一支军队出发，两军相隔40里，彼此都能听到鸣金击鼓的声音。

六月，隋军跨过了鸭绿江，对高丽军队发起了进攻。大将军宇文述在短短一天之内，与敌人进行了七次激烈的战斗，连战连捷，成功蹚过萨水，把战线推到了距离平壤城30里的地方。由于平壤固若金汤，守军顽强抵抗，隋军久攻不下，只好撤退。七月，宇文述第二次横渡萨水时，遭到了高丽人的袭击，军队刚刚度过一半，高丽兵出其不意地发动了突然袭击。隋军溃败。王仁恭的军队猛烈回击偷袭的高丽人，终于将对方打退了。

这次战斗隋军损失惨重，横渡萨水时士兵总计有30.5万人，活着返回辽东城的不足3000人，兵器、辎重大部分都丢失了。第一次讨伐高丽，隋军败多胜少，没有取得预期的战果。次年正月，杨广再次招募士兵、储备粮食，准备远征高丽。他曾经对身边的侍臣说："我大隋乃天朝上国，居然受高丽小国的轻慢，是可忍孰不可忍，以我们现有的国力，什么事情做不到，打败小小的高丽，难道不是志在必得吗？"

由于推行穷兵黩武的政策，国内民不聊生，农民运动风起云涌，杨广满不在乎，坚持要讨伐高丽，自己亲自赶到辽东战场督战。四月，隋军向平壤进军。他们使用云梯攻城，并秘密挖通了暗道，从不同的方向攻打平壤。高丽守军临阵不乱，见机行事，兵来将挡，土来水淹，抵挡住了隋军猛烈的攻势。眼看20多天过去了，攻城行动仍没有任何进展。杨广突发奇想，让士兵赶制了上百万只布袋，往里面填满土，层层堆积起来，达到城墙的高度。这样隋军踩上去，就能逾越坚不可摧的城墙，顺利攻城了。他还命人设计出了一种新式的楼车，方便弓弩手凭高射箭。

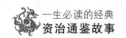

关键时刻，军队中传来杨玄感起兵作乱的消息。杨广只好班师回朝，第二次讨伐高丽无功而返。一年后，杨玄感之乱平息。杨广又开始琢磨着远征高丽。他召集百官，商议出兵事宜。官员们沉默不语，态度比较消极。杨广一意孤行，执意要讨伐高丽。来护儿取得了毕奢城大捷，高丽王高元请降乞和，杨广很高兴。来护儿想要趁机攻取平壤，活捉高丽王，建立不世功勋，但崔君素认为将在外，没有皇上的诏命不能擅作主张，因为害怕自己受到牵连，逼迫来护儿班师回朝。按照约定，高丽王高元应该前往西京觐见杨广，不知什么原因，他并没有前来。杨广大怒，打算再次征讨高丽，不过这次没能成行，讨伐高丽一事就这样不了了之了。

隋朝刚刚建立的时候，非常富强，处处都是繁华的胜景，杨广耗尽国力三征高丽，动摇了大隋统治的根基，隋朝由盛转衰，最终走向灭亡，原因便在于此。

智慧贴士

隋炀帝杨广三征高丽，体现出其穷兵黩武、好大喜功的一面，无休止的征战不仅耗干了国库，还葬送了大隋的基业，使得强盛一时的大隋王朝昙花一现，着实可悲可叹。

靠山为王，劫掠为生的义军领袖

东郡法曹翟让犯了法，论罪当斩，由于此人骁勇刚猛，受到狱吏黄君汉的赏识。黄君汉不忍心让这位豪杰伏法，夜里偷偷来到监狱，对翟让说："翟法司，你也算得上是一条响当当的好汉，怎能困守牢笼等死？"翟让一听，万分欢喜，知道面前这个人想搭救自己，于是谦卑地叹道："而今我就好比一只困在圈里的猪，不由得自己做主。死活还不是由黄曹主说了算?"

黄君汉闻言，当即给翟让卸下木枷，想要放他走。翟让感激地说:"您救了我一命，对我有再生之恩，可是我逃出去以后，您该怎么办呢?"说着，忍不住流下两行清泪。黄君汉怒道:"我以为你是个顶天立地、敢作敢为的大丈夫，能扶危济困，解救百姓于水火之中，这才冒着杀头的风险救你出狱，你怎么能像小儿女那样哭哭啼啼、对我感激涕零呢? 你赶快走吧，不用为我操心啦。"翟让于是逃奔到了东郡附近的瓦岗一带，当起了绿林大盗。同乡单雄信带着一大批热血青年追随他。单雄信也是一名生于乱世的绿林好汉，武艺了得，擅长骑马打仗，作战非常勇敢。

有个叫徐世勋的少年对翟让说:"我们不能进犯家乡东郡，那是生养我们的地方，再说乡人都认识我们，我们在那儿打家劫舍不合适。我们可以打劫前往荥阳和梁郡的行船。"翟让采纳了他的意见，于是带领群盗潜入荥阳、梁郡边境，大肆劫掠过往的行船和商旅。因为抢劫了足够多的财富，瓦岗寨足以养活更多的人，前来归附的人迅速增加，翟让的队伍很快发展到了1万多人。李密和杨玄感起事失败以后，东躲西藏，到处流亡，几经辗转奔波，来到了翟让的营寨。两人初来乍到，起初不被信任，他们不停地讲述夺取天下的大计，没人理会。后来大家相熟以后，大伙开始对李密刮目相看，都认为他出于公卿世家，身份高贵，又胸怀大志，将来必成大器。加之当时流行"杨氏将亡，李氏大兴"的谶语，李密就更加受尊重了。

经过一段时期的观察，李密发现山寨中最有权势和威望的人是翟让，于是就主动拜见了翟让，积极地为其出谋划策，并想方设法让聚首山林的小股盗贼归附李密。翟让视其为心腹，有什么大事都跟他商量。

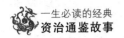

⟨智慧贴士⟩

翟让是瓦岗军的领袖，他生于政治昏暗、民不聊生的乱世，被迫聚众为盗，走上了反叛之路。翟让的人生经历在某种程度上属于官逼民反的现实演绎，他本没有吞吐天下的大志，不知不觉被卷进了风暴中心，成为打击大隋王朝的重要力量。可惜他率领的瓦岗军终难逃脱覆灭的命运，原因在于，他纠结的义军同自己一样，完全是被逼造反，心中没有政治理想，一度占山为王打家劫舍，根本承担不起匡扶天下的重任，注定要走向失败。

唐　纪

《唐纪》上启武德元年（公元618年），下至天祐元年（公元904年），囊括了286年的历史，讲述的是唐朝的国史。唐朝是继汉朝以后第二个盛世王朝，由唐高祖李渊创建，共历21帝，享国近300年。大唐帝国有许多值得赞颂之处，比如版图庞大、国力强盛、文化繁荣，给人以气势恢宏，蓬勃向上之感，可是透过浮华的表象，拨开历史的云烟，我们看到的将是另一番景象。司马光以冷静简洁的笔触，为我们描绘了一个充满尔虞我诈、明枪暗箭的腐朽世界，在那个世界里，母子骨肉相残，兄弟同室操戈，父子相爱相杀，亲属互相戕害，君臣互相算计，同僚自相鱼肉，异化扭曲到了令人匪夷所思的地步。

扑朔迷离的玄武门之变

武德九年（公元626年），天下局势尘埃落定，经过连年征战，唐朝平定了各部势力。秦王李世民南征北战，为朝廷立下了大功，对太子李建成的储君地位构成了威胁。李建成和弟弟李元吉关系很好，两人沆瀣一气，合伙构陷李世民，时常向唐高祖李渊进献谗言，还唆使后宫嫔妃挑拨离间，李元吉甚至力劝李渊除掉李世民。

秦王李世民成为众矢之的，秦王府上下也被搅得不得安宁。李建成、李元吉千方百计削弱李世民的羽翼，把秦王府运筹帷幄的谋士纷纷驱逐了出去，或者冠以各种罪名关押，将李世民麾下能征善战的大将纷纷调离京师，分派到边远地区。李世民身边的心腹越来越少，势力大不如从前。

三兄弟斗得不可开交的时候，惊闻突厥扣边，李建成建议让李元吉代替李世民充当主帅领兵迎战。李元吉要求征调李世民麾下的尉迟敬德、程知节两员大将赶赴沙场，之后又把秦王军队中最精锐的甲兵全都收入自己的阵营，企图架空李世民，削夺其军权，彻底对秦王府釜底抽薪。李世民的精兵强将被抽调以后，李建成建议在践行的宴会上，埋伏好刀斧手，伺机杀死李世民。由于保密工作做得不到位，他们还没来得及行动，阴谋就败露了。李世民听说大哥和弟弟要加害自己，连忙招来为数不多的几个亲信，商量发动宫廷政变，杀死太子李建成和齐王李元吉。

六月初三，李世民上疏密奏指控李建成、李元吉秽乱后宫，私通父皇宠爱的嫔妃。李渊看了，又惊又怒，答应会尽快调查此事。次日，李世民在玄武门部署了兵力，设下了埋伏，就等李建成、李元吉自投罗网。张婕妤听说李世民暗中奏告李建成，马上把这则消息告诉了李建成。李建成不知如何是好，把弟弟李元吉找来商量对策。李元吉说："把控好军队，托病不朝，然后静观其变。"李建成不赞同地说："我们应当朝见父皇，当面对质。"

李建成和李元吉骑马入宫，行至临湖殿时，发觉气氛异常，自知前路凶险，于是即刻调转马头往回返。李世民大叫着从后面追了上来，李元吉回身射箭，企图射杀李世民。可能是由于过于紧张的缘故，李元吉失手了，并没有命中目标。李世民打马射向李建成，一箭结果了李建成的性命。大将尉迟敬德疾驰而至，带着70名骑兵杀向玄武门,众人纷纷向李元吉射箭。李元吉受了伤,狼狈奔逃。

李世民的马受了惊吓,夺路狂奔,在树林里横冲直撞。李世民在慌乱之中被树枝刮倒,倒在地上一时不能爬起。李元吉冲了上来,一把将弓弩夺了过来,打算用弓弦把李世民活活勒死。千钧一发的时刻,尉迟敬德赶了过来,挽救了李世民的性命。李元吉不能以一敌二,撒腿便跑,被尉迟敬德一箭射死了。大将冯立听说太子被杀,十分难过,马上调动东宫及齐王府的军队前往玄武门平叛。秦王府有个叫张公谨的将领,力大无穷,仅凭一己之力就把城门关上了,冯立等人被拦在了外面。

敬君弘负责驻守玄武门,听到政变的消息后,他迫不及待地想要出战。有人劝告说:"事态尚不明朗,不如先弄清情况,待卫兵全部集合,排兵布阵完毕后再出战也不迟。"敬君弘对别人的好心劝告不加理会,不管不顾地冲杀了出去,结果被冯立杀死了。东宫大将薛万彻和驻守在玄武门的秦王兵厮杀了起来。薛万彻越战越勇,鸣金击鼓,扬言要攻打秦王府。秦王兵惊恐万状。尉迟敬德捧着李建成、李元吉两颗血淋淋的人头赶到,东宫和齐王府的将士见主公已死,瞬间丧失了斗志,纷纷溃散。薛万彻往终南山的方向逃遁而去,冯立杀死了敬君弘告慰李建成的在天之灵,然后也跟着逃走了。

当时,李渊并不知道玄武门发生了变故,正乘坐兰舟在海池上观赏风景,尉迟敬德披坚执锐地跑过来,才使他有所警觉。面对李渊的质问,尉迟敬德振振有词地回答说:"太子和齐王谋反,秦王已经把他们全杀了。秦王担心惊扰了陛下,特派末将前来护驾。"李渊错愕不已,难过地对旁边的裴寂等人说:"朕万般想不到今日会发生这样的事,事已至此,该如何是好?"

萧瑀和陈叔达说:"太子和齐王功劳甚少,因秦王屡立奇功而心怀嫉妒,所以才联合起来作乱。秦王功高盖世,乃众望所归,陛下不如顺应天意民心，立他为太子。"三个儿子死了两个，只剩下李世民。李渊已经没有其他选择了，于是爽快地说："好。朕正有此意。"紧接着，尉迟敬德提议把军权移交给未来的皇太子李世民。李渊答应了。不久，李渊召见李世民，李世民趴在父皇的胸前号啕大哭起来。初七，秦王李世民被改立为大唐太子，统揽国家军政大权。八月初八，李渊退位，李世民即位，史称唐太宗。

智慧贴士

玄武门之变是一桩扑朔迷离的悬案，据多数史料记载，李建成和李元吉谋害李世民在先，李世民杀兄屠弟实乃逼不得已，但这一结论经不起细细推敲。李建成是嫡长子，按照正常的继位顺序，他是大唐帝国的合法接班人，李世民的存在威胁不到他的地位。从动机上看，身为次子的李世民阴谋发动政变，残害兄弟的可能性更大。

"瘸腿太子"的叛逆之路

魏王李泰才高八斗，文采斐然，因写得一手辞藻华美的好诗词，深受唐太宗李世民的喜爱。太子李承乾虽然也是一表人才，但因患有严重的足疾，走路一瘸一拐，影响了个人的气度和形象。李泰理所当然地认为，长兄李承乾不适合做大唐基业的接班人，便到处招揽贤士，企图积累名望夺得大位。

韦挺和杜楚客先后在魏王府打理内务，纷纷依附李泰。杜楚客经常用重金贿赂显贵人物，让他们在李世民面前替李泰美言，劝说李世民废长立幼，改立才华横溢的李泰做太子。朝中大臣纷纷倒向李泰，成为李泰的党羽，李承乾担心自己地位不保，派人以魏王府典签的名义上疏指控李泰，陈述其种种罪恶。李世民看完大怒，下令抓捕上奏者，却久久追查不到那人的真实姓名，只好作罢。

李承乾宠幸一个叫称心的美貌乐童，两人食则同器寝则同床，卿卿我我，如胶似漆，有如一对佳偶。他还宠信秦英、韦灵两位擅施法术的道士。李世民认为李承乾已经误入歧途，不仅贪恋男色离经叛道，还和一些装神弄鬼的术士厮混，非常生气，把称心、秦英、韦灵等人全部处死了，还以连坐法株连了好几个无辜的人，事后严厉地责骂了李承乾。

李承乾认为恋人和亲信被杀，都是李泰在背后搞鬼，是李泰向父皇揭发了自己，因此对李泰怀恨在心。李承乾是个痴心的人，对死去的称心念念不忘，把称心的雕像立在了宫室里，早晚观看祭奠，睹物思人，以续未了之情，每每追怀往事，忆起恋人的音容笑貌，都痛不欲生，忍不住放声悲哭。不久，他在宫苑专门为称心修筑了坟冢，并赐给对方爵位，然后郑重其事地在坟前竖起了石碑。

李世民知道后，对李承乾愈发反感。李承乾知道父皇不想见到自己，便托病不朝，一连数月不肯见李世民。那段时间，他秘密豢养壮士，打算杀掉李泰，替称心报仇。李承乾向侯君集询问过对策，想知道如何战胜李泰，在夺嫡斗争中保全自己。侯君集煽动李承乾造反，他添油加醋地说："皇上偏爱魏王，殿下很有可能会步入隋朝太子杨勇的后尘，假如有赦令传您入宫，您还是小心为妙，最好做好万全的准备，以便防患于未然。"李承乾听信了他的话，花钱收买了侯君集，令其为自己效力，用重金贿赂了李安俨，吩咐二人秘密观察李世民的一举一动，然后把相关情报汇报给自己。

汉王李元昌也参与了谋反计划，他对李承乾说："大功告成后，你一定要把皇上身边那个擅长弹奏琵琶的绝色美人赏赐给我。"李承乾爽快地答应了。唐高祖李渊的外孙赵节和现任驸马杜荷（杜如梅之子），因为和李承乾关系密切，都帮忙策划谋反。大家划破手臂，

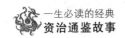
把血蘸在绢帛之类的丝织物上，焚成灰烬撒在酒里，一口吞下肚去，举行完了歃血为盟的仪式之后，便打算闯入西宫。杜荷说："天象有异，早起兵为妙。殿下不妨装作生了重病，待皇上亲临东宫探视，我们就可以趁机行动，到时大事可成。"

齐王李祐抢先一步谋反了，很快就被朝廷镇压了。李承乾听说后，信心满满地对卫士纥干承基说："我久居东宫，离大内咫尺之遥，又有你们这些人相助，不可能像远在齐州的李祐那样。"李世民追查李祐谋反案，牵扯到了纥干承基，想要把他处死。纥干承基为了自保，供出了李承乾，揭发太子谋反。李承乾的党羽都依法被处斩了，李承乾被贬为庶民，李元昌自杀谢罪。太子谋反案落下了帷幕。

◎智慧贴士◎

太子李承乾谋叛与其他皇子的谋反存在本质区别。他阴谋发动政变，背后的原因极为复杂。他因身体残疾，不被李世民喜爱，太子之位不稳，为了在残酷的夺嫡斗争中保全自身，被逼谋反。另一个原因是，他坚信是弟弟李泰害死了自己的恋人，想夺得皇位之后，报复李泰。所以说，李承乾谋反的动机，不是为了夺得皇位，而是出于报仇和保全自己两方面的考量。

在父爱中迷失的魏王李泰

贞观十七年（公元 643 年），李承乾谋反未遂，遭到了幽禁。魏王李泰看到了机会，自此扮演起了孝子的角色，殷勤地入宫侍奉李世民，试图让李世民改立自己为太子。李世民本来就比较宠爱李泰，见他如此孝顺，便随口答应了他的请求。当时岑文本、刘洎都力挺李泰，长孙无忌则站在晋王李治的阵营里，强烈要求把李治立为储君。夺嫡斗争仍然十分激烈。

李世民曾动情地对侍臣说："昨日魏王扑在朕的怀里，口口声声说'儿臣今日才真正成为陛下的儿子，有如再生一般。儿臣膝下有一个儿子，会在临终前杀掉他，把皇位传给晋王。'普天之下做父母的，哪有不疼惜自己儿子的。魏王这样向朕表达决心，朕心里很不好过，对他非常同情。"

褚遂良说："皇上不该这样想。皇上要是把江山传给魏王，魏王就成了天下的共主，怎么可能忍痛杀掉自己的亲生儿子，传位给晋王呢？皇上宠爱魏王胜过废太子李承乾，所以才酿成大祸。皇上若有意改立魏王当太子，最好把晋王安顿好，免得兄弟相残的悲剧再次发生。"言下之意是将李治调离京师，使其远离权力斗争的核心。由于李治自幼在李世民身边长大，父子俩朝夕相处，不曾分开。李世民舍不得李治离去，听了这个建议，不禁老泪长流，哽咽着说："朕不能这样做。"

李泰担心李世民改变主意，改立弟弟李治当太子，于是就恫吓李治说："李元昌因参与谋反，不得不自杀谢罪，以前你和他的关系那么好，你不担心受到牵连吗？"李治闻言，颇为焦虑。李世民见他整日忧心忡忡，询问其缘由，才知道是李泰在背后搞鬼，后悔许诺让李泰当太子了。

李世民声色俱厉地斥责废太子李承乾不孝和大逆不道时，李承乾说："我曾经贵为太子，还有什么可求的？李泰心怀不轨，我为了保全自己，迫不得已才做了不轨之事，陛下若改立李泰做太子，那么恰好就中了他的诡计了。"李世民遂对李泰产生了怀疑。

李世民被儿子们的争斗搞得心力交瘁，有一天他屏退了大臣，只留下房玄龄、褚遂良、长孙无忌等人商议立储之事。李世民仰天

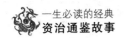
长叹道："朕的三个儿子为了皇位争得头破血流，不是起兵造反，就是在背后密谋，朕的弟弟（即李元昌）也参与了谋反，朕心里真的很难过呀。"说完，以头撞床，情绪完全失控了。长孙无忌等人连忙上前阻拦。李世民又想拔刀自残，刀子被褚遂良一把夺下，交给了晋王李治。

李世民情绪稳定下来以后，长孙无忌等人请求他宣布储君的人选。李世民说出了晋王李治的名字。长孙无忌大喜，响亮地回应道："臣谨遵诏命，若有不服从者，一律将其斩首示众。"李世民让李治拜谢舅舅长孙无忌。李治照做了。李世民又问："外廷大臣怎么看？"众人异口同声地回答道："晋王仁孝，美名远播，四海归心，大臣都支持晋王，若有反对的，就是臣等欺骗了陛下，愿领罪受罚。"

李世民召集六品以上的官员，对众臣子说："李承乾阴谋造反，大逆不道，魏王李泰心术不正，他们都不能成为嗣君人选，你们觉得立谁为皇储更合适？"大臣们一致推选李治。当天，李世民便下令囚禁了李泰。四月初七，李治被改立为太子。李世民说："朕要立李泰当大唐太子，别人就会误以为凭借阴谋诡计、旁门左道就能夺嫡成功，这样就会开了恶例，不利于江山社稷。从今以后，只要太子行为不端，有失仁德，藩王蠢蠢欲动，窥视太子大位，两个人都得舍弃。这个规矩要世代相传，给后人立个榜样。假如朕立李泰为接班人，废太子李承乾和晋王李治必被其所害，身家性命不能保全。李治仁慈，立他为太子，李承乾和李泰都会平安无事的。"

智慧贴士

在众多儿子中，李世民格外偏爱文采飞扬的李泰，让李泰产生了不切实际的幻想，误以为可以仗着父亲的宠爱登上大位，一度恃宠而骄，耍弄阴谋诡计，结果竹篮打水一场空，不仅没有继承皇位，反而遭到了幽禁。李世民克制住了自己的情感，没有选择居心不良

的李泰做接班人，选择了相对仁厚的李治，体现出了一代政治家的
英名和睿智。

冷血红颜：狠心杀女夺后位

唐朝女皇武则天是一个长袖善舞的女政治家，也是一个心狠手
辣的政客。她原本是唐太宗后宫中的嫔妃，长期不得宠，后来与太
子李治暗通款曲，发展出一段不伦之恋。唐太宗驾崩后，按照后宫
的规矩，没为皇家诞下子嗣的嫔妃要出家为尼，武则天因此进入寺
庙，成了青灯古佛下的尼姑。可唐高宗李治仍然对遁入空门的武则
天念念不忘。

李治到寺庙祭奠先帝太宗时，与武则天不期而遇。武则天珠泪
涟涟，哭得楚楚动人，李治也泪眼婆娑，默默饮泣，两人相顾无言，
一时竟无语凝噎。王皇后听说了这件事以后，暗中吩咐武则天蓄发，
还几次三番劝说李治把武则天接回后宫。王皇后之所以这样做，是
因为李治太过宠爱萧淑妃，把自己完全冷落在一旁，她想利用武则
天转移丈夫的视线，采用迂回的策略重新赢回丈夫的心。

光阴荏苒，很快一年过去了，李治抑制不住对武则天的思念，
终于把她从寺庙接回了皇宫。武则天千方百计地讨李治的欢心，小
心翼翼地侍奉王皇后，又花了不少心思笼络周围的人，大家都以为
她贤良淑德、善解人意，都愿意亲近她。武则天左右逢源，在后宫
混得如鱼得水，不久就被封为昭仪，不过她心高气傲，不想屏声敛
气地永远屈居人下，一心想要成为后宫之主，取代王皇后。

武则天凭借风华绝代的姿容和媚术成功俘获了圣心，王皇后和
萧淑妃都失宠了。王皇后这才发现原来武则天才是最大的威胁，于

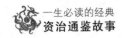

是和萧淑妃握手言和，两人联起手来一齐对付武则天。她们多次在李治面前诋毁武则天，李治置若罔闻，把她们争风吃醋的话当成了过耳秋风，丝毫不放在心上。

王皇后出身高贵，习惯了居高临下地指挥侍从，侍从心中不悦，武则天趁机拉拢他们，把李治赏赐给自己的物品分给他们，这样他们就成了武则天的耳目，会定期地向武则天报告王皇后和萧淑妃的一举一动。武则天把得来的消息全部告诉了李治，李治更加讨厌王皇后和萧淑妃。

长期以来王皇后和李治一直相敬如宾，他们之间没有真感情。王皇后空有皇后的头衔，不曾为皇家生下一男半女，又不被李治宠爱，地位岌岌可危。武则天集万千宠爱于一身，入宫不到一年就生下了一个漂亮可爱的小公主。李治非常疼爱这个如花朵般粉嫩娇弱的女儿，王皇后也对小公主怜爱有加。

当时，武则天已由昭仪晋升为宸妃了，但她不知足，总想母仪天下做皇后。有一天，她从外面回来，走到寝宫门口不由得停住了脚步，原来王皇后正逗弄着小公主玩，笑得很开心。武则天悄悄躲到一旁。等王皇后离开了，她马上走进屋子，屏退了所有宫女，将褓褓中的女儿活活掐死了，然后用被子盖在了小小的尸体上。不久，李治来看女儿。武则天神色不改，谈笑自若。李治没有发现什么异样。武则天径直走到孩子面前，轻柔地掀开小被，佯装吃惊，继而放声大哭，哭得肝肠寸断。

李治连忙走过去，这才发现小公主已经气绝身亡了。李治大惊失色，错愕不已。惊魂甫定后，仔细查看了女儿的尸体，推断她是被人活活掐死的，当即查问宫女今日有谁看过小公主，宫女回答说只有王皇后来过，逗弄了一会儿孩子就离开了。李治误以为王皇后是凶手，对她恨之入骨，想要废黜了她的后位，改立武则天为皇后。

◈智慧贴士◈

在人们的固有印象里，绝大多数母亲都是温柔、美丽、善良的，杀伐决断、冷若冰霜的女人一旦做了母亲，也会变得平易近人、和蔼可亲，因为在抚育儿女的一刹那，懂得了爱的含义和真谛。武则天却是一个例外，为了当上后宫之主，竟狠心掐死自己的亲生女儿，足见被权力蛊惑的女人有多么可怕，不但丧失了母性，甚至连最基本的人性都没有了。

武则天畏猫如畏虎的真相

唐高宗李治想要给自己深爱的女人一个名分，可是事情不像预想中的那样容易。有一天，他携武则天一块到长孙无忌的家里饮酒，想要借机探探长孙无忌的口风。酒酣耳热之际，李治忽然宣布，将长孙无忌的三个庶子都擢升为朝散大夫，又赐给长孙无忌大量的金银财帛。升官的三个庶子都是长孙无忌的宠姬所出，意在说明妾室也可显贵。紧接着李治连连叹息皇后膝下无子。

长孙无忌瞬间明白了皇上的意思，不过他没有接过话茬，谈及废立皇后的事情，而是装作若无其事的样子，顾左右而言他。李治和武则天悻悻离去。武则天不死心，又让母亲杨氏劝说长孙无忌，长孙无忌态度坚决，始终不肯松口。礼部尚书许敬宗多次充当说客，都被骂了回去。

永徽六年（公元 655 天），上完早朝以后，群臣四散而去，长孙无忌、李世勣、于志宁、褚遂良四位大臣奉旨接受唐高宗李治的召见。褚遂良说："皇上召见我们，必是商讨皇后废立之事。他已经下定决心要立武氏，犯颜直谏的人恐项上人头不保。长孙无忌是当朝元舅，李世勣是举足轻重的大功臣，皇上不想承担诛杀元舅、迫害功臣的骂名，不会降罪于他们。我褚遂良布衣平民出身，寸功未立却身居显位，先帝崩逝前，将家国大事托付给我，若不肯死谏，百年之后还有什么面目到九泉之下见先帝呢？"说完和长孙无忌、于志宁一同入殿，关键时刻，李世勣选择了明哲保身，以身体不舒服为由，独自回去了。

众人来到内殿面见唐高宗李治。李治一本正经地说："立嗣关乎江山社稷，如今皇后没有子嗣，而武昭仪有，朕决定改立武昭仪为后，诸位以为如何呀？"褚遂良说："皇后乃名门闺秀，身份尊贵，不可轻易废黜，更何况这门婚事是先帝定下的。先帝临终前，曾托付老臣要好好侍奉陛下和皇后。而今先帝的嘱托犹在耳畔，臣至死不敢忘怀。皇后行为得体，不曾犯下过错，为何要违背先帝的意愿，将她废黜呢？请恕老臣不能遵命。"李治听罢大为不悦，脸色铁青地离开了。

次日，李治又提及废立皇后的事，褚遂良说："陛下若真想改立皇后，何不从名门望族家挑选合意的女子，为什么偏偏要立武氏？武氏原本是先帝身边的一名侍妾，这是人尽皆知的事情，陛下立庶母为后，世人该怎么评说？臣冒死进谏，还望陛下三思。"说完连连顿首，磕头磕得头破血流，还威胁说若不采纳他的意见，他请求告老还乡。李治大怒，吩咐左右把褚遂良拖了出去。躲在帷幕后面的武则天不耐烦地说："为什么要留着这个冥顽不灵的老东西？"长孙无忌说："褚遂良深为先帝倚重，是先帝钦定的顾命大臣，即使有错，也不能施加刑罚。"

李治看在先帝李世民的情面上，没有惩罚褚遂良。他迫切希望得到朝臣的支持，于是就对李世勣说："朕想立武氏为后，褚遂良拼死阻挠，朕该怎么办？"李世勣为难地说："皇上自己的家务事，臣下实在不便评说。"李治豁然开朗，遂不再纠结，决定自己做主。不久下诏说，王皇后和萧淑妃用鸩酒害人，罪大恶极，贬为庶民。其实王皇后和萧淑妃是被武则天陷害的，可惜当时百口莫辩，只能听天由命。三个女人斗法胜负已见分晓，武则天成功登上了皇后的宝座，王皇后和萧淑妃失去了一切，还被囚禁在了别院里，境况连一般的民间女子都不如。

过了一段时间，李治开始思念王皇后和萧淑妃，于是独自前往别院探望她们。只见屋子封得严严实实，唯一的开口就是墙上传递食物的小洞，不由得万分伤感。李治大声呼唤王皇后和萧淑妃。王皇后哭着说："我们已经沦为奴婢，没有尊称了，陛下若还是念着往昔的夫妻情分，请给我们一个洗心革面的机会，把这个幽囚之地赐名为回心院吧。"李治同意了。王皇后感激地说："陛下万福！武昭仪蒙受圣恩雨露，是为天意，奴婢死有余辜。"

武则天听说李治私下里探望过王皇后和萧淑妃，勃然大怒，下令将二人狠狠地杖责了一百下，把她们打得皮开肉绽，然后砍掉双手双脚，放入酒坛中，名曰骨醉，意思是让烈酒把两个贱妇的骨头泡到醉掉为止。几日后，又下令将王皇后和萧淑妃一并处死了。萧淑妃临死前咬牙切齿地叱骂道："阿武狡诈阴险，蛇蝎心肠，来世你为鼠，我为猫，我要死死扼住你的喉咙！"

武则天听了这番诅咒，非常害怕，于是下令宫中不许养猫。后来她把王皇后和萧淑妃的姓氏分别改为蟒氏和枭氏，借以侮辱她们。夜里，武则天多次看到王皇后和萧淑妃的冤魂，两人皆蓬头垢面，脸色惨白，身上鲜血淋漓，和死前一模一样。武则天受到了惊吓，不敢回到原住处，于是迁居到了蓬莱宫，随后搬迁到了洛阳，到死也没有回过长安。

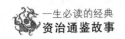

心狠手辣的武则天畏猫如畏虎，着实令人匪夷所思。据《资治通鉴》记载，被她迫害死的萧淑妃临终前，对她发出了恶毒的诅咒，给她留下了很深的心理阴影，使得她把温顺无害的小猫想象成索命厉鬼，终日提心吊胆。可见作恶太多，即便心肠冷硬不会良心不安，也会被可怕的梦魇纠缠，饱受精神折磨，承受变相的惩罚。

唐高宗逼杀亲舅之谜

唐高宗李治改立武则天当皇后时，长孙无忌竭力反对。后来武则天登上了后位，成了世上最有权势的女人，长孙无忌非常担忧，害怕武则天打击报复自己。中书令许敬宗曾经当说客游说长孙无忌支持武则天，受到了劈头盖脸的唾骂，心里大为不满。作为武则天的心腹，他也一直琢磨着迫害长孙无忌。

当时许敬宗、辛茂将负责追查太子洗马韦季方和大臣李巢谋反一案。许敬宗对两名嫌疑人严刑拷打，韦季方忍受不了皮肉之苦，想要自杀解脱，被当场拦下。许敬宗便向李治报告说，韦季方和长孙无忌结党营私，意图不轨，眼看事情败露，想要自杀了事。李治大惊失色："舅舅有可能是被小人利用了，但无论如何，他都不会谋反。"许敬宗态度坚决地说："如今证据确凿，陛下却不敢相信，这恐怕不利于安定社稷。"

李治听信了许敬宗的诬告，流着眼泪悲酸地说道："真是家门不幸啊，皇亲国戚居然一而再再而三地密谋造反。高阳公主和驸马房遗爱曾经积极策划谋反，如今舅舅也这样。朕情何以堪！这该如何是好啊？"许敬宗说："房遗爱不过是个乳臭未干的黄毛小儿，他联合一个女人造反，根本不能成事。长孙无忌曾协助先帝夺位登基，是出类拔萃的谋士，令天下人叹服，迄今为止，他身居相位已有 30 余载，可谓是权倾朝野，他要谋反，很难阻止。全赖苍天保佑，由一个小案就发现了这么一个大阴谋。微臣担心事泄之后，长孙无忌狗急跳墙，纠集朋党作乱。陛下要马上做决断。"

次日，许敬宗将进一步的审讯结果禀报给了李治，他编造证词说，韦季方招供了，承认和长孙无忌密谋造反，事情原委大致如下：韩瑗因参与夺嫡之争，受到皇上猜忌，亲戚被调离了京师，自己也因此获罪。长孙无忌听说后，担心不能保全自身，所以才会谋反。许敬宗信誓旦旦地保证说，证词与事实完全相符。真相并非如此，许敬宗得知长孙无忌的堂侄长孙祥被调到荆州当长史，灵机一动，临时编造了这套证词。

李治受到了蒙蔽，误以为长孙无忌背叛了李唐王朝，流着眼泪说："舅舅要是真的参与了谋反，朕也不能杀了他，以免后人骂朕薄情寡义。"许敬宗说："汉文帝的舅父薄昭曾经立下大功，后来杀了人，犯下大罪，论罪当死，汉文帝让所有的官员披麻戴孝，穿素衣哭丧，逼迫他自杀谢罪，可现在人们依然把汉文帝当成明君。如今长孙无忌有负皇朝圣恩，图谋不轨，罪孽远比薄昭深重，堪比王莽、司马懿之类的乱臣，陛下不能再犹豫了，否则出现变故，悔之晚矣。"李治被彻底说服了，没有继续追查，就已然认定长孙无忌是该诛杀的乱臣贼子了。

显庆四年（公元 659 年），李治削夺了长孙无忌的官爵和封地，将他贬谪到了黔州，并派许敬宗等人继续搜寻长孙无忌谋逆作乱的证据。中书舍人袁公瑜奉许敬宗之命前往黔州核实长孙无忌谋反的情况。袁公瑜抵达目的地不久，就把长孙无忌活活逼死了。长孙无忌自缢身亡。

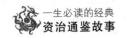

智慧贴士

李治能继承王位，舅舅长孙无忌功不可没，他念及亲情以及舅舅的扶立之功，本不忍心对其下手，怎奈招架不住小人接二连三的诬告，在江山和亲情面前，他选择了江山，牺牲了舅舅。帝王在面临两难抉择时，大多会选择保江山社稷，国亲国戚一旦受到诬告，又无法澄清误会，往往会一夜之间沦为阶下囚，甚至会以大逆之罪被处死，这个结局并不意外。

母子间的相爱相杀

显庆五年（公元 660 年），体弱多病的李治罹患了严重的风疾之症，经常头痛难忍，目眩神迷，视力越来越差，眼睛渐渐看不清东西，无法批阅奏章，只好让武则天协助自己处理朝政。武则天聪敏灵秀，通晓文史，且富有政治才干，处理奏折得心应手，是一个非常称心的帮手，因此颇受李治的器重。李治很放心地把国家大事都交给她代为处理，武则天权力欲和野心不断膨胀。

起初，武则天还费尽心机地讨好李治，看起来十分贤淑能干，堪称贤内助典范，得势以后，她立刻判若两人，表现得盛气凌人、不可一世，李治处处受她掣肘，心中怅恨不已。后来宦官王伏揭发武则天频繁招道士郭行真入宫作法行邪术，上官仪建议借机废掉武则天。李治同意了，命令他草拟废后诏书。武则天通过耳目得知了这个消息，立刻跑到李治那里哭诉。当时李治近乎失明，不能独当一面处理国事，很多事情还要仰仗武则天，面对武则天的眼泪，他忽然心软了，感觉羞愧难当，很想摒弃前嫌，和武则天重归于好，于是就支支吾吾地说："我没想过要废掉你，这都是上官仪出的主意。"

武则天对上官仪恨之入骨，为了消解心头之恨，给对方扣上了最严重的罪名——谋反。上官仪本是一朝重臣，糊里糊涂地被打入大牢，不久蒙冤而死，家人受到牵连，遭到了血洗。但凡和他往来密切的同僚，不是被革职查办，就是被流放到了外地。搬倒了政敌上官仪之后，武则天开始堂而皇之地垂帘听政，掌握了国家大权。官员的任免升迁，臣民的生杀予夺，全都由武则天一人决断，李治成了傀儡皇帝，落得一身清闲。每次临朝听政，李治形同虚设，凡事都由武则天发号施令，人们把这一时期称之为二圣共治时期。

武则天染指最高权力以后，完全丧失了母性，连自己的亲生儿子都容不下。太子李弘是武则天的第一个儿子，聪明能干，谦虚谨慎，懂得礼贤下士，既受群臣爱戴，又被唐高宗李治喜欢，是一个比较理想的皇位接班人。李弘如此优秀，引起了武则天的忌惮，武则天不仅不再宠爱他，反而把他看成眼中钉肉中刺，一心想要将其拔除。

萧淑妃失宠被杀后，她的女儿义阳公主和宣城公主，因连坐获罪，长年被幽囚在深宫中，年过三十还未出阁。李弘可怜她们，上疏给父皇李治，请求释放两姐妹，允许她们嫁人。李治同意了。武则天得知后，大怒，当日就把两位公主分别许配给了两个地位寒微的侍卫。上元二年（公元675年）李弘离奇暴毙。当时人们都认为武则天往酒水里下了毒，狠心毒死了自己的儿子。不久，皇六子李贤（武则天次子）被改立为太子。

调露元年（公元679年），精通法术的宠臣明崇俨死于盗匪之手，朝廷下令严查，很久未能捉拿到凶徒。武则天怀疑李贤是行刺明崇俨的幕后主使。李贤喜欢笙歌燕舞，贪恋美色，且好男色，曾与相貌俊美的赵道生等家奴把手言欢。永隆元年（公元680年），武

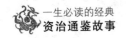

则天派人揭发李贤行为淫乱，狎昵家奴，李治下令追查此事，结果在东宫里搜出了数百件盔甲。赵道生暗示自己参与了加害明崇俨的计划，幕后主使正是太子李贤。人证物证俱在，李贤有口难辩，他受到了两项最严厉的指控，一是私藏兵甲，蓄意谋反；二是杀害朝廷命官。

李治不想给儿子定罪。武则天斩钉截铁地说："为人子却背叛父母，为人臣却企图篡位谋逆，如此大逆不道，天理难容。陛下应该秉公处理，绝不能因为顾念儿女私情而赦免了他。"李治无奈，只好下诏废黜了李贤，将其幽禁了起来，并处死了相关党羽，焚烧了从东宫搜出的铠甲。

智慧贴士

武则天不仅狠心杀死了襁褓中的女儿，还屡屡向亲生儿子下毒手，为了登上女皇的宝座，居然把自己的儿女当成了重点铲除的对象，已然完全迷失了心智。她或许是个雄才大略的国君，但不是一个正常的母亲，她的成功是建立在人性泯灭的基础上的，这样的成功比失败更加可怕。

威震边疆，功高遭谗的大唐儒将

调露元年（公元 679 年），西突厥联合吐蕃犯境袭扰，入侵安息都护府，唐廷欲出兵讨伐。裴行俭说："昔日为平定吐蕃之乱，我军损失惨重，派去的军队几乎全军覆没，现在元气尚未恢复，怎能马上出兵西征？波斯国王刚去世，他的儿子泥洹师在我们这里当人质，不如派人将其遣送回去。半路上可借机袭击西突厥，俘获十姓可汗阿史那都支和统帅李遮匐。"

　　李治听从了裴行俭的建议，吩咐他册封泥洹师为新任的波斯国国王，同时让他以唐朝使者的身份安抚大食国。裴行俭请求安排王方翼协助自己工作。李治批准了。裴行俭出使安息都护府的时候，途经西州。以前他曾在西州当长史，此次到来，受到了当地官民的热烈欢迎。他招募了数千子弟兵，以天热不宜行军为由，踟蹰不前，对外宣称待天气转凉之后再动身也不迟。阿史那都支听说后，马上松懈下来，没做任何军事防御部署。

　　裴行俭召见了四位德高望重的胡人酋长，纠集了近万名胡兵，以游猎为名，火速挥师西进。大军与阿史那都支的部落相隔只有10余里，随时都可以发动突然袭击。但裴行俭不想打草惊蛇，他先是派遣了与阿史那都支相熟的人，致以亲切的问候，以此麻痹西突厥人，然后积极促成双方会面。阿史那都支和李遮匐原计划八月一块对抗大唐，而今唐朝使者忽然从天而降，军队没有做好作战的准备，阿史那都支不知如何应对，只好依礼前往拜见。阿史那都支刚刚到达唐军大营，就被活捉了。

　　裴行俭从阿史那都支那里缴获了令箭，以此传召各部酋长前来见面，酋长赶到后，全都成了俘虏。不久，裴行俭抓获了李遮匐的使者，让他返回部落传话说阿史那都支已经投降唐廷了。李遮匐信以为真，也放下武器投降了。裴行俭兵不血刃地收服了西突厥，押着阿史那都支、李遮匐返回了京师，并把泥洹师平安回送到了波斯。王方翼没有跟着返回中原，留下来负责修筑碎叶城。

　　十月，突厥发生兵变，阿史那泥熟匐成为新的可汗，二十四州热烈响应，叛军的队伍足有好几十万。十一月，李治派裴行俭领兵讨伐突厥。裴行俭急速行军，很快到达了朔川，他对部下说："对待自己的士兵要用诚心感召，对待敌人则要用诡诈之术取胜。前些日子，萧嗣业的粮草被突厥人哄抢，士兵食不饱力不足，无心恋战，

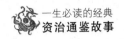

因此失败。现在突厥人一定在琢磨着抢夺我们的军粮，我们不妨将计就计。"于是每辆车上藏匿了五名持弓执剑的武士，由羸兵负责押运，并在地形险要处设下了埋伏。

突厥人蜂拥而上抢劫，羸兵马上弃车逃跑。突厥人大喜，推着粮车前往水草丰美的地方，正准备卸下粮食，藏匿在车中的武士忽然杀出，把他们打得措手不及。突厥人狼狈败逃，路上又遭到了伏兵的阻击，死伤无数。唐军大获全胜以后，裴行俭下令将营地转移到高岗上。将士们不知道为什么要这么做，不想行动，裴行俭不加解释，强令他们拔营转移。众人只得依言行事。当夜天气突变，忽然电闪雷鸣，暴雨如注，原来的营地变成了一片汪洋，水深达丈许。将士们惊讶万分，对裴行俭的先见之明佩服得五体投地。

永隆元年（公元680年），裴行俭取得了黑山大捷，俘虏了突厥酋长奉职。突厥人无心与大唐对抗，杀死了阿史那泥熟匐，向唐廷乞和。开耀元年（公元681年），裴行俭班师回朝。阿史那伏念拥兵自立，以新可汗的身份，伙同阿史德温傅兴兵作乱。李治再次派裴行俭领兵讨伐突厥。裴行俭巧妙使用反间计，离间阿史那伏念和阿史德温傅。阿史那伏念中计，捆绑了阿史德温傅，向裴行俭请降。裴行俭把阿史那伏、阿史德温傅带回了帝都长安。唐廷不由分说地将包括阿史那伏、阿史德温在内的50多名突厥人统统枭首示众。

裴行俭曾信誓旦旦地向阿史那伏承诺，一定会保全他的性命。阿史那伏才肯放心地来到帝都投降。没想到裴行俭屡立奇功，令裴炎妒火中烧，他不断从中作梗，上疏进献谗言，最终害得阿史那伏惨死，裴行俭食言。裴行俭对朝廷杀降的举动感到无比痛心，对同僚的暗中使坏感到非常不耻，种种情愫郁结于心，让他无比忧烦，从此长期闭门不出，过上了隐士一般的生活。

　　裴行俭在作战过程中屡出奇谋，对于稳定边疆形势作出了重要的贡献，可惜由于受到妒忌，屡遭谗言，功亏一溃，以至心灰意冷，提前过上了退隐的生活。裴行俭的人生遭遇充分体现了中国古代官场"木秀于林风必摧之"的奇特生态法则，在这种病态的生态环境中，恶性竞争取代良性竞争，优秀能干的人惨遭淘汰，满朝只剩下庸庸碌碌者或者不敢露相的懦夫，如此下去国将不国，社会是很难取得长久进步的。

临朝称帝的女皇陛下

　　弘道元年（公元 683 年），李治崩逝，临死前特地留下一封遗诏，称难以裁决的军国大事统统由皇后武则天定夺。李显（皇七子，武则天第三子）即位后，试图发展自己的党羽，夺回君权，大力提拔韦后的父亲韦玄贞，处心积虑地培植外戚势力。裴炎从中阻挠，声称万万不可。李显怒道："朕贵为一国之君，就算把大唐江山拱手送给韦玄贞也是可以的，想赐给他一个侍中的官位，难道还需要别人恩准吗？"裴炎不敢辩驳，把原话一字不漏地报告给了武则天。武则天大怒，想要废掉李显。

　　二月初六，武则天召集群臣，勒令李显退位。李显不解地问："朕何罪之有，为何被废？"武则天掷地有声地说："你想把李唐基业白白送给韦玄贞，这难道不是大罪吗？"李显张口结舌，一时无言以对，只好含恨下台。初七，武则天改立李旦（皇八子，武则天第四子）为皇帝。李旦不问政事，所有国家大事全凭武则天一人裁决。初九，武则天派人逼死了流放巴州的废太子李贤。

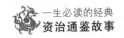

　　九月，武则天批准了武承嗣提出的追封祖先立庙供奉的要求。裴炎反对说："您这么做，明显是偏私亲属，不是在效法吕后吗？不怕重蹈吕后败亡的覆辙吗？"武则天说："吕后分封诸吕，把大权交给活人，所以才会失败。我尊奉死去的先祖，有什么害处呢？"裴炎说："那也应该谨慎行事，还是小心些好。"武则天不听，逐一追封了祖上的亲戚。

　　垂拱二年（公元686年），武则天宣布把国政大权交还给李旦。李旦知道母亲言不由衷，舍不得放权，于是坚辞不就。武则天顺水推舟，继续代替天子行使职权。天授元年（公元690年），武则天更换了历法，改国号为周，正式君临天下，成为中国历史上第一位女皇。

　　🏵智慧贴士🏵

　　武则天付出了常人难以想象的沉重代价，终于如愿临朝称帝，成为了千古女皇，迎来了属于自己的时代。在男权占绝对统治地位的时代，武则天登基意义重大，从积极的角度讲，她用自己的实力向世人证明了一个道理：女性同样拥有卓越的政治才华和治国能力，同样可以成为国家元首。从消极的角度讲，女人参与皇权政治，被权力腐蚀，丧失了原有的美德，其实是一个莫大的悲剧。

告密盛行的酷吏时代

　　垂拱二年（公元686年），武则天铸造了专门储存奏疏的铜匦。铜匦设有东西南北四格，东格称"延恩"，存放的是求官者的文书；南格称"招谏"，投放的是官员针砭时弊陈述朝政得失的奏章；西格称"申冤"，存放的是鸣冤者的状书；北格称"通玄"，投放的是有关气候变化、自然灾害、军事事务的奏疏。每格设有一孔，奏疏投进去以后，不能轻易取出，唯有武则天有权御览。

制造铜匦是鱼保家的主意，他的父亲是侍御史鱼承晔，算是出身于官宦世家。早年曾支持徐敬业造反，把制作兵刃、战车、弓箭的方法毫无保留地教授给了徐敬业。徐敬业被镇压下去以后，鱼保家躲过了劫难，侥幸活了下来。后来武则天希望官民踊跃进谏，听到更多的声音，鱼保家提议建造铜匦。武则天欣然采纳了他的建议。不久有人往铜匦投下一纸奏疏，揭发鱼保家帮助徐敬业打造武器的事情。鱼保家获罪被诛。

自从徐敬业起兵谋反以来，武则天变得疑神疑鬼，总怀疑有人要造反赶自己下台，心中惴惴不安。作为女人，她临朝称帝，开了历史先河，知道尊奉儒家传统的大臣对自己不满，为了树立权威，压服百官，她积极鼓励告密，推行专制恐怖手段。但凡告密者都会受到特别的优待，朝廷为其准备驿马，提供的伙食参照五品官的标准。无论是贩夫走卒还是农人樵夫，只要愿意检举揭发别人，都能得到武则天的接见。即便是恶意诬告，所述内容与事实完全相悖，也不要紧，不仅不会受到追究，还有可能被赐予官职。在这种风气下，人人自危，大家都得谨言慎行，生怕说错了话，被别有用心的人告发。

武则天曾经召见过一个叫索元礼的胡人，觉得此人甚和自己心意，就把他培养成了顶级的酷吏，让他负责掌管刑狱，迫害异己。索元礼异常残暴，手段狠辣，每次审案子，都会动用酷刑，迫使犯人供出一大堆人。如此一来，一人下狱，总会有数十人甚至上百人受到牵连。武则天非常赏识他，时常给予其嘉奖和重赏，其他酷吏十分羡慕，竞相效法。

后来出现了周兴和来俊臣两名酷吏，两人狼狈为奸，豢养了一

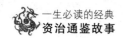
大批恬不知耻的无赖，每每想要诬陷迫害某人，就唆使无赖集体告发，无赖们众口一词，无辜者往往难以脱罪。来俊臣还编纂了一本名为《罗织经》的书，专门教人如何罗列罪名，诬陷忠良。索元礼、周兴、来俊臣等酷吏发明了花样繁多的酷刑，刑具林林总总，五花八门，令人一见便不寒而栗。犯人往往吓得浑身颤抖，不等对方大刑伺候，腿就兀自软了，有时会不打自招。提起酷吏的大名，大臣们都感到十分恐惧。

由于酷吏作恶多端，搞得朝野上下一片哀怨，民间怨声载道，武则天为了平息怨愤，决定向酷吏下手了。天授二年（公元691年），有人状告周兴谋反。武则天让来俊臣处理这个案子。来俊臣设宴款待了周兴，席间，忽然问了个问题："犯人要是死活不肯认罪招供，怎么做才能让他屈服呢？"周兴说："架起炭火把大瓮烤热，把犯人关进去，他坚持不了多久就会招认。"来俊臣依言行事，吩咐左右抬来一口大瓮，在周围燃起熊熊炭火，然后提高嗓音说："我奉命来审讯周兄，现在请你钻进去吧。"周兴脸色大变，连忙跪地叩首，老老实实认罪。武则天把他流放到了岭南。他没能抵达目的地，在半路上被仇家杀死了。

神功元年（公元697年），来俊臣得罪了太平公主和武家人，锒铛入狱，被判处了极刑。他和监察御史李昭德一同被押到刑场问斩。李昭德是因为受到来俊臣诬告陷害冤死的，赢得了很多人的同情。在场所有的人都认为来俊臣死有余辜，纷纷争抢着吃来俊臣的肉，有的人挖出来俊臣的眼珠泄愤，有的拿刀剥他的脸皮，还有的割开死尸的肚腹部，取出心脏疯狂踩踏。武则天见状，为了顺应民意，立刻下诏灭了来俊臣的宗族，并抄没其家产。百姓莫不拍手称快。

智慧贴士

武则天重用酷吏，提倡告密，旨在钳制舆论和思想。酷吏只是她招之则来挥之则去的工具。她利用酷吏迫害打压异己，制造恐怖氛围，约束人们的言论，待民怨沸腾、老百姓怒不可遏时，再顺应民意严惩酷吏，疏导人们的愤怒情绪，巧妙转移矛盾，手段不可谓不高明，但却掩饰不了其残暴的本质。

美如莲花，邪魅骄纵的男宠

　　张易之和张昌宗两兄弟长得唇红齿白、细皮嫩肉，形貌俊美飘逸，堪称极品美男。太平公主知道母亲喜好年轻俊俏的面首，就把弟弟张昌宗进献给了武则天。张昌宗得宠后，又把哥哥张易之推荐给了武则天。兄弟俩共同侍奉武则天，整天涂脂抹粉，穿华美锦衣，打扮得光彩照人，比女子还要邪魅。

　　正所谓一人得道鸡犬升天，张家两兄弟受宠，族人都跟着显贵起来了，得到了大量的封赏。张昌宗风光无限的时候，连皇亲国戚都得敬让他三分，竞相为其执马鞭，亲切地称呼其六郎。久视元年（公元 700 年），武则天撤销了控鹤监，将这个机构改为奉宸府，交给张易之管理。武则天经常和两兄弟一块儿喝酒、谈笑风生或玩博戏。由于奉宸府本质上是和男宠们寻欢作乐的风月场所，武则天担心受到文人士大夫的口诛笔伐，于是就吩咐张氏兄弟协助李峤编纂书籍，以掩人耳目。为了美化张氏兄弟的形象，武则天让张昌宗身着五彩缤纷的羽毛制成的锦绣服装，一路吹笙奏乐，坐着木鹤缓缓前行，然后命文人雅士临时赋诗赞颂张昌宗翩然潇洒的美态。

　　张氏兄弟的弟弟张昌仪，在洛阳当县官，不过是个小小的知县，却有通天的本事，人们都竞相贿赂他，他素来对财物来者不拒，对行贿的人往往有求必应。有一天，张昌仪骑着高头大马大摇大摆地入朝，

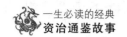

有个姓薛的候补官员连忙跑过去，递上了50两金子和一份求官的履历。张昌仪高高兴兴地收下了银两，然后把求官的文书递给了天官侍郎张锡。孰料张锡竟把那封文书弄丢了，张昌仪不满地责骂道："蠢货，连东西都保管不好。那人的名字我已经忘了，你只要给姓薛的候补官员安排官职就行了。"张锡诚惶诚恐，不敢多言，连忙从候补官员的名单中查找薛姓人，将找到的60多人全部授予了官职。

长安四年（公元704年），内史（职位等同于宰相）杨再思刚刚走马上任，就开始溜须拍马，想方设法取悦武则天的男宠。张昌宗面颊红润，色如春晓之花，姿容极美，时人都赞其曰"面如莲花"。杨再思却不赞同这种说法。张昌宗问其缘由，杨再思谄媚道："人都说六郎生得像莲花一样美，依我看，应该说莲花姿容秀美，恰似六郎才对。"张昌宗听了很高兴。

虽然不少趋炎附势的禄蠹追捧张昌宗兄弟，把升官发财的希望寄托在了这对男宠身上，但大部分的朝廷命官都看不惯他们，轮番上疏要求依法惩治他们。有些官员认为张昌宗骄横不法、挟势弄权，应该被罢免。张昌宗大言不惭地反驳说："我是有功之臣，功过相抵，不至于被罢官吧。"武则天召集宰相，问："你们说，张昌宗是大唐的功臣吗？"杨思宗回答说："张昌宗妙手回春，调制的仙丹陛下服用后，龙体舒爽，精神大振，实乃功德无量啊。"武则天大悦，马上宣布赦免张昌宗。

智慧贴士

武则天宠爱张氏兄弟，与男性帝王宠爱嫔妃，本质上并无区别。武则天犯了多数帝王都犯过的错误，一度沉迷于美色，以至色令智昏，误国误民。张氏兄弟作为蓝颜祸水，魅惑主上的功力一点不比后宫粉黛差，他们比后宫红颜更危险，因为身为七尺男儿，他们比女人更容易染指政治权力，且野心欲望更大，破坏性也更大。

逼退女王的五位大臣

神龙元年（公元 705 年），武则天年老体弱，染上了重疾，已经不能临朝听政，张易之、张昌宗两兄弟趁机弄权，把朝野搅得乌烟瘴气。张柬之、崔玄暐、敬晖、桓彦范、袁恕决定为朝廷除害，歼灭张氏兄弟。

张柬之认为攘奸除凶发动政变，必须取得右羽林卫大将军的支持，于是私下里问李多祚："敢问将军今日能尊享富贵，是谁的恩德？"李多祚抹着眼泪说："是高宗帝。"张柬之说："如今张氏兄弟小人得志，嚣张跋扈，竟敢威胁高宗皇帝的儿子，将军报效皇恩在此一举了。"李多祚说："只要有利于江山社稷，末将自当尽心竭力，愿肝脑涂地，以死相报！"说完，就和张柬之等人盟誓，众人一同商议除奸大计。

张柬之和同僚杨元琰都忠于李唐宗室。有一天，两人在烟波浩渺的长江上泛舟，游船滑到江心时，提到了武则天篡夺李唐天下建立大周王朝的事情，杨元琰怒发冲冠，慷慨陈词，情绪激越高昂，似有意匡扶李唐。张柬之官拜宰相之后，大力提拔杨元琰，问他道："你还记得你我泛舟长江时讲过的话吧？"杨元琰也加入了倒张的阵营。在张柬之的提拔下，敬晖、桓彦范、李湛等人都成了手握兵权的武将。

张易之眼看禁军内部都换成了张柬之的亲信，非常不安，开始疑神疑鬼。为了消除张易之的戒心，张柬之把张氏兄弟的心腹安排到了宫廷禁军中。没过多久，姚元之入京，张柬之等人把他争取到了自己的阵营中。行动之前，桓彦范把计划告知了母亲，他母亲语

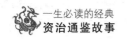

重心长地说:"为国尽忠比为父母尽孝更重要,大丈夫理应以国事为重。"

唐中宗李显被废后,曾迁居均州、房州等地,后来又被召回京师,改立为太子。当时他住在皇宫北侧。敬晖、桓彦范私下里把发动政变的计划告诉了他,他表示愿意配合诸位臣子的行动。二十二日,张柬之、崔玄暐、桓彦范等人带着羽林军浩浩荡荡地开赴玄武门,李多祚、李湛、王同皎等人前去迎奉李显。关键时刻,李显开始打退堂鼓,迟迟不肯出门。王同皎着急地说:"殿下是合法的皇位继承人,却无缘无故被废黜,长期遭受幽禁,迄今为止,已经23年了。如今老天要引导我们铲除奸佞小人,光复李唐河山,殿下不能辜负大家的期望啊,跟我们一块去玄武门吧。"

李显犹豫地说:"歼灭奸佞小人势在必行,可皇上龙体欠安,重病在身,现在除奸要是惊扰到了皇上怎么办?诸位还是从长计议吧。"李湛说:"众将士为了国家社稷舍生忘死,不惜赌上家族的命运,殿下难道忍心将他们推入万劫不复的深渊?"李显无奈,只好走出了东宫。王同皎一把把李显扶上马,众人一同去了玄武门,然后合力撞开宫门,鱼贯而入。张柬之等人将张氏兄弟擒杀于宫阁走廊中,而后带兵包围了长生殿。

僵卧在床的武则天听到喧哗声,起身惊问道:"什么人如此胆大包天,居然敢闯入宫中作乱?"众人异口同声地回答道:"张氏兄弟作乱,我等奉太子之命前去镇压,已将两个乱臣贼子当场就法。因为担心陛下受惊,没能及时奏报。我等贸然闯入禁宫动刀兵,实在罪该万死。"这则重磅消息对于年老寂寞的武则天来说,无异于晴天霹雳,她怅然若失地看着李显,冷冷地质问道:"是你唆使他们这么干的?张易之、张昌宗已死,你回东宫吧。"

桓彦范说:"太子不能返回东宫了。太子久居储君之位,群臣和天下人都感念太宗和天皇的恩德，思慕李唐，臣等恳求陛下顺应天意民心，将皇位传给太子。"武则天没有答话，盯着李湛问："你也是他们的同谋吗？朕素来对你们李家父子不薄，你和你父亲李义府能有今日的地位，都是朕赐给你们的。"李湛低头不语，羞愧难当。武则天又把目光移向了崔玄暐："其他参与政变的人，全赖别人提携，你可是朕一手提拔上来的，为何要背叛朕？"崔玄暐生硬地说："微臣这样做，符合国家大义，也是在报答陛下的知遇之恩。"

紧接着，张柬之等人将张易之、张昌宗的其他兄弟（张昌期、张同休、张昌仪）全部枭首示众，张家兄弟的头颅被悬挂在天津桥上展览。不久，武则天下诏宣布传位于李显，武周王朝结束，政权回归了李氏。李唐江山得以光复。

智慧贴士

五位大臣发动政变，诛杀张氏兄弟，逼退女王武则天，是为了还政李唐，匡扶社稷。在他们看来李唐宗室才是正统，武则天作为一介女流临朝称帝破坏了道统，放任男宠祸乱朝纲，更加令人不能容忍，唯有光复李唐天下，一切才能回归正轨，所以才冒险发动了这次政变。

尔虞我诈，波云诡谲的宫廷争斗

张氏兄弟遭到清算时，党羽悉数被诛灭，唯有武则天的侄子武三思躲过了劫难。唐中宗李显重新掌权后，与他同休戚与共的韦后也苦尽甘来，迎来了新生活。在被幽禁的那段日子里，韦后对李显不离不弃，给了他极大的情感慰藉和精神支持。李显甚为感激，曾发誓说："你我假如还有机会重见天日，日后无论你想做什么，我都

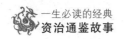

会依你。"李显复位后，践行了当初的诺言，对韦后百依百顺，韦后渐渐恃宠而骄，开始效法武则天，处心积虑地染指朝政。

大唐宫廷善于弄权的女性，除了韦后外，还有上官婉儿。上官婉儿的祖父是上官仪。当年上官仪因起草废黜武则天的诏令，被押送到刑场处死，全家满门抄斩，年幼的上官婉儿被带到掖庭，沦为女奴。物换星移，光阴荏苒，上官婉儿渐渐长大了，出落成了一个亭亭玉立的少女。她冰雪聪明，才思敏捷，凭借绝佳的文采和出众的才干，赢得了武则天的赞赏，得以参与朝政。武则天退位李显即位后，她被册封为婕妤，继续起草诏令，地位无比稳固。

上官婉儿虽是一个杀伐决断的政客，但也有柔情似水的一面，她和武三思感情甚笃，两人怀有私情，私底下缠缠绵绵、难分难舍。出于私心，上官婉儿把武三思举荐给了韦后。武三思来到韦后身边不久，便暗暗与之偷情，试图借助韦后的影响力恢复武氏家族的势力。因为张柬之、敬晖、恒彦范等五位大臣逼退了武则天，结束了武周王朝的统治，武三思一直对他们怀恨在心，经常联合韦后在李显面前中伤他们，说他们居功自傲，擅权乱政，不可不防。李显信以为真，开始猜忌五位帮助自己复位的功臣。

武三思建议采用明升暗降的方法削夺五位功臣的权力，先赐予他们王侯的虚拟头衔，然后罢黜他们的相位。李显同意了。武三思又提议起用被五位功臣打压排斥的大臣，罢免所有同武氏家族作对的人。李显批准了。武三思步步为营地揽权，将国政大权牢牢抓到了自己手中。由于张柬之、崔玄暐已死，武三思把矛头指向了桓彦范、敬晖、袁恕三位功臣，于公元 706 年，将三人全部害死。消灭五王以后，武三思如日中天，权势压过了李显，他时常对人说："我分不清好人歹人，在我眼里，谁对我友善谁就是好人，谁对我不好谁就是恶人。"

神龙二年（公元 706 年），皇三子李重俊被立为太子。因为他不是韦后的亲生儿子，遭到后者的轻慢和唾弃。武三思、安乐公主（韦后的女儿）、驸马武崇训也经常诋毁和欺侮李重俊。上官婉儿因为喜欢武三思的缘故，多次在赦令里赞美武氏、贬低李氏。安乐公主甚至要求李显废掉李重俊，改立自己为皇位继承人。李重俊四面受敌，日子很不好过。被逼到忍无可忍的地步，他决定奋起反击，于是联合李多祚等大将诛杀了包括武三思、武崇训在内的武氏余党，又派人到处搜捕上官婉儿。上官婉儿、韦后、李显、安乐公主一行人藏身于玄武门门楼。李多祚追到了门楼下。李重俊迟疑不决，不想和父皇兵戎相见，希望李显能主动出来召见他们。

宫闱令杨思勖挥刀砍死了李多祚的女婿野呼利。羽林军见中郎将在阵前被杀，瞬间丧失了斗志。李显对着下面的官兵大喊道："你们是朕的禁卫军，为什么要追随李多祚一起犯上作乱？你们要是肯痛改前非，杀掉反贼，朕会赐给你们享不尽的荣禄和富贵。"士兵们听了，马上临阵倒戈，杀死了李多祚和其他将领。李重俊带着 100 人逃到了终南山，颠沛流离辗转到鄂西时，大部分人马都失散了，只剩下了几名随从。李重俊在林间歇息时，被自己的侍从杀死了，余党全部被诛灭。

智慧贴士

唐朝的官廷斗争极为复杂和纷乱，武氏家族和李唐宗室为了争夺最高统治权，斗得你死我活，后妃、公主、女官也纷纷卷入了权力之争，他们各自打着自己的算盘，有了共同的利益，便暂时结成政治同盟，利益发生冲突，便反目成仇，互相残害，遵循着弱肉强食的丛林法则，唯有强悍者、诡诈者才能赢得最后的胜利。

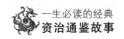
血腥的一夜：韦氏的覆灭

景云元年（公元 710 年），野心勃勃的安乐公主怂恿韦后临朝听政。为了把母后扶上女皇的宝座，自己充当皇太女，安乐公主决定铲除自己的父皇，于是派人在糕饼中投毒，毒死了李显。李显暴毙后，韦后秘不发丧，矫诏改立皇四子李重茂为皇位接班人，让相王李旦辅政，自己总揽大权。李显的尸体停放了两天之后，韦后才对外宣布皇帝驾崩的消息。

后党中有个叫宗楚客的奸臣，建议韦后临朝称帝，并谋划着加害李重茂，因为害怕李旦、太平公主等李唐家族的人，不敢独自行动，于是便串通韦温、安乐公主迫害李唐宗室。兵部侍郎崔日用与后党和武氏家族关系密切，从属于两大政治集团，且和宗楚客过从甚密，无意中得知了这个计划，担心东窗事发后会祸及自身，于是暗中派人把这个秘密告诉了李隆基。

李隆基是李旦的第三个儿子，位尊王侯，乃堂堂大唐皇孙，一心想要匡扶李唐宗室，他听说了韦后奸党的阴谋后，决定先发制人，一举歼灭韦氏集团。羽林军中的精锐之师，名曰"万骑"，有好几位大将与李隆基交情深厚。有一天，葛福顺、陈玄礼跑到了李隆基那里大倒苦水，抱怨上级韦播、高嵩滥施淫威，动辄鞭挞打骂将士。李隆基趁机暗示要消灭韦氏集团，两人很高兴，表示愿效犬马之劳。后来李仙凫也参与了进来。李隆基得以调派万骑军。

起事前，有人奉劝李隆基把整个计划向父亲李旦和盘托出，李隆基摇摇头说："我们冒险动兵，是为了匡扶社稷，若大功告成了，功劳归相王，不幸失败了，就当是杀身成仁舍生取义了，断不能连累相王。如果把此事告知了他，他赞成，并参与了谋划，也会跟着置身险境，要是反对的话，就会从中阻挠破坏大计。"

二十日申时，李隆基身着便装带着一群人悄悄地进入禁苑，来到了钟绍京的住所，一同共谋大计。钟绍京想要退出，他的妻子说："苍天一定会庇护那些为国家社稷献身的义士。你一直参与谋划，已经不可能全身而退了。"钟绍京不再犹豫，决定全力支持李隆基。夜里，葛福顺和陈玄礼秘密地来找李隆基，询问行动的信号。

二更时分，一颗颗流星从天幕坠落，犹如落花急雨，刘幽求见了，感叹说："看来天意如此，绝不能坐失良机。"葛福顺提剑闯入军营，杀死了韦璿、韦播、高嵩，然后对士卒说："韦后下毒害死了先帝，欲图谋大位，改换天日，今晚我们就同心协力诛灭韦氏，将他们一网打尽，凡是高过马鞭的格杀勿论，然后拥戴相王为帝。谁胆敢怀有异心，助纣为虐，诛灭三族！"羽林军士兵纷纷表示，愿意听从葛福顺的号令。

葛福顺将韦璿、韦播、高嵩的人头进献给了李隆基。李隆基派葛福顺、李仙凫兵分两路攻打宫门，在凌烟阁会合，以击鼓鸣金为号，一同起事。葛福顺领命，杀掉了驻守玄德门的侍卫，闯进了宫城。李隆基在玄武门外等待信号，忽然听到鼓噪声，立刻带兵杀入。韦后惊闻兵变，逃奔到了飞骑营，被一名士兵斩杀，人头移交到了李隆基那里。安乐公主当时正对镜画峨眉，听到乱哄哄的刀鸣斧啸声，撒腿便逃，被追兵一刀砍死。

上官婉儿早已暗中归附李唐，起草遗诏时特地安排李旦辅政，有意向李家宗室示好，她本以为政变发生后，自己能得到赦免。李隆基闯进皇宫时，她恭顺地上前迎接，拿出了当年起草的遗诏，以此表明自己的心迹。刘幽求替她求情。李隆基不加理会，不由分说地把她杀了。次日，李隆基宣布戒严，皇城宫门和所有城门统统关

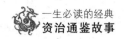

闭，逮捕韦氏余党。宗楚客一副服丧的打扮，骑着黑驴往通化门走，企图蒙混过关，被看守一眼认出，被当场杀死。

后来太平公主暗中策划改立李旦为皇帝。李旦就登基即位了，是为唐睿宗。李重茂降格为藩王。

❀智慧贴士❀

韦后梦想着成为第二个武则天，不料遇到了强劲的竞争对手——李隆基，不仅自己丢了性命，整个家族也遭到了血洗，下场不可谓不悲惨。李隆基作为李唐宗室子孙，铲除异己，夺回祖先的基业，本是情理中的事，问题在于他杀戮太重，过于冷酷无情，视人命如草芥，伤害了太多无辜者，隐约显露出了暴君的特质。

姑侄反目成仇背后的玄机

太平公主聪颖机敏，善谋断，秉性与武则天如出一辙，故而深得武则天宠爱，得以参与国家政事。武则天不想让自己的女儿问鼎权力宝座，感受高处不胜寒的凄凉，所以太平公主一直不敢染指最高权力。武则天病重时，太平公主蠢蠢欲动，暗中帮助张柬之等人诛杀张氏兄弟。唐中宗李显当政时期，韦后和安乐公主都很怕她，不敢与之争锋。后来她又协助李隆基剿灭了韦氏集团，拥立李旦登基，因有功于李唐宗室，地位扶摇直上。

唐睿宗李旦非常看重太平公主，时常和她商议国家大事。每次太平公主奏事，兄妹俩都会促膝长谈很久。假如哪天太平公主没上朝，李旦就会坐立不安，马上派宰相到妹妹的府上征求意见。宰相有事启奏时，李旦随口便问："请示过太平公主了吗？"接着又问："跟三郎说过了吗？"得知已询问过太平公主和李隆基，并得到两人批准后，才准奏。

凡是太平公主奏请的事，李旦都会恩准。官员的任免升迁，全部由太平公主定夺。由于官员的前途掌控在太平公主手里，那些渴望向上攀爬的官僚纷纷投奔于她的门下。太平公主权倾朝野，野心迅速膨胀。她唯一忌惮的就是侄子李隆基，时常在李旦面前挑拨离间，还唆使一个会观测天象的术士，跑到李旦面前进言说，星象异常，预示着人间权位有变，不如早早传位于太子李隆基。意思是李隆基觊觎大位，可能谋反作乱。孰料弄巧成拙，李旦听了这话，误以为这是天意，于是主动退位，把皇位传给了李隆基。

李隆基即位后，太平公主继续擅权，行为丝毫不见收敛。姑侄之间的冲突越来越激烈。当时朝中设有七位宰相，太平公主采用权谋手段把其中的五位聚拢于自己门下。朝中的文武大臣，过半依附太平公主。太平公主的党羽遍布整个朝野。在这种情形下，李隆基不敢轻举妄动。太平公主愈发骄横阴毒，竟指使宫女下毒谋害李隆基，并积极策划宫廷政变。孰料阴谋败露，李隆基率先发动了袭击，将叛党全部斩杀。其中有个叫窦怀贞的乱臣情急之下跑到了壕沟里，自知插翅难逃，绝望自杀。李隆基下令戮其尸首，并把他的姓氏更为毒氏，以表达对他的惩戒和厌憎。

李旦听说宫里发生了变故，非常震惊，郭元振告诉他窦怀贞作乱，已被诛杀。初四，李旦下诏宣布把军权全部交给李隆基，自此开始颐养天年。太平公主躲到了深山的古寺中，三天之后才敢下山，李隆基赐她自裁谢罪，并杀死了她的儿子及其党羽。

智慧贴士

在权力和利益面前，亲情是脆弱的，对于皇室成员来说尤其如此。既然父子、兄弟、母子都可以相互残杀，姑侄之间的那点情分自然脆弱得不堪一击。李隆基和姑姑太平公主反目成仇是一种必然。

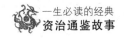

太平公主一直做着女皇梦，而靠政变上台的李隆基决不允许他人染指最高权力，两人走向决裂，以致鱼死网破，是一种必然的结局。

口蜜腹剑的奸相

李林甫为人阴险奸诈，善弄权术，而且非常懂得揣摩圣意，他暗中和内廷宦官及嫔妃相勾结，在深宫中设下无数耳目，对唐玄宗李隆基的行动了若指掌，因此每每奏事，都十分契合李隆基的心意。李隆基误以为李林甫聪明机灵，跟自己心有灵犀一点通，对他宠信有加。

当年，后宫之中，李隆基最宠爱的妃子是武惠妃，基于子凭母贵的缘故，寿王李清受到的关爱远远超过诸位皇子。李隆基对他的喜爱远胜过太子。李林甫想要拉拢武惠妃，于是派宦官传话说，愿意在夺嫡斗争中助寿王一臂之力。武惠妃很高兴，不断地对着李隆基吹枕头风，频频替李林甫美言，李林甫得以步步高升，不久即官拜宰相。当上宰相后，李林甫显露出了嫉贤妒能的一面，许多有才干有能力声誉良好的贤臣都受到了他的排挤和打压。表面上李林甫待人很友善，内心却非常恶毒，他总是用花言巧语欺骗别人，背地里设计圈套，时人都说他是个绵里藏针、口蜜腹剑的小人。

有一天，李隆基在勤政楼上听乐赏舞。兵部侍郎卢绚骑马扬鞭从楼下经过。他那飒爽的英姿和潇洒的风仪打动了李隆基。李隆基赞叹不已，想要对其委以重任。李林甫听说后，就面色焦虑地对卢绚的儿子说："皇上非常赏识你的父亲，打算调他到岭南任职，岭南地处偏远，去了难免要受很多苦。不如让你的父亲申请前往洛阳当太子的宾客或詹事，那可是个清闲的美差呀。"卢绚果然中计，上书请求调离京师，前往东都做太子的宾客或詹事。李隆基很失望，提拔官员的时候，把他排出了名单外。在李林甫的建议下，卢绚改任华州刺史。不久，李林甫又诬陷卢绚年老多病、四体不勤、玩忽职守，将其贬为太子詹事。

李隆基听说严廷之才能卓著，打算重用此人，和李林甫谈到了这件事。事后，李林甫马上对严廷之的弟弟严损之说："皇上想要重用你哥哥，不如告诉你哥哥谎称感染了风疾，要求回到京都治疗，在天子脚下升官就容易多了。"绛州刺史严廷之也上当了。事后李林甫对李隆基说："严廷之年事已高，现在又染上了风疾，不如给他一个闲职，让他好好养病。"李隆基非常惋惜，叹息了良久，随后让严廷之做了詹事。

李林甫的儿子李岫觉得父亲多行不义，且树敌太多，将来必有大祸，于是指着在园林做工的役夫说："父亲久居相位，仇家多得数不胜数，日后大难临头，想要做个役夫，都不可能了。"李林甫不悦，皱着眉头说："事已至此，我又能怎么办呢？"

唐初，功高盖世的边将有机会进入庙堂担任宰相，到了唐玄宗李隆基执政时期，唐廷为阻止少数民族入侵，对边将更加重视，十余年都不更换将帅，如此一来，边将晋升为宰相的机会就更大了。李林甫不想跟别人分享宰相的权力，绞尽脑汁阻止边将进入朝堂，于是上书说："微臣以为，文官领兵，胆小畏战，难以取胜，不如起用胡人，胡人骁勇好战，在朝廷里又没有党羽，是边将的最佳人选。"

李林甫认为胡人粗鄙，不通谋略，胡人担任边将，晋升为宰相的几率微乎其微。李隆基不清楚李林甫的用意，觉得他分析得很有道理，于是起用安禄山，把各道节度使都换成了胡人，将精锐之师派遣到了边疆，致使京城防御空虚。后来安禄山起兵作乱，爆发了

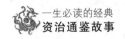
安史之乱，大唐由盛转衰，国祚差点儿断送，一切的恶果都是李林甫的馊主意造成的。李林甫为了巩固自己的权势，不惜牺牲国家利益，为世人所痛恨，因此死后遗臭万年，被评价为祸国殃民的奸相。

◎智慧贴士◎

李林甫是一个绵里藏针、口蜜腹剑的小人，不仅嫉贤妒能，毁人前途，还总是扮演着老好人的角色，可谓是虚伪至极。李林甫的处事方式，与中国古代官场文化息息相关。在当时的历史时期，不仅贪官污吏众多，道貌岸然的伪君子也非常多，许多文官满口的仁义道德，却专干一些卑鄙龌龊的勾当，欺上瞒下八面玲珑，在官场上混得风生水起，正因为小人得志成为一种常态，其他官员羡慕至极，纷纷效法，不正之风才能大行其道，衍生出一种变态畸形的政治文化。

一场风花雪月的忘年之恋

武惠妃去世后，李隆基的感情生活变得无比空虚，后宫佳丽三千，竟无人能让他一展欢颜。皇帝郁郁寡欢，茶不思饭不想，急坏了内廷的侍官。有人进言说，寿王李瑁的妃子杨玉环国色天香，貌可倾城，建议皇帝陛下前去一睹芳容。李隆基被说动了，兴冲冲地见了杨玉环，果然被她丰腴婀娜的体态和纯真妖媚的风采迷住了，于是不顾人伦，竟想强抢儿媳妇为妻。

为了避嫌，堵住天下悠悠之口，李隆基可谓是费尽周章，他让杨玉环自己请求当女道士，在形式上了却尘缘，然后派人把她接到后宫，侍奉自己左右。杨玉怀娇艳可人，风姿绰约，体态柔美丰满，珠圆玉润，当真是回眸一笑百媚生，具有颠倒众生的魅力，天下男人都想拜倒在她的石榴裙下，李隆基也不例外，被迷得神魂颠倒。

更为难得的是杨玉怀精通音律，能与李隆基琴瑟和鸣，共同的志趣爱好无形中拉近了两个人之间的距离。

后宫中常出现这样的情景：帝王击乐，美人起舞，红烛摇曳，笙歌阵阵，景象颓靡而又富有浪漫气息。李隆基不可救药地爱上了杨玉环，恨不能日日能与她朝夕相守，对她的依恋远远超过了当年的武惠妃。杨玉环受宠，亲戚们都跟着鸡犬升天，父兄均被封为高官，三个姐姐的地位也十分显赫。

杨玉环每次骑马外出，高力士都会为她执鞭。杨玉环喜欢漂亮衣服，李隆基便召集700多名能工巧匠专门为她缝制锦绣华服。宫廷内外都知道杨玉环是皇帝最看重的妃子，都想巴结和依附她，于是竞相进献金银珠宝、珍稀器物和各种色彩艳丽的衣裳。张九章和王翼两位官僚，因为进献了名贵的宝物，都得到了朝廷的提拔，前者加封三品，后者擢升为户部侍郎。其他官员看着眼红，纷纷效法。时人见杨玉环如此风光，竟改变了传统的生育观，作歌谣曰："生男勿喜生女勿悲，君今看女作门楣。"

杨玉环喜食荔枝，李隆基为满足美人的口腹之欲，动用了传递加急军报的驿站系统，特命人从岭南快马加鞭地里传送新鲜荔枝，荔枝被运送到帝都长安时，颜色和口感丝毫未改，就仿佛是从枝头刚刚摘下来一样。杨玉环充分享受着帝王的宠溺，渐渐变得骄纵任性，展露出了善妒和泼辣的一面，有一次不慎惹怒了李隆基。李隆基大发脾气，把她遣送到了哥哥杨铦那里。美人不在，李隆基魂不守舍，坐立难安，早上粒米未进，晌午仍没胃口，侍从小心翼翼地侍奉，却屡屡受到责难和鞭打。高力士知道李隆基挂念杨贵妃，就斗胆请求将贵妃的生活物品送过去，李隆基同意了，送去了100多车器物，还把精致的饭食赏赐给贵妃。

到了晚上，李隆基感到更加孤苦寂寞，不知如何度过漫漫长夜，

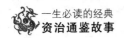

高力士请求将杨贵妃接回宫。李隆基默许了，当晚就把杨玉环迎回了宫。经过短暂的别离，李隆基饱尝了相思之苦，对杨玉环更加宠爱了。四年后，杨玉环又一次忤逆了李隆基，被遣送回了杨家。李隆基寝食难安，从早到晚黯然神伤，有个官宦对他说："妇人头发长见识短，违背了圣意，皇上要是生气，就任她终老深宫，怎能让贵妃待在宫外受辱呢？"李隆基听了，后悔把杨贵妃赶走了，于是连忙派宦官送去可口的饭食安慰杨贵妃。

杨玉环哭着说："我触犯天颜，罪该万死，皇上没有治罪，遣返我回家，我已经很感激了。现在离开了皇宫，不能与皇上相见，只能送些物品传情达意了。这些珍宝器玩原是皇上所赐，不能拿来献给皇上。只有头上的情丝是父母给的，愿剪下来献给皇上。"说完就剪断一缕秀发交给了宦官。李隆基见了美人的秀发，睹物思人，思念更甚，连忙派高力士把杨玉环接回后宫，对她的宠爱又深了一层。

◈智慧贴士◈

李隆基和杨玉环的爱情被千古传颂，在诗人白居易的笔下，这段有悖礼教的不伦之恋变成了缠绵悱恻、风花雪月的旷世绝恋，而史学家司马光则认为，他们的爱情已然动摇了国本，成为大唐由盛转衰的祸首。李隆基为了取悦杨玉环，不惜劳民伤财，长期不理朝政，由明君堕落成了昏君，而杨玉环尽情享受君王的宠爱，如寻常女子那样吃醋、撒娇、使性，不顾后果，不知不觉沦为了祸水红颜。

演技非凡，外憨内奸的安禄山

安禄山姓康，本名叫阿荦山，母亲是突厥部落的巫师，父亲身份不详，可能是一个普通的胡人。他自幼丧父，从小与母亲相依为命。后来母亲改嫁给了一个叫安延偃的突厥人。恰好赶上突厥败落，迫于生计，他迁居到了幽州生活，更名为安禄山。

安禄山有个好朋友叫史窣干，两人曾比邻而居，生日只差一天，从小就比较投缘。长大后，共同为幽州节度使张守珪效力。最初，安禄山军衔低微，从捉生将做起，每次出征都有所斩获，只需带少量骑兵就能俘获好几十个契丹人。由于表现出色，再加上头脑机灵，善于揣摩人心，初出茅庐的他很快得到了张守珪的赏识，被收为养子。史窣干的表现也不差，他因为立下赫赫战功，先后擢升为果毅和将军，并得到了面圣的机会。李隆基对他大为赞赏，赐他叫"史思明"。不久，安禄山当上了平卢兵马史，经常用重金贿赂朝廷派去的官员，受贿者不厌其烦地在李隆基面前替他美言，使得李隆基对他好感倍增。

天宝元载（公元742年），李隆基封安禄山为平卢节度使，让他掌管军镇。次年，给予其随时入朝奏事的特殊待遇。一年后，又封他为范阳节度使和御史大夫。安禄山肚大腰圆，浑身赘肉，从腹部垂下的肥肉压过膝盖，据说那装满油脂的大肚子足有300斤重。他表面上愚憨笨拙，其实非常狡猾精明。在李隆基面前，他不仅能对答如流，懂得随意应变，而且讲话逗趣，时常哄得李隆基心花怒放。有一次，李隆基指着安禄山那圆滚滚肉乎乎的大肚子调侃说："你肚子里究竟装了些什么，怎么能这么大？"安禄山一本正经地说："什么都没有，唯有陛下和朝廷的一片忠心。"李隆基听了，非常高兴。

有一次，李隆基让安禄山跪拜皇太子。安禄山无动于衷，不肯下拜。左右侍从催促，安禄山说："我是个粗鄙的胡人，不晓得中原宫廷的礼仪，实在搞不清楚太子是什么官职。"李隆基解释说："太子就是储君，朕百年之后，由太子继承皇位。"安禄山说："微臣愚钝，只知道有陛下，不知道太子。"说完，恭敬地下拜。李隆基误以

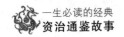
为安禄山淳朴憨直、愚昧无知，对他更加宠信了。

有一天，安禄山进见李隆基，杨玉环也在场。安禄山不拜皇帝，先拜贵妃。李隆基十分诧异，问他为什么要这么做，安禄山坦然回答道："胡人都是先拜母亲后拜父亲。"意思是想要认杨玉环为母亲。李隆基高兴地答应了他的请求。天宝十载（公元751年），李隆基不惜血本为安禄山建造豪宅，宅邸修得富丽堂皇，室内陈设无比奢华，规格不输皇宫。李隆基向掌管工事的太监再三强调："胡人眼界宽，把宅第修建得气派些，千万别让他取笑我天朝小家子气。"

李隆基和杨玉环自从认下安禄山这个干儿子，就把他视为了自己的心腹。胡儿过生日，夫妻俩赏赐了大量的宝物和酒食当作生日礼物。三天后，杨玉环按照传统习俗，给胡儿"洗三"，用一块大大的锦绣布帛制作了襁褓，像包裹婴儿那样把安禄山严严实实地裹了起来，然后送上花轿，让宫女们抬着行进。众人笑成一团。李隆基听到热闹的嬉笑声，十分好奇，经过询问，才知道原来是杨玉怀在为胡儿洗身，于是亲自前去观看。李隆基饶有兴趣地看完了整个"洗三"的过程，非常开心，当场赏给贵妃和胡儿很多钱。

安禄山攀上了杨玉环这支高枝，可以随意出入禁宫，与之同桌用餐。两人经常在一起谈笑风生，安禄山有时在宫中过夜，天明才离去，由此传出了许多秽闻。李隆基毫不介意，从来没有怀疑过二人的关系。后来，李隆基又让安禄山当了河东节度使，给予他三个军镇的兵权。安禄山见朝廷军力部署外重内轻，产生了图谋中原的想法。再加上他为讨好李隆基，故意不拜太子，担心太子登基后会报复自己，决定早作打算。

李林甫过世后，杨玉环的族兄杨国忠成了新任宰相。李林甫是个老奸巨猾的文臣，安禄山颇为忌惮。而杨国忠出身市井，既无学识又无才干，安禄山从心底里瞧不起他。两人颇为不睦。杨国忠多次提醒李隆基安禄山要谋反，李隆基不信。安禄山确有反心，不过感念李隆基的恩德，打算李隆基驾崩后再起兵。杨国忠不耐烦了，故意寻衅激怒安禄山，想要把对方逼反，以印证自己当初的预言。安禄山被迫提前谋反。

天宝十四载（公元755年），安禄山矫诏征讨杨国忠，召集将领出征。同年十一月，纠集15万兵马在范阳起事。安史之乱爆发，全国陷入动荡。

智慧贴士

安禄山不同于一般的胡人，他拥有胡人粗犷的外表和淳朴憨厚的气质，内心却无比狡黠，演技一流。李隆基之所以会用人失察，被安禄山的表演所迷惑，不是因为自身昏聩无能，缺乏判断力，而是因为安禄山身份特殊，同样的说辞和做法，换作别人，会被认为是刻意逢迎讨好，引起人的警觉，安禄山则不同，在人们的固有印象中，胡人普遍未开化，仍处于蒙昧的状态中，没有城府和韬略，正是基于这种错误的认知，李隆基犯下了大错，错信了安禄山，间接导致了安史之乱的爆发。

临危受命的乱世太子

至德元年（公元756年），羽林军在马嵬坡哗变，迫使唐玄宗李隆基下令缢死了杨贵妃，并在混乱中乱刀砍死了奸相杨国忠，准备继续西行。大军整装待发时，当地的百姓上前阻拦说："宫阙皇庭为帝王之家，陵寝乃帝王之冢，陛下舍弃这些，究竟要前往何处呢？"

李隆基勒马止步，怅恨良久，吩咐太子李亨暂且留在原地，好生安抚百姓，一会儿打马跟上。百姓对李亨说："我们愿追随殿下东

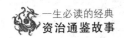

征叛军，收复长安。恳请殿下留下来，殿下要是也逃往蜀地，中原千千万万的老百姓该怎么办呢？"李亨说："前路艰险遥远，我不放心让父皇独自前行。何况我还没有向父皇辞别，必须当面说清楚，请他定夺。"说完，泪流不止，打算纵马而去。

李俶（李亨第三子）和宦官李辅国阻拦说："如今叛贼攻占了长安，山河破碎，如果您拒绝顺从民意，日后靠什么光复社稷呢？殿下执意追随皇上而去，要是叛贼烧了栈道，广大中原就要沦陷了。到时人心涣散，再难聚合，殿下一定会后悔的。不如召集李光弼、郭子仪的军队，共同讨伐逆贼，夺回两京，匡扶社稷，延续大唐国祚，然后迎奉皇上回京。如今国难当头，殿下怎么能只顾着儿女私情呢？"

李俶（李亨长子）也奉劝父亲留下来。百姓纷纷上前拦路，不让李亨离开。李亨无可奈何，只好派李俶追上李隆基的队伍，禀报相关情况。李隆基等了很久，迟迟不见李亨的踪影，十分着急，连忙派人询问，知道了事情的原委以后，仰天长叹道："这是天意啊！"于是拨出2000兵马给李亨，转身对众将士道："太子仁孝忠勇，是大唐基业的继承人，你们当倾力辅佐。"接着又派人传话给李亨说："你要竭尽全力收复大唐河山，不必挂念朕。朕待西北边疆的胡人不薄，他们必会助你一臂之力。"

李亨听了，面南痛哭。李隆基又派人送去了宫女，并宣布把皇位传给李亨。李亨坚辞不受。李亨决定不去巴蜀了，但不知前往何处。李俶建议前往朔方，理由是李亨曾在那里担任节度使，可以联络当地的将领，朔方路途较近，不必远程奔波。李亨同意了，连夜行军赶路。大军抵达渭水畔时，恰好碰上从潼关逃出来的残兵败将，误把对方当成了叛军，双方厮杀了一阵，两败俱伤，各方损失都很惨重。

李亨纠集残部从水浅处渡河，抵达新平时，只剩下了数百人。当地太守薛羽丢下百姓，自己逃跑。李亨大怒，依照军法将其处死。一行人到达安定时，安定的太守也打算弃城逃跑，李亨义愤填膺，毫不犹豫地把他杀了。众人风尘仆仆地抵达乌氏县时，彭原太守李遵捧着粮食和衣裳前去迎接。李亨到达彭原后，开始招兵买马，募集了数百名勇士，抵达平凉郡时，又补充了500多兵马。七月初九，李亨历经周折终于到达了朔方的灵武。大臣请求李亨尊奉李隆基的旨意登基。李亨推辞。裴冕等人说："我们的将士都来自关中，近来饱受思乡之苦，之所以愿意跟随殿下来到这荒原的偏僻之地，是因为大家都渴望建立一番功业。殿下不肯即位，军心就会涣散。请殿下为江山社稷考虑，早日登基吧。"一连恳求了五次，李亨才勉强同意。当日，便在城南楼举行了登基大典，遥尊李隆基为上皇天帝。李亨即位后，前来归附的人越来越多。

智慧贴士

李亨是在唐玄宗李隆基西逃期间即位的。据《资治通鉴》记载，父子分道扬镳是因为百姓夹道阻拦，强烈要求太子李亨留下来，承担起收复失地、光复大唐河山的重任。在万般无奈的情况下，李亨未能尽孝道陪伴父皇西行入蜀，临危受命，担起了家国重任。然而事实并没有那么简单，马嵬兵变是太子李亨一手策划的，矛头直指李隆基，杨玉环只是替罪羔羊，可见这对父子之间的关系是很复杂的。

李隆基并非慈父，对儿子刻薄寡恩，冷酷无情，李亨也不是孝子，伺机而动，一心想要夺权，父子俩都是政治高手，不动声色之间便展开了对决，最后年富力强的李亨战胜了老迈憔悴的父皇，如愿登上了皇位。

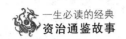

马嵬坡哗变与贵妃之死

马嵬兵变永久地改变了大唐的历史，也改写了李隆基和杨玉环的命运。当年，叛军攻占了军事重镇潼关，京师告急，李隆基派遣军队火速驰援潼关，焦急地等待前线的消息。到了傍晚，没有看到通报平安的烽火，李隆基焦灼不安，连忙召集宰相商量对策。杨国忠提出逃往西蜀避难。早在接收到安禄山造反的消息时，他就派人在蜀地筹备了大批物资，以供自己避难时使用。所以最早提出了前往蜀地逃难的计划。

李隆基六神无主，同意弃都逃走。临行前夕，慷慨地犒赏了将士，秘密挑选了900多匹骏马，紧锣密鼓地布置着逃跑计划。杨国忠建议一把火把国库烧掉，免得被叛军占领。李隆基叹息着说："叛贼要是从国库里抢不到物资钱财，肯定会变本加厉地搜刮百姓。把东西留下，让朕的子民少受些苦吧。"

当日不知内情的官员仍然像往常那样上朝，漏壶正常报时，仪仗队井然有序。宫门打开后，里面的人乱哄哄地走了出来，场面一片混乱，谁也不知道皇帝去哪儿了。王公贵族和士大夫消失得无影无踪，平民百姓纷纷闯入皇宫和官宦的府宅，将金银财宝洗掠一空。有人悠闲地骑着小毛驴走上了大殿，还有人放火焚烧大盈库（皇家贡品存放地），场面一度失控。大将崔光远和宦官边令诚连忙组织人救火，并当场杀死了10多个抢劫犯，局势才得到了控制。两人于绝望之际纷纷投靠了安禄山。

李隆基率领众人，一路奔波到达了马嵬坡。士兵疲惫不堪，路上一直忍饥挨饿，不由得烦躁不已。陈玄礼认为，安史之乱爆发，都是杨国忠惹的祸，想要杀死杨国忠平息众愤。他把这个想法转达给了太子李亨。李亨迟疑不决。当时有20多个吐蕃人围着杨国忠索要食物，杨国忠正想答话，忽然有人大喊："杨国忠串通胡人造反！"紧接着嗖的一声，一支利箭射来，射中了杨国忠的马鞍。杨国忠大惊，气喘吁吁地逃奔到了西门内，被蜂拥而至的追兵乱刀砍死。尸体惨遭肢解，头颅被悬挂在驿门外。杨国忠的儿子和夫人统统被杀死。御史大夫魏方进责问了一句，也被杀了。兵部尚书韦见素前来查看，遭到一通鞭打，血流满地，因军官求情，才侥幸捡回一条命。

士兵从四面八方包围了驿馆，李隆基听到吵闹声，询问左右发生了什么事。左右说是宰相杨国忠谋反作乱。李隆基拄着竹杖走了出去，和颜悦色地慰劳士兵，然后命令大家归队。士兵原地不动。李隆基让高力士过去探明原因。陈玄礼说："杨国忠造反，军心动摇，贵妃不能继续侍奉陛下了，希望陛下以社稷为重，舍弃男女私情，将她正法。"李隆基黯然地说："朕自有主张。"说完进入驿门，久久不语。京兆司录韦谔催促说："如今众怒难平，社稷安危就在倏忽瞬息间，请皇上早做决断！"言毕连连顿首，额头磕破了血。

李隆基说："贵妃久居深宫，不问政事，杨国忠谋反，与她何干？"高力士说："贵妃没有罪过，可是贵妃的族兄杨国忠已经被哗变的士兵斩杀了，贵妃继续侍奉陛下，将士不安，陛下须谨慎斟酌。唯有让众将士安心，陛下的安全才能得到保障。"李隆基无可奈何，只好吩咐高力士用三尺白绫将杨玉环勒杀于佛堂，然后宣陈玄礼等人前来查看尸体。陈玄礼等人马上卸甲谢罪。李隆基慰劳了众将士，向羽林军公布贵妃的死讯。军士高呼万岁，调整了心绪之后，继续西行。

智慧贴士

马嵬兵变最大的受害者是杨贵妃，所以对于这个倾国倾城、香

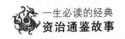

消玉殒的美人，世人多半持同情的态度。杨贵妃很少染指政治，始终专注于自己的感情世界，让她背负国家兴亡的罪责，实在有些冤枉。大唐的衰败责任在于李隆基，作为君王，他沉迷女色不问国事，宠信奸佞用人失察，导致国运急转直下。可是危难时刻，他没有勇气承担罪责，选择了明哲保身，毅然牺牲了无辜的杨玉环，足见他有多么自私。所谓的生离死别的爱情不过是世人一厢情愿的想象，司马光认为，杨玉环是被李隆基下令强行勒杀的，并非甘愿赴死，李隆基的冷酷由此可见一斑。

史思明：安史之乱的另一个祸首

安史之乱爆发后，叛军势不可挡，长驱直入攻陷了长安和洛阳，安禄山自立为帝，号大燕皇帝。至德二载（757 年），安禄山被儿子安庆绪所杀，后来史思明杀了安庆绪，自立为帝，把起兵的范阳改成了京都。史思明乖戾多疑，暴虐成性，杀人无数，部下一不小心就丢了性命，甚至惹来灭门惨祸。一时间天怒人怨，人人自危。

史思明的儿子史朝义性情与父亲截然不同，他长年跟随史思明南征北战，早已习惯了打打杀杀，但为人不粗野，能够做到爱兵如子，所以深得士卒爱戴。迷信武力崇尚暴力的史思明不喜欢体恤士卒、谦恭有礼的史朝义，偏爱幼子史朝清，打算废长立幼，传位于史朝清。上元二年（公元 761 年），史思明一举击败了李光弼带领的官军，欲长驱直入进入关内，于是让史朝义从北面袭击陕城，自己从南路发动进攻。史朝义在礓子岭与唐朝大将卫伯玉发生了激战，连连失利。史思明的作战计划被打乱，被迫退守永宁，他认为一切都是史朝义的错，把作战失利归咎于史朝义怯战，准备用军法处死史朝义和所有作战失误的将领。

史思明限史朝义在一天之内完成修城屯粮的任务，史朝义遵照父亲的命令修好了三隅城，只是还没来得及完成抹泥粉刷工作。史思明见了，把史朝义骂了个狗血喷头，吩咐左右做监工，须臾功夫就完工了。事后史思明说，等到拿下了陕州，就处死史朝义。史朝义很害怕，私下里与骆悦、蔡文景商议对策。两位大将说："你要是被废黜了，我等也性命不保了，请马上召曹将军议事。"史朝义默然无应。

骆悦着急地说："您要是不召见曹将军，我们只能改弦更张归附李唐了，到时您也保全不了自己。"史朝义流泪道："你们妥善行事，但千万不能让我的父亲受到惊吓。"骆悦马上招来了曹将军，连夜与之谋划。曹将军、骆悦等人带着300名全副武装的勇士闯入了驿站，守军觉得十分诡异，由于忌惮曹将军，不敢多问。骆悦率众冲进了史思明的寝宫，正赶上史思明外出如厕，于是喝问侍从，不等侍从回应便连杀数人。活下来的侍从吓得魂不附体，马上禀告了史思明的去向。

史思明听到喧哗声，知道发生了变故，连忙逾墙逃走，一口气跑进马厩，然后飞快地翻身上马，准备夺路狂奔，结果被骆悦的侍从射伤，从马上跌落了下来，当场被追兵捉住。稳定了心神后，史思明摆出天子的威仪喝问道："什么人在作乱？"骆悦说是奉了史朝义的命令。史思明叹息道："早上我失言了，落得这般下场完全是咎由自取。可是现在处死我为时尚早，等夺回了长安再杀我也不迟。我死了，就不能成就大事了。"骆悦对史思明的建议不加理会，把他关押了起来，然后回去向史朝义复命。史朝义担心地问："你们没吓到我的父亲吧？"骆悦违心回答说："没有。"

史思明没有看到军队攻入长安，因为大军抵达柳泉时，他就被

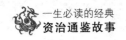
骆悦勒杀了，尸体裹着厚厚的毛毡，被运送到了洛阳。史朝义在部下的拥立下，登基称帝。尝到了权力的甜头以后，他一改往日优柔寡断的秉性，毫不留情地杀死了弟弟史朝清和史朝清的母亲，把反对自己的将领也一并杀了。叛军互相砍杀了数月，冲突才渐渐平息。

◈智慧贴士◈

安史之乱是由安禄山和史思明发起的，长期以来，人们关注的焦点集中在安禄山身上，忽略了另外一个祸首史思明。那么史思明是一个怎样的人物呢？据《资治通鉴》记载，史思明是一个残暴不仁、独断专行、凶悍野蛮的人，连自己的亲生儿子都不肯放过，儿子为求自保，不得不杀父篡位，史思明的人生由此走向尽头。

唐德宗寻母引发的闹剧

长安失陷时，唐德宗的母亲沈氏被安禄山俘虏，据说流落到了洛阳。当时唐德宗的父亲唐代宗还没有即位，以太子的身份领兵与叛军作战，没来得及把妻子沈氏安顿好，没想到竟永远失去了发妻。后来史思明占领了洛阳，沈氏下落不明。唐代宗登基后，到处寻找沈氏，找了很久，依旧一无所获。

不知过了多久，忽然有个尼姑声称自己就是当年失踪的沈氏，经过详查，谎言被戳破。原来她以前在唐宫少阳院当过乳娘，熟悉宫廷生活，所以才敢撒下弥天大谎。官方震怒，将其鞭挞致死，但仍然没有阻挡冒充者的热情。唐德宗即位后，继续寻访母亲沈氏的下落，民间女子为了谋求荣华富贵，不惜冒着杀头的风险假扮太后沈氏，也有被动卷入冒充风波中的。

洛阳寡妇高氏，曾经被高力士收为养女，熟悉宫廷事务，女官李真觉得她极有可能是皇上的生母，于是就把这个消息禀报给了宫廷派来的使者。唐德宗欣喜万分，以为终于可以和母亲团聚了，急于确认高氏的身份。可惜熟悉沈氏的亲戚，大多已经寿终正寝了，没有人能说清高氏和沈氏究竟是不是同一个人。高氏的年龄与沈氏大体相仿，仪态与沈氏相若，宦官和宫人见过之后，都认为她就是沈太后。然而高氏却不承认，她越是极力否认，宦官和宫人愈发觉得她就是流落民间的太后，强行把她带进了皇宫。

唐德宗非常高兴，给高氏送去了上百名侍女仆从和车马衣裳，以聊表孝心。侍从们费尽口舌劝导高氏，希望她认下当今天子做儿子。高氏终于松口了，承认自己就是皇室苦苦寻找的沈氏。唐德宗听说后，欣喜若狂，马上下诏奉迎太后，群臣纷纷上表称贺。

高氏的弟弟高承悦自知姐姐并非沈氏，担心姐姐被揭穿之后，惹下大祸，于是主动向朝廷交代了真相。唐德宗颇为疑惑，派樊景超前去核实情况。樊景超是高力士的养孙，与高氏算是颇有渊源。当时高氏已经被侍从蛊惑得鬼迷心窍，终日端着太后的架子作威作福享受富贵，樊景超见状，很为她担心，于是好心劝说道："姑姑为什么这么糊涂，这样做不是等于自寻死路吗？"

侍从呵斥樊景超退下。樊景超怒道："皇上对太后的身份起了疑心，怀疑她是冒充的，特派我来查明真相，你们这群奴才统统给我退下！"侍从不敢造次，一改嚣张跋扈的姿态，恭顺地退下了。高氏说："我本无意冒充太后，走到今天这一步实属被逼无奈。"樊景超揭穿了她的身份后，没有为难她，把她毫发无损地用牛车送回了家。

唐德宗感慨地说："朕宁可被骗成百上千次，也要找到母后，无论如何，朕是不会放弃的。"后来又有许多民妇冒充沈太后，各地出现了无数闹剧，各地官员费尽周折查访太后的下落，始终没有找到一点线索。沈太后就仿佛人间蒸发了一般，再也没有出现过。

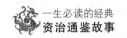
◎智慧贴士◎

富人寻亲，必然冒充者众。皇帝寻母，居然也出现了无数的冒牌货，着实不可思议。在古代，欺君之罪是大罪，足以惹来杀身之祸，可是为求荣华富贵，人们竟然竞相铤而走险，可见财迷心窍的人有多么可怕。

宰相当街遇刺背后的谜团

唐宪宗掌权后，充分汲取了安史之乱的教训，开始着手削藩。手握雄兵的节度使不甘心把军权交出去，要么愤而起兵，要么暗中支持叛军势力，要么隔岸观火，伺机而动。元和十年（公元 815 年），唐宪宗剑指淮西，大举征讨吴元济。吴元济的父亲任淮西节度使，由于朝廷不肯让他承袭父职，他悍然起兵反叛。唐宪宗把军国大事全权委托了宰相武元衡，武元衡支持削藩政策，全力讨伐叛军。

平阳节度使李师道顿感唇亡齿寒，担心自己的权力被削夺，或者成为朝廷讨伐的对象。他的一个门客说："皇上毫无顾忌地对蔡州动刀兵，是因为有武元衡支持辅佐，假如武元衡被刺杀了，其他宰相就不敢再提削藩了，肯定会劝皇帝罢兵。"这个门客主动要求执行暗杀宰相武元衡。李师道同意了，给了他一笔盘缠。

六月初三早上，晨曦微露，朝阳似血，武元衡从家门走出去上朝，忽然有个刺客跑了出来，对准武元衡拔箭便射，企图在大庭广众之下将其射杀。周围的人受了惊吓，顿时一哄而散。武元衡骑着马往前走，被刺客拦住，拖出十几步，最后被杀死了，顿时头断血流，景象惨不忍睹。刺客顾不得擦除手上的血迹，便匆匆消失在曙色晨光中了。刺客杀了武元衡之后，又去刺杀御史中丞裴度。裴度的头部受到重击，仓皇之中跌入水沟，眼看性命不保，多亏当日戴了一顶厚实的毡帽才幸免于难。有个叫王义的随从救主心切，一把抱住了行凶的刺客，声嘶力竭地大声叫喊。刺客慌了神，一刀斩断了王义的胳膊，转身离开了。

两件大案发生后，京城陷入一片恐慌之中。朝廷马上加强了宰相府的防护，但大臣们已经吓破了胆，天色没有大亮时，都瑟缩在府宅里不敢出门。早朝时分，百官纷纷姗姗来迟。刺客犯下大案之后非常嚣张，居然留下恐吓字条说："别劳师动众地抓我，惹恼了我，你的项上人头不保。"负责缉凶的官员被吓住了，竟不敢追查刺客下落。

兵部侍郎许孟容哭着说："刺客暗杀了宰相，官府却迟迟不敢拿人，实乃古所未有，这是我朝的大不幸啊。"唐宪宗于是悬赏万钱缉拿刺客，在京城进行了地毯式搜索，并传令下去谁敢包庇藏匿刺客，就灭其宗族。恒州兵张晏等人平时比较骄横，有人怀疑他们是刺客，官府将他们全部逮捕审讯，随后全部处斩。真正的杀人凶手一直逍遥法外。

智慧贴士

宰相武元衡离奇遇刺，官府迫于凶手的淫威，竟不敢破案，顶不住朝廷的压力，随便找替死鬼交差，任由凶徒逍遥法外，这一离奇案件缉凶的经过充分反映了古代封建社会司法的腐败，在政治昏暗、法治不昌明的时代，不乏买凶杀人的权势人物，也不乏为钱卖命的暴徒，胡乱判案、草菅人命的昏官更是多得数不胜数。

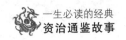

席卷朝野的牛李党争

唐穆宗时期，朝廷举行科考，礼部侍郎钱徽主持考试，杨汝士为考官。西川节度使段文昌和儒臣李绅暗中拜托钱徽，录取自己的朋友为进士。钱徽不买账，段文昌、李绅提到的人全都名落孙山。段文昌于是进献谗言说："今年科考有失公道，榜上有名的都是世家子弟，录取的进士无才无德，他们能脱颖而出全靠贿赂主考官员。"唐穆宗将信将疑，于是向李绅、李德裕、元稹等人征求意见，众人皆认可段文昌的说法。唐穆宗于是让王起当主考官，重新组织科场考试，上次考试录取的进士资格全部作废，钱徽因莫须有的罪名被贬为江州刺史。

段文昌、李绅曾写信嘱托钱徽在阅卷时多多关照自己的好友，有人建议把这封信上交给唐穆宗，使真相大白于天下，洗刷自己的冤屈。钱徽说："我做事光明磊落，自认为问心无愧，得失荣辱无关紧要，把别人的私信公布于世，非君子所为，我不愿意这么做。"说完，就把那两封书信付之一炬。此举受到时人赞扬，被传位一时的佳话。

这次科场案，钱徽蒙冤被贬，杨汝士、李宗闵也都受到了贬谪。杨汝士是因为职务关系受到了牵连，李宗闵是因为女婿金榜题名，被怀疑行贿。事后，李宗闵和李德裕势同水火，各自发展朋党，互相倾轧了40年，这就是历史上有名的牛李党争。李党以李德裕为代表，牛党以牛僧孺、李宗闵为核心人物，双方没完没了地攻讦对方，不问是非不讲立场，将党同伐异的极端做法演绎到了极致。

唐穆宗非常宠信牛僧孺，原因在于牛僧孺清廉。右骁卫将军韩公武为了让父亲官运亨通，到处贿赂朝廷内外的官僚。韩氏父子去世后，留下了行贿的花名册，许多有权有势的官员都牵连其中，唯牛僧孺例外。有一行字提到，韩公武曾送去万钱贿赂牛僧孺，牛僧孺将那笔巨款原封不动地退了回去。唐穆宗知道后，高兴地感叹道："朕果然没有错看牛僧孺啊！"

长庆三年（公元823年），牛僧孺擢升为同平章事。他和李德裕在朝野影响力不分伯仲，都有机会更上一层楼，成为宰相。两党继续竞争和较劲。后来，李德裕调到了浙西，连续八年没有升迁，一直在做观察使，他怀疑是牛党在背后搞鬼，两党关系迅速恶化。大和四年（公元830年），牛僧孺终于当上了宰相，并兼任兵部尚书。他掌权之后，联手李宗闵，不遗余力地排挤李德裕的党羽，将李党慢慢逐出了权力中心 。

三年后，李德裕也当上了宰相。唐文宗和他谈论乱贼造反的事情，李德裕一针见血地指出："朝中三分之一的官员都在结党。"意思是朝廷命官大多陷入党争之中，内耗严重，由于不肯摒弃前嫌合作，平叛并不容易。李德裕得势以后，也开始大肆打压自己不喜欢的人。大和八年（公元834年），李宗闵擢升为同平章事。李德裕被任命为山南西道节度使。李德裕担心被调离京师，上疏请求留在帝京。唐文宗便委任他为兵部尚书。李宗闵说："君无戏言，任命诏书已经下达了，李德裕不能继续留在京师。"不久，唐文宗改任李德裕为镇海节度使，免去了他的宰相职务。由于牛李党争越来越激烈，唐文宗非常担忧，曾经叹息着说："平定乱贼容易，可是要消灭朝中的朋党真是难于上青天啊。"

智慧贴士

朋党之争，一直是中国古代政治的一大顽疾。唐朝的牛李党争持续40年，席卷整个朝野，内耗不断，不仅扰乱了政坛，而且深刻

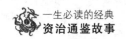
影响到国计民生。文官集团结党营私，为了党派的利益，置国家前途于不顾，无休止地互相倾轧攻伐，没有人真正关心社稷安定和民间疾苦，政局动荡，黎民受苦，加速了大唐王朝的覆灭。

甘露寺之变：一起失败的除宦行动

唐文宗被牛李党争搞得焦头烂额，后来又陷入了外廷大臣和宦官的争斗之中。执政期间，唐文宗赦免并起用了流放外地的李训，在短短一年时期内，擢升其为宰相。李训时来运转，朝中大官都对他刮目相看，其他宰相也对他曲意逢迎，丝毫不敢怠慢。李训能在短时间内咸鱼翻身，全仰仗权臣郑注的提携。等他封相后，莫名嫉妒郑注有权势，打算拉郑注下水，一起剿灭宦官，待全歼宦官之后，再收拾郑注，于是处心积虑地暗中布局，给郑注谋到了凤翔节度使一职。

李训和郑注制定了一套严密的诛杀宦官的计划。杀戮之地设在了王守澄的墓地。送葬那天，郑注将带着百名怀揣凶器的武士前往墓地护卫，然后要求所有宦官为王守澄送葬，待宦官倾巢而出，进入埋伏圈，就马上关闭墓门，将他们杀个片甲不留。不久，李训又对其他同党说："假如这事大功告成，功劳全是郑注一个人的，不如让郭行余和王璠招募武士、调动军队，抢先行动，全歼宦官，趁乱杀掉郑注，那么功劳就是大家的了。"郭行余、王璠、韩约都是李训的亲信，李训暗中和他们密谋，又把宰相舒元舆拉进了自己的阵营。一切准备就绪后，韩约上奏说有甘露降临宫中衙署的石榴树上，此乃吉兆，群臣称贺，李训、舒元舆连忙劝说唐文宗移驾左金吾衙门后院亲自观看。唐文宗同意了，于辰时移驾含元殿，令大臣们先行一步观露。众臣许久才返回。李训说："依我们看，这甘露怕是假的，陛下不能马上昭告天下，免得各地的官员竞相赶来朝贺。"

唐文宗佯装吃惊："竟有这种事？"于是派仇士良、鱼弘志等宦官前去核实情况。郭行余、王璠已经安排好数百人埋伏在丹凤门外，可惜关键时刻邠宁兵没来，只有河东兵按照原计划赶到了目的地。仇士良等宦官奉旨观露时，韩约莫名紧张，表情惶恐，汗流浃背，仇士良觉得很蹊跷，不由得问："将军为何慌张？"少顷，吹来一阵疾风，掀开了庭院中的帐幕，仇士良清楚地看见了许多穿着铠甲手持兵戈的士兵，还听到了刀矛碰撞发出的铿锵声，顿时慌了神，拔腿就跑。眼看大门要关上了。

仇士良大声疾呼，呵斥卫兵不要关门，终于夺门而逃，一口气跑到了含元殿，气喘吁吁地向唐文宗报告说，宫里有人作乱。李训连忙叫卫士护驾。宦官们异口同声地说："现在的情形十分危险，请陛下回宫躲避。"说完，扶唐文宗上轿，众人一起穿过了北门，李训上前阻拦。这时忽然有300多名士兵闯入了含元殿，将殿内的宦官一通打杀，打伤打死了10余人。李训扶轿高呼，不让唐文宗继续前行，唐文宗大声斥责李训，宦官一拳把李训打倒在地。宦官护送唐文宗穿过了宣政门，把宫门关上了。文武大臣正欲前往含元殿朝贺，见场面如此混乱，惊恐万状，纷纷逃窜。李训把朝服脱了下来，换上小吏的服装，边骑马奔逃边大声呼喊："我犯了什么错，竟无缘无故被贬官？"

仇士良等宦官经过一番思考，明白了事情的前因后果，知道是李训搞的鬼，唐文宗也参与了诛灭宦官的计划，心里非常恼怒。唐文宗非常害怕，不敢轻举妄动。仇士良派出500名禁卫军诛杀贼党。当时宰相王涯正欲用餐，听说有一批士兵冲出宫门到处杀人，十分惊慌，吓得落荒而逃。1000多名官兵乱哄哄地往外跑，只有400人逃了出去，600多被活活砍杀。仇士良下令关闭所有宫门，继续搜捕乱党，官吏、商贾百姓无辜被杀，又有1000多人惨死在了刀下。

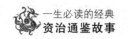

紧接着仇士良又派出骑兵在整座京城里擒拿乱党。宰相舒元舆乔装改扮，想要溜走，没能逃脱，遭到禁卫军逮捕。年逾古稀的王涯莫名其妙地被抓了起来，因为受不了酷刑，最终屈打成招，承认伙同李训谋反。不久，王璠也被逮捕了。

次日早朝，唐文宗没有看到王涯，便问："宰相怎么还没来？"仇士良说："王涯串通乱党谋反，现在已经锒铛入狱了。"然后将王涯在监狱里拟写的供词呈了上去。唐文宗让令狐楚和郑覃甄辨笔迹。令狐楚认为王涯是冤枉的，指认王涯时闪烁其词，引起了仇士良的强烈不满。李训逃到了终南山一座古刹中，投奔熟识的一位僧人，僧人的弟子认为窝藏乱党，会祸及佛门，反对收留李训。

李训只好离开，在逃亡凤翔的半路上被抓获。李训担心被押送至京城，要遭受严刑拷打，于是在半路上对看守官吏说："朝廷现在悬赏捉拿我，谁抓住我就能得到重赏，荣华富贵一辈子享用不尽，禁卫军正到处搜捕我，与其让他们把我抢走，你们还不如现在就杀了我，把我的头颅送到京城邀功请赏。"押送他的官吏信以为真，于是一刀杀死了他，将他的首级火速运往京城。李训死后，亲属遭到血洗，妻女沦为奴婢。王涯、舒元舆、郭行余、王璠等人全部被当众腰斩。不久，郑注也被仇士良设计害死了，宗族被诛灭。

智慧贴士

甘露寺之变是由唐文宗发起的一场惊心动魄的除宦行动，由于部署不周，参与政变的内部人员各怀心事，没能取得成功。政变失败后，宦官权势更大，气焰更加嚣张，地位凌驾于天子之上，甚至可以废立杀戮皇帝。为什么会出现这种现象呢？宦官是皇帝的家奴，是一群依附皇权而存在的人物，为何能做到喧宾夺主呢？这是因为唐朝藩镇林立，大大分散了中央权力，君权被严重削弱，这才使得宦官失去控制，拥有了至尊地位和至高权力。

后梁纪

《后梁纪》上启开平元年（公元907年），下至贞明五年（公元919年），仅有12年历史，讲述的是后梁的历史。唐朝灭亡以后，中国陷入分裂，出现了许多割据政权，进入五代十国时期。五代指的是先后出现的五个朝代，即后梁、后唐、后晋、后汉、后周，十国指的是五代时期并存的十个割据政权。后梁是五代中的第一个朝代，以梁王朱温创建的后梁国命名。后梁国自建国伊始，就和割据河东的晋国陷入持久的争霸战，双方混战不休。司马光详细描写了各割据政权的内政以及对外作战的情况，为我们再现了那段烽火弥漫、刀剑铿鸣的历史。

草莽奸雄不堪回首的发家史

梁太祖朱温早年追随黄巢反唐，后来归顺了唐朝，被赐名为朱全忠。他暗暗发展自己的军事力量，迅速扫平了各方的割据势力，志在谋取天下。一切进行得顺风顺水的时候，丁会在潞州反叛，朱温分外恼火，下令焚毁了营寨，罢兵而归，威望大为减弱。他担心

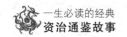
自己的号召力降低以后，会迅速失去人心，于是决定逼迫唐昭宣帝禅位给自己，以威慑各路豪杰。

开平元年（公元907年），朱温滞留魏州，因为身体抱恙，长期在节度使家里养病。魏博节度使罗绍威怕朱温给自己带来灾祸，于是就说："如今天下大乱，豪杰并起，大家都假借拥护李唐王室的名号起兵，与您争夺天下，不如灭亡了唐朝，让这些枭雄都无所作为。"朱温认为他说得很有道理，遂连忙动身启程，直奔大梁。唐昭宣帝派薛贻矩前去慰劳朱温。薛贻矩为了讨好朱温，居然要求以人臣之礼叩拜对方，并谄媚地说："殿下功德无量，人所共知。如今天意民心，都指向新的君主。皇上准备效法尧舜，把君位禅让给殿下，臣怎能违背时势、逆流而动呢？"于是面北叩拜朱温。朱温大吃一惊，急忙侧身躲避。

薛贻矩回去复命时，告诉唐昭宣帝，朱温准备接受禅让了。唐昭宣帝于是下诏禅位于朱温。朱温按照惯例，装模作样地推辞了一番。二月，群臣上疏一致要求傀儡皇帝唐昭宣帝退位。唐昭宣帝非常识趣，连忙派百官迎立梁王朱温。朱温继续假装推辞，还派人赶走了官员。此后，又有不少重臣和地方节度使上奏恳请朱温顺应时势，接受禅让。数日后，唐昭宣帝派薛贻矩通知朱温准备权力交接，又派礼部尚书苏循呈上百官的奏折，恳请朱温登基。

三月初四，朱温坐在金祥殿上接受群臣的朝拜，改国号为大梁。朱温的哥哥朱全昱听说弟弟已经篡唐自立，改朝换代了，不屑地质问道："朱三，你是真龙天子吗？"有一次，朱温召亲戚入宫一块畅饮美酒，赌博嬉乐，喝到兴起时，朱全昱忽然把脸一沉，将骰子掷入盆中，没好气地斜视着弟弟，愤愤地说："朱三，你忘了自己的出身了吗？你原本是砀山县一个微不足道的草民，曾经追随黄巢作乱，聚众为盗，后来接受了招安，皇上让你做了四镇节度使，你沐浴皇恩，享受荣华富贵，为何不好好报效朝廷，反而要毁掉大唐300年的基业，自己篡位自立？你犯下了诛灭九族的大罪，已经连累了整个家族，还有心情玩博弈?"朱温听了这番话大为不悦，众人不欢而散。

智慧贴士

朱温出身草莽，原本是一个市井小人物，身上有不少不良恶习，他趁乱而起，凭借武力荡平了天下，并成功逼迫唐昭宣帝退位，自己当上了皇帝。乍一听去，这很像一个英雄不问出处的励志故事，细细思量，它折射出的其实是历史较为隐秘昏暗的一面。乱世之中，谁有武器有兵马就能成为草头王，甚至可以君临天下，跳梁小丑、市井无赖纷纷粉墨登场，抢占历史舞台，这对国家和百姓来说，着实是一种灾难。

五代史上最著名的叔侄之争

晋王李克用得了痈疽之症，头部生了毒疮，眼看奄奄一息。他想把王位传给儿子李存勖，于是把弟弟李克宁和张承业、张存璋、吴珙等将领叫到榻前，说："我儿志向高远，必能继承我未竟的事业，你们要好生辅佐他。"

李克用在临终前叮嘱李存勖说："你的叔父李嗣昭身陷重围，我怕是没有机会再见到他了。等你们为我料理完丧事，马上跟周德威去营救他。"接着又对李克宁等人说："我儿子就拜托你们照管了。"

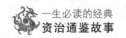

说完就咽气了。

李克宁手握兵权，在军中很有威望，哥哥刚刚去世。尸骨未寒，他就有了夺位的念头。将士们都觉得李存勖年纪小资历浅，难以服众，私底下议论纷纷。李存勖见军心不稳，很害怕，决定把王位让给叔父李克宁。李克宁假意推辞说："你是晋王的嫡长子，晋王临终前已经把王位传给了你，谁敢违抗晋王的遗命！"将士们要求觐见新主李存勖，李存勖吓得大哭，不肯接见。

张承业闯进去，用教训的口吻对李存勖说："现在保住先王的基业才是最要紧的，哭有什么用！"言毕，强行把李存勖搀了出来。李克宁带头参拜，诸将跟着下拜。李存勖继承了晋王之位，将军中事务全权交给李克宁处理。

李克用曾经从军中选拔了很多年轻的勇士做养子，在诸多养子中，李存勖年纪最小，但却继承了王位，大家心里都很不舒服，有的装病不觐见，有的见到李存勖不下拜，以各种方式表达不满。李存颢私下里对李克宁说："自古就有兄终弟及的传位制度，让做叔叔的，向侄子行叩拜之礼，这是没有道理的。你放弃老天赐给你的神圣权力，将来必后悔莫及。"李克宁说："我们李家素来兄友弟恭、父慈子孝，这是世人皆知的，现在李存勖继承了先王的基业，我别无他想。你要是再鼓动唇舌乱说话，休怪我翻脸无情。"

养子的妻子纷纷鼓动李克宁的夫人孟氏，叫她劝说李克宁取代侄子，孟氏一再逼迫李克宁，李克宁的野心再一次被激发出来，请求担任大同节度使，统辖应州、蔚州、朔州，李存勖同意了。李存颢向李克宁献计发动叛乱夺位，计划趁李存勖来访时，诛杀张承业、李存璋，吞并河东九州，然后将李存勖和太夫人曹氏一起押往大梁。行动前李克宁把计划泄露给了史敬镕。史敬镕假意暗中协助，随后就将李克宁等人的阴谋禀报给了太夫人。太夫人非常震惊，连忙召见了张承业，要求对方保证无论发生什么事，都不能将他们母子押送到大梁。张承业表示愿誓死保卫新主。

李存勖知道真相后，决定先发制人，于是在家中设下酒宴，邀请李克宁、李存颢及众将士一块儿到府上喝酒，暗中埋伏好了刀斧手。李克宁、李存颢刚刚露面，就被逮捕了。李存勖泪流满面，痛心疾首地说："侄儿曾经诚心诚意地要把王位让给叔父，叔父坚持不肯接受。现在我已经继位了，你为什么要用阴谋诡计害我，竟忍心将我们母子交给仇家处置？"李克宁说："我是受了小人的煽动和蛊惑才这么做的，事已至此，我说什么都没用了。"当日，李克宁和李存颢就被依法斩杀了。

智慧贴士

李存勖在掌权之前，由于涉世不深，资历太浅，非常不自信，一度想把王位让给叔叔李克宁，李克宁坚辞不受，后来竟阴谋作乱，意图抢夺大位。李存勖诚心让位，他为何不肯接受，偏偏要自己篡位？这是因为心怀鬼胎，拥有不臣之心的臣子表面上都会装模作样地推辞，暗地里却要抓紧时间揽权夺位，通常表里不一，不大可能光明正大地即位。

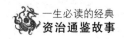

土皇帝刘守光最后的岁月

乾化三年（公元 913 年）十月，卢龙节度使下属的州郡沦陷，晋军步步紧逼，兵临幽州，刘守光（五代桀燕政权开创者）困守孤城无法脱身，走投无路之际只好求助契丹发兵来援。契丹人觉得刘守光出尔反尔，不讲信义，不肯发兵救援。刘守光只好向晋军投降，多次乞降无果，晋军始终觉得刘守光是在诈降。刘守光只好站在城墙上向周德威高呼："等到晋王来了，我再开城投降。"周德威派人把原话转告给了晋王李存勖。

李存勖只身来到幽州城下，接受刘守光投降，责备对方说："当年朱温篡唐，我本想和你联手光复李唐河山，谁知你心怀不轨，竟效法朱温，自立为帝，镇、定二帅有心归附你，你却兴兵入侵，这才导致了今天这场战争。你我兵戎相见，便源于此。现在你已兵败，有什么打算？"刘守光可怜巴巴地说："我已沦为刀俎上任人宰割的鱼肉，只能听凭大王处置。"李存勖怜悯他，当场折断利箭发誓说："你放心出城投降，我姑且饶你性命。"

刘守光迟疑地说，过几日再出来投降。他麾下的大将李小喜竭力劝说他不要缴械投降。李小喜曾经为刘守光出谋划策，进献了不少阴谋诡计，深得刘守光器重。因担心刘守光投降后，自己荣华富贵不保，遂不断阻挠刘守光投降。刘守光不听。李小喜便打算另投明主，当晚偷偷出城，先刘守光一步向晋军投降了。次日，晋军攻下了幽州，俘虏了刘仁恭（刘守光的父亲，被刘守光夺权后软禁）及其妻儿。

刘守光带着妻小狼狈向沧州方向逃窜，打算投奔弟弟刘守奇。时值冬日，天寒地冻，冷风刺骨，刘守光的脚冻得又青又肿，半途中迷失了方向，糊里糊涂地来到了燕乐县，由于怕被人认出，只能过着昼伏夜出的生活，一连几日藏在山谷里不敢露面。实在饿得受不了了，就让妻子祝氏出去讨饭。祝氏来到一户农夫的家里。农夫见她仪表不整，一副蓬头垢面的邋遢相，甚为诧异，忍不住问其缘由。祝氏以实相告。农户便暗中联络晋军逮捕了刘守光和他的三个儿子。

李存勖正在吃饭时，刘守光被押到了他面前。李存勖对刘守光说："你这个东道主，怎么一点儿也不懂得待客之道呢？居然不肯接见远道而来的客人。"说完，便让人把刘守光和刘仁恭安顿好，并送去了衣物和饭食。第二年正月，李存勖把刘氏父子押到了晋阳，决定将二人斩杀于太庙。刘守光临刑前大叫："我死不足惜，但死前有一事相告，是李小喜劝我不要投降的。"李存勖于是派人把李小喜叫来对质。

李小喜对刘守光怒目而视，大声斥责他说："你和庶母通奸，做出禽兽不如的丑行，难道也是我教的吗？"李存勖见李小喜对待昔日的主公如此造次，非常反感，立刻喝令左右将这个卖主求荣、狐假虎威的奴才推出去砍了。刘守光哀求说："我擅长骑马打仗，精通箭术，还望大王留我一条性命，为您效犬马之劳。"刘守光的妻妾祝氏、李氏为丈夫苟且偷生的行为感到羞耻，不屑地说："已经到了这个地步了，你居然还是那么贪生怕死。我们虽为妇人，却也刚毅，愿先你一步赴死。"说完坦然伏在刀下引颈就戮。刘守光不停地哀号求饶，到死才肯闭嘴。李存勖派人将刘仁恭押往代州，没过多久，把他也杀死了。

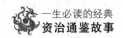

《智慧贴士》

囚父称帝的刘守光原本也是一代枭雄，在位期间屡兴酷刑，一度心狠手辣，可是在走向穷途末路时，表现得却像个懦夫，在敌人面前，低三下四地摇尾乞怜，直至屈辱地死去。刘守光是万万千千专制独裁统治者的缩影，代表的是色厉内荏的形象，如同面目狰狞的纸老虎，一旦失掉权柄，就会暴露出猥琐怯懦不堪入目的一面，为人所不齿。

后唐纪

《后唐纪》上启同光元年（公元 923 年），下至清泰元年（934年），仅有 11 年历史，讲述的是五代中第二个朝代后唐的历史。后唐是五代十国中版图最大的一个朝代，以李存勖创建的后唐国命名。后唐国的前身是晋国，是雄踞河东的割据政权。李存勖建国后，发动了一系列统一北方的战争，陆续兼并了多股割据势力，把国家推向强盛，可惜由于骄奢淫逸、昏聩无道，迅速败光了家业。司马光详细记录了后唐国的兴盛史，并收录了同时期并存的割据政权的历史，为我们描绘了一个纷乱复杂、动荡不安的时代。

屡易其主却备受称赞的"贰臣"

韩延徽是刘守光的旧部，曾在其麾下任参军。刘守光执政晚期，境内民不聊生，外有敌患威胁，国家内外交困、风雨飘摇。晋军围困幽州之际，韩延徽奉命到契丹请求支援。契丹国国君见他没有行君臣跪拜之礼，十分恼怒，一气之下把他流放到郊外牧马。

述律皇后听说韩延徽擅诗文有谋略，十分欣赏，于是对契丹国君说："韩延徽铁骨铮铮，不肯屈服，是个有血性有骨气的贤人，怎么能让他牧马呢？大王应该礼贤下士，好好重用他才是。"契丹国君

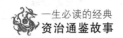
觉得夫人言之有理，于是召见了韩延徽，两人平心静气地交谈了一番。契丹国君发现韩延徽确实有才干，十分欣赏，于是就把他定为首席幕僚，凡是都要与他商议。

韩延徽教契丹人设置军事机构，修建城郭，设立供货物流通的市场，还教给他们安置境内汉人的方法和垦荒种地的农业生产技术。由于他的不懈努力，契丹国境内的汉人得以安居乐业，逃亡人数急剧减少。契丹国因为控制了大量的人口，实力大增。后来韩延徽偷偷逃回了晋阳。李存勖希望他能为自己所用。韩延徽和掌书记王缄有隙，深感不安，以回乡探母为由逃走了。途径真定时，暂住在同乡王德明家。

王德明问他何去何从。韩延徽说："如今整个河北都是晋王的了，我只好回到契丹地界了。"王德明说："你从契丹那里逃走，现在又回去，不是自寻死路吗？"韩延徽自信地说："契丹国君失去我这个人才，犹如失掉双手和眼目，我回去，就等于他重新找回了双手和眼目，他高兴还来不及呢，怎么会杀我呢？"

韩延徽回到家乡看望过母亲之后，从容地返回了契丹。契丹国君见到他，十分欢喜，抚着他的背亲切地问候道："前些日子，你去哪儿了？"韩延徽回答说："我想念远在家乡的老母，本想告假前去探望，担心遭到拒绝，就偷偷跑回家了。"契丹国君没有继续深究，依然对他礼贤下士，待遇更加优厚了。契丹国君称帝后，韩延徽成了股肱之臣，擢升为中书令。

后来晋王李存勖派遣使者出使契丹。韩延徽给他写了一封信，解释自己返回契丹，悄悄逃走的原因，他说："我当年离开，并非不思慕明主，也并非不留恋故土，而是因为害怕王缄在大王面前进献谗言。"信的结尾处，拜托李存勖帮助照顾自己的母亲，并许诺说："只要我留在契丹一日，便可保大王境内一日平安，契丹人必不会南下侵扰。"李存勖开创后唐，执掌大权的时候，契丹人确实没有侵扰南方。韩延徽兑现了他的诺言。

智慧贴士

按照一臣不事二主的传统思想，韩延徽算不得忠臣，他曾一度为契丹人效力。抛开愚忠思想，我们会发现，韩延徽既有功于华夏民族，又有功于契丹人，对中原和契丹都是有贡献的。辅佐契丹国君时，他把中原文化和先进文明带到了契丹国，推动了契丹民族的进步，同时说服契丹统治者善待汉人，使得汉族百姓得以安居乐业。

门第观念下丑陋的世风世气

郭崇韬身为后唐宰相，权倾朝野，又兼任地方节度使，掌握兵权，地位非常显赫。府前车马络绎不绝，趋炎附势之辈都竞相巴结讨好他。由于总被众人追捧，郭崇韬愈发刚愎自用，骄纵蛮横，脾气甚为暴烈，不慎得罪了宦官。宦官经常在君主李存勖面前诋毁他，郭崇韬气愤难当，却也无可奈何。

豆卢革和韦说两个大臣，为了取悦郭崇韬，竟将其视为郭子仪的后裔。有一次，问郭崇韬："郭子仪是地地道道的太原人，后来举家前往华阴，您的宗族世代在雁门定居，难道和汾阳王郭子仪是同宗？"郭崇韬说："我的家谱在战乱中遗失了，不过以前听先人说过，迄今为止，距汾阳王郭子仪有四代了。"豆卢革顺水推舟地说："那么大人就是汾阳王的后代了。"郭崇韬不置可否，从此以名门之后自居，选拔官员、招募幕僚开始重视门第，偏袒公卿子弟，出身寒门的贤良受到了冷落。

有人毛遂自荐，向郭崇韬求官，郭崇韬皱着眉头说："我知道你很有才干，但是你出身贫贱，我担心起用你之后，会被名流大夫取笑。"由于凡事讲求门第，态度傲慢，郭崇韬为许多人所记恨。外廷大臣和内廷宦官都对他颇为不满。他曾经为李绍宏求官，要求封其为枢密使，李存勖没有同意，他又请求把枢密使的权力分给宦官一些，可宦官丝毫不领情，仍然非常讨厌和记恨他。

郭崇韬非常郁闷，想要回到家乡隐退一段时间，他身边的亲信劝阻说："大人万万不可。俗话说得好'龙游浅水遭虾戏'，蛟龙若是离开水，连小小的蝼蚁都敢欺侮它。"郭崇韬会意，继续留在朝野中观望。

李存勖宠爱刘夫人，想要立她为皇后，但正室韩夫人健在，这样做于礼法不合，更何况皇太后也不喜欢刘夫人，郭崇韬也因为刘夫人出身不够尊贵强烈反对，所以李存勖迟迟没有立刘夫人。后来郭崇韬被众人厌弃，背腹受敌，亲信便劝他说："您如果奏请将刘夫人立为皇后，皇上必然龙颜大悦，刘夫人也会对您分外感激。到时你有荣升后位的刘夫人做靠山，对付宦官就易如反掌了。"郭崇韬采纳了他的意见，于是联合文武大臣一同奏请册立刘夫人为皇后。李存勖如愿立刘夫人为后。

刘夫人是穷苦出身，一旦显贵了，就开始疯狂收敛财物，花样层出不穷。她在魏州时，曾经卖过瓜果蔬菜和柴草，当了皇后以后，想方设法地占有贡品，四方诸侯进献的贡品，有一半被她收入了中宫。她的宫室金银财宝、各色价值连城的器玩堆积如山。这些物品，她平时不用，也没有拿去贩卖，因为崇尚佛道的缘故，多半赠给了尼师。

刘夫人出身底层，像郭崇韬嫌贫爱富，看重门第，因此一直以自己的身份为耻。她的父亲是一个游医和占卜者，不受尊重。刘夫人年少时，因生得美貌，被晋军大将袁建丰掳到了王宫，从此伴随晋王李存勖左右。她的父亲听说女儿显贵了，赶忙跑到王府里认亲。李存勖让强抢刘夫人的袁建丰过来辨认。

袁建丰说："当时确实有一个黄须老头拼命护着刘夫人，应该就是眼前这位老人家。"李存勖把这件事告诉了刘夫人，刘夫人死活不肯和自己的生父相认。当时她正和王府中其他几位娇媚迷人的夫人争宠，私下里暗暗较劲，攀比门第的高低，父亲的到来让她瞬间想起了自己寒微的出身，所以她是不可能认亲的，于是没好气地说："我离开家乡时，虽然年纪小，但什么都记得，当年我父亲惨死在战乱中，我趴在他的尸体上哭了很久才离开。我父亲多年以前就去世了，现在忽然有个来历不明的乡下老头跑来认亲，真是荒唐至极。"说完让人把徘徊在宫门外的老父暴打了一顿，父女俩从此再没有相见。

🌸智慧贴士🌸

在等级森严、贵贱有序的封建社会，门第观念渗透到了各个层面，甚至可以直接作为衡量人的标尺。在当时的人看来，公卿子弟、世家大族生而优越，世代尊贵，黎民百姓生而低贱，永远登不了大雅之堂，这种观念根深蒂固，具有广泛的社会基础，所以连国相郭崇韬都未能免俗。出身寒微的刘夫人为了隐藏自己的身世，不但不敢认父，还派人殴打自己的老父，已然突破了道德底线，足见门第观念害人不浅。

后唐庄宗称霸三年败光天下之谜

李存勖喜欢游猎，每次出猎，都有一大批骑兵随行，打猎返回时经常踩踏老百姓的庄稼。洛阳令何泽实在看不下去了，就趴在草

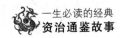

丛里等待天子驾临。李存勖骑马经过时，何泽立刻冲出来，拦在路旁苦苦劝谏说："陛下急于向天下征集赋税，如今庄稼快要成熟了，您却纵马狂奔践踏农田，这让官吏们怎么向老百姓交代呢？老百姓庄稼被毁，没有收成，还要被逼着交税，这让他们怎么活下去呢？老臣冒死进谏，希望陛下能为民生考虑，陛下若怪罪老臣，请赐老臣一死。"李存勖没有处死他，只是随口安慰了一番，就把他打发走了。

两天后，李存勖又带了一群人到伊阙打猎，令随行官吏到帝陵拜祭后梁太祖。随后一行人马翻山越岭，在莽莽苍苍的森林里围攻野兽。李存勖兴致大发，到了深夜还在疯狂猎杀飞禽走兽，不少士卒随从在围猎过程中不幸坠崖而死，摔成重伤的大有人在。三日后，李存勖尽兴而返，收获了大量猎物。

比起惊险刺激的猎杀活动，李存勖更爱美女，他把洛阳的宫殿修得富丽堂皇，一心想着要金屋藏娇。宦官们看透了他的心思，于是就想方设法地为皇帝陛下扩充后宫，不遗余力地增加侍妾和宫女的数量。有一天宦官对李存勖说："当年老奴侍奉懿宗、僖宗时，后宫非常热闹，三宫六院里的侍妾宫女加起来至少有 1 万人。如今人去楼空，妃嫔们的寝宫空荡荡的，宫室阴气太盛，成了鬼怪聚集的场所。"李存勖马上听明白了，一边找巫师施法驱鬼，一边派人到全国各地搜罗美女。许多面容姣好、窈窕动人的民间女子被纳入了后宫，住进了嫔妃们的寝宫。

李存勖收纳美女，不问出身，不问来历，只看姿色，仅从魏州收罗的妇女就超过了 1000 人。有个叫张宪的官员弄不清状况，于是上奏说："魏州妇女大批逃亡，有 1000 多人失踪，微臣怀疑是士卒把她们藏匿起来带走了。"其实这些失踪的妇女都进了李存勖的后宫。

李存勖执政之后，骄奢淫逸，昏聩不堪，非但如此，还听信谗言，忠奸不分，枉杀忠良。河南县令罗贯刚直不阿，清正廉洁，为郭崇韬所赏识。他为官期间，不畏权贵，秉公办事，表现得很有操守。朝中许多有权有势的宦官给他写信请求他通关节，给自己行个方便，罗贯从不回复，而是把这些书信全部呈给上级郭崇韬看。郭崇韬素来讨厌宦官，于是把这件事禀报给了李存勖。消息灵通的宦官知道后，对罗贯恨之入骨。河南尹张全义觉得罗贯太清高，对他十分反感，于是串通皇后、宦官一齐中伤罗贯。李存勖偏听偏信，不加详查，就认定罗贯是个不知好歹的昏官。

有一次，李存勖到寿安坤陵巡查，发现途中道路泥泞不堪，大部分桥梁年久失修，不便于通行。经过询问，得知此地是罗贯管辖的地界，不由得怒火中烧，马上下令将罗贯打入大牢。宦官挥舞着大棒暴打罗贯，把他打得遍体鳞伤。李存勖还不解恨，第二天便下诏将罗贯处死。郭崇韬说："桥路失修，是罗贯失职，但罪不及死，陛下应该依法惩处他。"李存勖怒气冲天地说："太后灵驾即将启程，朕要频繁在那个路段来往，那里桥路不畅，你还说他罪不至死，真是太偏袒他了。"

郭崇韬说："陛下贵为九五之尊，为一个地方县令生气，让天下人指责执法不公，罪过全在我，是我没有辅佐好陛下。"李存勖生气地说："他既然是你赏识的人，就由你发落吧。"说完便拂袖而去。后来郭崇韬又几次三番地为罗贯求情，李存勖不胜其烦，干脆把郭崇韬关在殿门外。不久就下令处死罗贯，暴尸示众，时人皆以为罗贯死得太冤。

🌸智慧贴士🌸

后唐庄宗李存勖本是一代雄主，少年时期即随父亲南征北战，年轻时横扫疆场，有过一段叱咤风云的峥嵘岁月。他是一个军事天

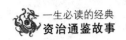

才，却不是一个合格的政治家，更不是一个贤明的君王，在位期间他践踏民田、骄奢淫逸，残害忠良，表现得十分昏庸，仅用短短三年时间就败光了辛苦打下的基业。李存勖的人生履历说明，军人并不适合从政，由军人领袖建立起来的威权政治，往往比较昏暗，不大可能给国家带来生机与希望。

靠搜刮行赏的荒唐末帝

清泰元年（公元934年），潞王李从珂作乱，从凤翔出发挥师攻入洛阳，驱逐闵帝，自立为帝。起兵时，李从珂曾许诺打下京都以后，赏赐给每位士卒100缗，占领洛阳后，三司使王玫告诉他国库有好几百万存钱。可是仔细清点才知道，财帛累加到一起，价值不过3万，而犒赏三军所需的军费高达50万缗。李从珂很失望。王玫提议大肆盘剥京都百姓的钱财填补空缺。李从珂同意了。短短几天时间，就搜刮了几万缗的民脂民膏。

李从珂曾苦恼地问官员："朕要兑现诺言慰劳赏赐军队，可作为一国之主，又不能不体恤百姓，这可如何是好。"官员建议对洛阳的全体臣民征收房产税，上至公卿子弟、达官显贵，下至黎民百姓，都必须缴纳房产税，不管是居住在自有房屋里，还是租别人的房子住，都要先上缴五个月租金。李从珂采纳了他的意见。

官兵挨家挨户搜刮，千方百计地洗劫官民，忙碌了十几天，只筹集到了十几万缗。这点钱财对于50万缗的饷银来说，无异于杯水车薪。李从珂大怒，将王玫等官吏全部打入大牢，然后变本加厉地逼迫京城百姓交钱，不分昼夜地催交税款，不停地逮人，监狱里人满为患。老百姓倾家荡产，被搜刮得一无所有，仍然不能补齐税款，绝望之下只好上吊或者投井自尽。当时每天都有人自杀，而那些把百姓逼向绝路的士兵却得意扬扬，招摇过市，官民的矛盾恶化到了不可收拾的地步。

城里的百姓唾骂士兵说："你们为皇上鞍前马后效力，出生入死征战确实也不容易。但为什么要让老百姓遭受鞭挞和暴打？朝廷用我们的血汗钱犒赏你们，你们不但不善待我们，还飞扬跋扈欺侮我们，总是洋洋自得，你们这么做，一点都不惭愧吗？"李从珂不在乎百姓的看法，继续筹措饷银。他把府库里值钱的东西和珍贵的贡品都拿了出来，后宫里精巧的首饰、器皿全都搜刮了出来，即便如此，也只是拼凑了20万缗而已。

李从珂万分焦虑，严厉责备了枢密直学士李专美："世人都称赞你有能力有才干，然而你却不能为朕分忧，你的才干都用在哪里了？"李专美说："微臣愚钝，有负于陛下的提携。但是军饷凑不齐，不是微臣的责任。自明宗开始，朝廷大加赏赐军队，士兵因此变得越来越贪婪，越来越骄纵。由于犒赏过重，又连年兴兵，再加上修建帝陵，国库早已枯竭了。朝廷即便有取之不尽用之不竭的钱财，也填不满士兵无穷的贪欲。正是因为如此，陛下才轻易夺取了天下。陛下如果不吸取教训，不仅会让百姓受苦，还会把国家推向灭亡的境地。现在国家财力有限，只能把仅有的东西赏赐给大家，不能履行当初夸口许下的诺言了。"

李从珂认为李专美言之有理，于是下诏赏赐军官士兵，追随自己凤翔起兵的重要将领赏赐两匹战马、一头骆驼、70缗钱，普通士兵每人赏赐20缗钱，驻守京都的士兵赏赐10缗钱。那群骄兵得了赏钱，仍然抱怨连连，作歌谣曰："除去菩萨，拉立生铁。"意思是闵帝像泥塑的菩萨一样软弱，而李从珂却像钢铁一样冷硬不近人情，后悔追随李从珂打天下了。

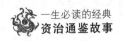

智慧贴士

李从珂为了夺取天下，打白条犒赏部下，上位后苦心孤诣地履行承诺，用尽各色方法敛财，几乎榨干民脂民膏，迅速失去了民心。他不懂得"水能载舟亦能覆舟"的道理，天真地认为只要拥有强大的军队，就能坐拥天下，结果当了两年皇帝就被拉下了马，兵败身死。

酒杯中的乾坤与阴谋

吴国东海郡王徐温的儿子徐知询手握雄兵，称霸一方，官拜镇海宁国节度，一时风光无两，因此看不起哥哥徐知诰。徐知诰是徐温的养子，与徐家没有血缘关系，长期以来，徐知询根本就没有把他当成自己的兄弟。两人关系不睦，没完没了地争权夺利，有如仇敌一般。内枢密使王令谋向徐知诰进言说："你作为朝中重臣，长期辅佐君王，若能挟天子号令整个吴国，谁敢抗命不遵？徐知询太过年轻，还没有积累起威信和恩德，成不了大事。"

徐知询不仅对哥哥不敬重，对弟弟态度也很恶劣。他的弟弟全都恨他入骨。徐玠认为徐知询不懂孝悌之道，刻薄寡恩，且愚顽不堪，不值得辅佐，于是就暗中观察徐知询的一举一动，把掌握的把柄毫无保留地告知徐知诰。吴越王钱镠曾经给过徐知询一些御用品，材质皆为金玉，物品多种多样，马鞍、马勒、器皿不一而足，上面雕龙附凤，甚为气派。徐知询不假思索地笑纳了，还在光天化日之下公然使用这些御用品。

周廷望对徐知询说："不如把这些宝贝献给有功的老臣，把他们都拉拢到自己一边，到时就没有人倒向徐知诰了，他势单力孤，再也不能和你争锋了。"徐知询同意了，把结交权臣的事委托给了周廷望。周廷望和徐知诰的心腹周宗私交甚笃，于是通过这位朋友转达了愿另投明主的意愿，顺理成章地成了徐知诰的耳目。他为徐知诰效力时，经常把一些机密信息透露给徐知询。

徐温去世后，徐知询要求徐知诰尽孝道，马上前往金陵服丧，徐知诰以吴国国君不恩准为由，断然拒绝。兄弟俩互相猜忌，感情降到冰点。周宗私下里对周廷望说："徐知询至少做了七件违背人臣之道的事，应尽快向朝廷请罪。"周廷望把原话分毫不差地转达给了徐知询。徐知询入朝后，徐知诰把他留在了京师，让他担任统军和镇海节度使，又派人把金陵的军队调回了江都。不久徐知诰独揽大权，成为不可小觑的重量级人物。

徐知询责备徐知诰说："先王过世，你作为人子，却不肯前去奔丧，这么做符合道义吗？"徐知诰理直气壮地说："你早已拔剑出鞘等着杀我，我怎么敢去？你身为臣子，擅自储存御用的车驾服饰，这难道符合君臣之道吗？"徐知询反唇相讥，援引周廷望的话斥责痛骂徐知诰。徐知诰感到很奇怪："把你的举动和过失透漏给我的正是周廷望。"兄弟俩这才知道周廷望是个双面间谍，两头讨好，从中挑拨离间，顿时觉得自己被戏耍了，一怒之下，将周廷望推出去砍了。

后来，徐知诰又领了两个官职，兼任中书令和宁国节度使。走马上任后，徐知诰盛情邀请弟弟徐知询到家中庆祝。席间，徐知诰举起金杯给徐知询斟酒，祝福他说："祝愿弟弟寿比南山，希望你能活过千岁。"徐知询怀疑酒里下了致命毒药，于是把一半的毒酒倒入其他杯子，献给徐知诰说："我愿和哥哥分享千年的寿命，每人都活五百岁。"徐知诰闻言脸色大变，死活不肯喝。徐知询一直跪着献酒。旁边的人心生疑窦，不知发生了什么事。优伶申渐高若无其事地走过去，说了几句逗趣的俏皮话，把两杯酒倒在一起，仰起头来

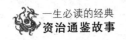

一饮而尽，然后怀揣着带毒的金杯快速退出。徐知诰连忙派人给申渐高送解药，可惜为时已晚，申渐高已经毒发身亡了。

◈智慧贴士◈

南唐烈祖徐知诰毒死弟弟徐知询一方面是为了自保，另一方面是基于争权夺利的需要。由于在古代社会，奉行的是父死子继的继承制度，兄弟之间为了抢夺爵位、权势和财产，往往会争得头破血流，其中以豪门大族和皇族斗争最为残酷。徐知诰、徐知询兄弟相残，原因便在于此。

装神弄鬼，作法自毙的奸贼

闽国国君王延钧非常迷信，时常敬拜鬼神，术士、巫师投机所好，都受到了礼遇和宠信。臣子薛文杰："皇上身边有许多祸国殃民的佞臣，不问鬼神，不能分辨谁是忠臣，谁是贤臣。盛韬精通法术，能和鬼怪沟通，可以让他帮助您查找奸臣。"王延钧欣然应允。

薛文杰和吴勖关系不睦。吴勖卧病休养期间，薛文杰前去探视，不怀好意地说："皇上见你久病不起，想罢免你的职务，让年富力强、体格健壮的大臣取代你做枢密使。我赶忙对皇上说你身体并无大碍，只是略感头痛而已，过不了多久就会痊愈的。等到皇上派人来问，你回答要慎重些，别说得了其他病，就说头痛，这样皇上才能放心。"吴勖误以为对方是在为自己考虑，不假思索地答应了。次日，薛文杰教唆盛韬进谗言说："我到北庙祭拜神明，恰好看到崇顺王审讯吴勖，问他为何犯上作乱，紧接着就对他用刑了，用铜钉扎入了他的头颅，还用金椎重重地捶打了他。"王延钧把这件事告诉了薛文杰。薛文杰说："此事未必可信，陛下还是派人确认一下吧。"

王延钧马上派人询问吴勘的病情，吴勘回答说自己并未染上恶疾，所患的是头病，没什么大碍。王延钧大怒，误以为吴勘图谋不轨被神明发现，头部受到铜钉、金椎的重击，这才头痛不止，于是不由分说地把吴勘逮捕下狱，并派薛文杰和酷吏用各种刑罚拷问他。吴勘屈打成招，被迫承认自己谋反，不久就被处死了，妻儿也被诛杀了。闽国的老百姓都知道这是一起冤案，暗暗为吴勘鸣不平，心里非常恼怒。

后来吴国大将蒋延徽和闽国的军队交战于浦城，一举击溃了闽军，乘胜包围了建州。王延钧惶恐万分，立刻调派张彦柔、王延宗火速驰援建州。王延宗的大军行至半路，忽然踟蹰不前，士兵誓死不肯继续行军，并扬言说："不交出薛文杰这个奸臣，我们无心去讨贼。"王延宗立刻派人把这件事情禀报给了王延钧。闽国百姓听说官军因为痛恨薛文杰，不愿赶赴前线抵御敌军，举国哗然，人心惶惶。

太后和福王王继鹏哭着劝王延钧说："薛文杰欺世盗名，擅权妄为，残害官民，全国上下都对他恨之入骨。现在敌兵已经侵入我国腹地，我们的士兵不愿抗敌，社稷危如累卵，你留着薛文杰有什么用呢？"当时薛文杰就在旁边，听了这话，非常害怕，不停地为自己申辩。王延钧叹了口气说："朕也不想惩治你，可事到如今，你自己看着办吧。"

薛文杰从宫里走出来的时候，王继鹏忽然从启圣门冲了出来，举起朝笏狠狠地向他砸去，将其打倒在地，然后把他关进了槛车。老百姓对囚车里的薛文杰唾骂不止，不断向他投掷瓦砾。薛文杰竭力掩饰自己的恐惧，扬言说三天之后，神明一定保佑自己脱险。押送他的官吏听罢，抓紧时间赶路，只用了两天时间就把他押送到了军营。士兵非常愤怒，挥舞着各种利器切割他的皮肉，并剔出骨头，放在口里用力咀嚼，将其生生折磨死了。王延钧后悔把薛文杰交给军队了，派人快马加鞭送赦书挽救薛文杰，免除他的死罪，使者到来时，薛文杰已经被残忍杀死了。

以前的槛车空间很大，犯人在里面行动不受限。薛文杰为了让囚犯多吃些苦头，在四面插了铁，锋尖一律向内，这样里面的人稍微活动一下，就会被铁尖刺伤，要想不受伤，必须长久保持一个姿势，非常痛苦。没想到新式槛车刚刚做成，薛文杰就成了第一个享用的犯人。被一路押到军营，惨遭士兵活剐，在极其痛苦的情形下可耻地死去。可谓是一种莫大的讽刺。薛文杰死后，他的同党盛韬也被诛杀了。

◈智慧贴士◈

薛文杰装神弄鬼、陷害忠良，作恶多端，为天下人所不容，前线官军痛恨奸贼当道，以不肯出兵抗敌相要挟，终于除掉了这个祸害。薛文杰这种奸佞猖獗一时，是因为闽国国君王延钧迷信昏庸，亲小人而远贤臣，铲除一个薛文杰，并不能完全净化官场风气，昏君执政，政治清明的局面是很难出现的。

后晋纪

《后晋纪》上启天福元年（公元 936 年），下至开运二年（公元 945 年），仅有 9 年历史，讲述的是五代中第三个朝代后晋的历史。后晋国由沙陀人石敬瑭创建，共历二帝，又名石晋国。石敬瑭原本是后唐国君的女婿，曾为河东节度使，是在契丹人的帮助下，推翻旧朝开创新朝的，故而对契丹极为恭顺，不仅认契丹国君为父，自称儿皇帝，还割让了燕云十六州，严厉打击国内的反契丹势力，他谄媚讨好的举动，并没有换来长久的和平，养子出帝即位不久，后晋即为契丹所灭。司马光以生花妙笔记述了那段风云跌宕的历史，并收录了同时期的其他割据政权的部分国史，为我们再现了那个内外交困、风雨飘摇的特殊时代。

安重荣的北伐梦

后晋高祖石敬瑭向契丹屈膝俯首，自称儿皇帝，前成德节度使安重荣深以为耻，每每接契丹派来的使者，必叉开腿破口大骂，有时还会派人暗杀过境的使者。契丹人非常生气，经常责备石敬瑭。石敬瑭频频致歉。

六月，安重荣扣留了契丹使者，大举劫掠幽州南境，在博野安营扎寨，上疏说："吐谷浑（西北少数民族创建的国家）、两突厥（即东突厥和西突厥）、浑、契、沙陀（我国北方少数民族）皆率众归附我天朝，党项人出示了契丹颁发的职牒，说他们饱受契丹族的压迫欺凌，奉命准备兵马南下抢掠，他们不想陪契丹一起灭亡，愿筹备 10 万兵马，联合晋国一同征讨契丹。朔州节度副使赵崇将契丹委任的节度使驱逐出境了，要求归顺我中原王朝。陛下令我恭顺地侍奉契丹，希望我不要无事生非挑起事端，可如今天意民心都归向我朝，我们不能错失良机。节度使们都盼望着王师北伐，收复中原，希望朝廷早作决断。"

奏章言辞激切，严厉斥责了石敬瑭认贼作父，竭尽中原之物力取悦胡虏的谄媚行径，表达了自己北伐的决心。呈上奏章以后，安重荣又给朝廷重臣写了信，令各藩镇调兵遣将，准备和契丹决一死战。石敬瑭担心安重荣手握重兵不受管制惹出麻烦，甚为焦虑。

当时刘知远在大梁，泰宁节度使桑维翰得到情报，知道安重荣不满石敬瑭与契丹国主约为父子，割让国土，决定起兵反晋，于是秘密上疏说："陛下能逃离晋阳之难，坐揽天下，全赖契丹人相助，我们不能背离契丹人。安重荣是个骄悍的莽夫，一向尚武轻敌，不可信赖。吐谷浑想借刀杀人，意图借助我们的力量消灭契丹，我们不能上当。微臣默默观察契丹多年，觉得他们兵强马壮，骁勇善战，非常强大，吞并四邻，攻城略地，势不可挡，入主中原如入无人之境。他们的君主智勇双全，雄才伟略，臣子和睦融洽，牛羊众多，水草丰美，境内鲜有天灾。我们不能与他们为敌。更何况，中原刚被契丹人打败，士气低迷，让残兵败将抵挡契丹的骁勇之师，是不可能取胜的。契丹对我朝有恩，两国又有盟约，契丹没有过错，我们不能无礼挑衅。即便暂时获得了胜利，也会后患无穷，万一不能取胜，情势危矣。恳请陛下休兵，与民休息，杜绝奸谋。"

石敬瑭看完这份奏疏之后，几日来一直迟疑不决，甚为忧烦。后看了这份奏章，如醉方醒，豁然开朗，马上知道该怎么定夺了。

◈智慧贴士◎

石敬瑭是在契丹人的帮助下登上皇帝宝座的，故而即位后，对契丹卑躬屈膝，有求必应，不允许国内有反对的声音。后晋大臣为了迎合皇帝的心意，主和不主战，唯有安重荣反对割地称臣的卖国行径，想要挥师北伐，甚至不惜反叛朝廷。安重荣此举是为了一雪国耻，顺应天道人心，其抵抗外侮的勇气是值得称颂的。

醉汉皇帝：酒后秒变刽子手

闽国国君王曦性情残暴，醉酒时好杀人。有一天夜里宴饮，宰相李光准喝醉了，拂逆了王曦的旨意。王曦大怒，当即下令将李光准捆送至刑场处斩。官员不敢执行命令，当夜把李光准押入了大牢。次日，王曦酒醒了，上朝时赦免了李光准，恢复了他的宰相之位。

晚上，王曦又举办了夜宴，喝得酩酊大醉，神志不清时下令逮捕翰林学士周维岳。狱吏打扫干净了牢房，整理好了床铺迎接他，安慰他说："昨日宰相也在这里过夜，大人无需多虑，也许明天就能出去了。"王曦清醒之后，二话不说就把周维岳放了。数日后，王曦又设宴饮酒，大臣们醉酒之后三三两两散去，座席上只剩下周维岳一人，继续开怀痛饮。

王曦问左右："周维岳长得那么矮，为什么酒量那么大呢？"左右回答说："酒量大的人肯定是长了一副专门装酒的肠子，身材不必高大，也能喝下很多酒。"王曦大喜，下令马上剖开周维岳那副专门盛酒的肠子一探究竟。有人说："把周维岳剖腹杀死，以后就找不到

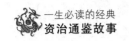

能陪伴陛下开怀畅饮的人了。"王曦沉吟片刻，马上改变了主意，又把周维岳放了。

王曦十分宠爱美貌可人的尚妃，平时对她有求必应，醉酒时更是千依百顺，尚妃想要除掉的人，他当场就下令将其处死，尚妃想要宽恕的罪人，他马上下旨放人。校书郎陈光逸见皇帝视国法如儿戏，不由得痛心疾首，对朋友说："君主没有德行，国祚必不长久，我准备以死相谏。"朋友劝他不要冒险。他不听，在奏疏中历数王曦的种种罪恶，罗列了50条罪名，言辞凿凿地批判国君昏庸无道。王曦勃然大怒，喝令卫士狠狠鞭挞陈光逸。陈光逸被责打了数百下，伤痕累累，但仍没有死。王曦便命人将他吊在庭院的大树上缢死。陈光逸悬挂在树上，支撑了很久才咽气。

女儿大婚之际，王曦查看花名册时，发现有12位官员没有前来朝贺，十分恼怒，立即下旨把那12人拖下去廷杖。御史中丞刘赞因未及时举报漠视公主大婚的臣子，也要受到廷杖的惩罚。刘赞忍受不了这种差辱，决定自杀明志。谏议大夫郑元弼说："正所谓'刑不上大夫。'中丞是掌管典狱刑罚的人，陛下怎能廷杖他呢？"王曦厉声喝问道："你是想要做魏徵吗？"郑元弼说："微臣斗胆效法魏徵，是因为把陛下看成了虚怀纳谏、从善如流的唐太宗。"王曦听到这样的赞誉，十分高兴，怒气消了大半，于是赦免了刘赞。刘赞虽然逃脱了杖责，仍然郁愤不平，不久即忧愤而死。

李后的父亲卧病不起，王曦亲自前去探望。朱文进、连重遇两位大臣合谋弑君，派人刺杀王曦，王曦死于马背上。朱文进、连重遇召集群臣说："闽国是太祖昭武帝一手开创的，如今他的子孙残暴无道，老天已经抛弃了王氏家族，我们应该另立贤君。"大臣面面相觑，不敢言语。连重遇一把将朱文进推上了御座，给他皇上天子的服饰和冠冕，带着文武百官面北朝拜。朱文进加冕称帝，成了新任的闽国国君。即位后，他马上展开了斩草除根行动，诛杀了王氏家族50余人。礼部尚书郑元弼不承认朱文进的合法地位，被罢免，后来也被杀了。随后，朱文进遣散了宫人，终止修建宫殿，纠正了王曦时期的政策。

智慧贴士

王曦每饮必醉，醉后好杀人，瞬间由神智错乱的酒鬼变成冷血恐怖的刽子手，酒醒之后往往会改变最初的决定，善于揣摩圣意的官员、属吏时常刀下留人，使许多大臣躲过了一劫。王曦之所以会养成酒后杀人的奇葩嗜好，是因为皇帝执掌天下人的生杀予夺大权，可以随心所欲地处置任何人，这是人治社会的毒瘤所在，荒唐暴君层出不穷，根源便在于此。

白团卫大捷：逆风而战，以弱胜强的战役

晋军在白团卫村安营扎寨，契丹人将晋军的营垒重重包围，并绕到营寨后袭扰晋军押送粮草的队伍，切断了晋军的粮道。黄昏时分，刮起了凛冽的东北风，狂风过境，屋子被摧毁，树木折损，一片狼藉。在这样恶劣的天气中，晋国的士兵坚持掘井取水，每次刚刚出水井壁就坍塌了，士兵只好把沾有污泥的浑水取来，用布帛吸满，再拧出来饮用。由于水源有限，人和马都非常渴。

早上，大风刮得更加猛烈了。契丹国主坐在车上发号使命："我们必须把这批晋军全部俘虏，然后挥师南下，一举攻克大梁。"然后指挥大军作战，令士兵闯入晋军营寨，顺着风向放火扬尘。晋兵气愤地说："都招讨使为何迟迟不肯下令出战，眼睁睁看着士兵白白受死？"将领们一致要求出战迎敌。杜威平静地说："等到风力减缓后，

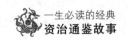

再看看是否有利于作战。"李守贞说："现在敌众我寡，风势强劲时，飞沙走砾遮天蔽日，彼此看不清，人们不了解双方兵力的悬殊，这时奋勇作战才有胜算，狂放大作时交战，于我军有利。等到大风止息，我们这点儿兵力抵挡不住大军，怕是要全军覆没了。不如你守卫军营，我率领中军痛击敌兵。"

张彦泽和部将商量作战方案，诸将异口同声地说："胡虏现在正处在顺风向，形势对他们有利，等到大风往回吹时，我们再顺风发动袭击。"张彦泽认为他们说得很有道理，决定风向改变时再出战。诸将离开军帐后，药元福留了下来，他着急地说："我们的人和马都非常饥渴，等到风往回刮再交战，我们早就成了敌兵的俘虏了。现在契丹人一定认为我们不可能逆风进攻，我们应该抓住这个机遇，出其不意地发动突袭，令他们措手不及。"

符彦卿说："与其坐以待毙，还不如战死沙场。"说罢，和张彦泽、药元福等人领兵出战，诸将见状，都跟着上阵杀敌。契丹大军且战且退。符彦卿问李守贞："我们是来回往返，不断闪击敌人好呢，还是一鼓作气勇往直前，不得胜不撤退好呢？"李守贞说："事已至此，不能调转马头了，不取胜绝不收兵。"符彦卿等人策马上前，风越来越大，一时间昏天黑地，视线一片模糊，1万多晋军呼喊着闯入敌阵，冲乱了契丹人的队形。契丹兵大乱，败走20余里。契丹重甲兵铁鹞军一路丢盔弃甲，仓促逃跑的过程中损失了不少装备和战马。

溃退的契丹散兵退守阳城东南部，慢慢调整队列，开始恢复军阵阵形。杜威说："他们已经吓破了胆，一击即溃，这时千万不能让他们再恢复队列。"马上派精锐部队追击契丹溃兵。契丹兵顾不得修整队形，纷纷渡水逃走。契丹国主乘车逃出10余里，逃跑途中捕获了一头无主的骆驼，骑着骆驼逃走了。晋军将领想要乘胜追击。杜威说:"我们遇到强敌没有全军覆没,已经算是万幸了,还有必要继续追击吗?"李守贞说:"我们的人和马都焦渴到了极点,刚刚喝足了水,身体猛然加重,不能急速狂奔,不如马上收兵,保全军队。"晋军没有追击败逃的契丹人,退守到了定州。

智慧贴士

白团卫村之战,是一次以少胜多的战役,晋军在兵力稀少、风向不利的情况下,出其不意袭击晋军,成功取得了大捷。晋军能克敌制胜,靠的不是运气,而是智慧,他们懂得怎样扭转劣势,能够化不利为有利,做出令敌军出乎意料的举动,把"上攻伐谋"的用兵之道发挥到了极致。

皇亲贵戚的两副面孔

杜威贵为皇亲国戚,又是顺国节度使,不免妄自尊大。驻守恒州时,他经常破坏法纪,动辄以筹集边防物资的名义搜刮民财,老百姓的血汗钱全都进了他的个人腰包。当地的富人要是有什么稀罕的宝物或是姿色动人的美女、价值不菲的良马,他都会想方设法夺来,随便编个罪名就把人处死了,然后抄没对方的家产。

杜威对待手无寸铁的百姓非常强横残暴,在契丹人面前却胆小如鼠。每当数十个契丹铁骑大摇大摆地闯入境内,杜威都会下令关闭城门,自己登上高台观察敌情,不敢一矢相加。有时只有区区几个敌兵粗暴地驱赶着成百上千的汉人从城下走过,杜威也不敢轻举妄动,只能伸长脖子眼睁睁地看着,丝毫没有营救百姓的打算。由于杜威一再妥协,契丹人更加无所忌惮,频繁犯境攻城,烧杀掠抢,杜威不曾出兵救援,任由敌兵荼毒中原百姓。方圆千里,村落尽毁,

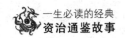

人烟断绝，荒原上到处都是腐烂的尸体和森森白骨。

杜威的辖区凋敝不堪，他觉得镇守一方没有前途，又非常畏惧契丹人，于是多次上疏请求调入京师做官。出帝不批准。杜威急了，抛下了军镇独自入朝。满朝哗然。桑维翰进言说："杜威公然违抗君令，擅离职守，平时居功自傲、贪得无厌，边陲战火连天的时候，不愿守土抗敌，陛下应该马上罢免了他，以防后患。"出帝不悦。桑维翰改口说："陛下若是实在不忍心免除他的职务，不妨把他调到京都附近的小镇，不要让他继续驻守边疆地区的雄藩大镇了。"出帝说："杜威是朕的亲属，不可能怀有异心，他擅离边镇，是为了约见宋国的长公主，你不要再胡思乱想了。"自此以后，桑维翰再也不敢犯颜直谏了，感到无比失意，不久即以足疾为由辞去了官位。

智慧贴士

在一人得道鸡犬升天的封建社会，皇帝至高无上，皇亲国戚自然尊贵无比，他们即使没有德行没有操守没有功劳，也能身居显位，作威作福，即便恶贯满盈，也不会受到惩治。作为特权阶层的代表，他们自然会凌驾于官民之上，并受到皇权的庇护，地位稳固不可撼动。杜威的例子便是明证。他无德无才，却地位显赫，在百姓面前总是耀武扬威，可是面对强敌，则变得胆小如鼠，前后判若两人，有如生了两副面孔，这两副面孔都很真实，暴露出了特权阶层色厉内荏的特点。

后汉纪

《后汉纪》上启天福十二年（公元 947 年），下至祐三年（公元 950 年），仅有 3 年历史，讲述的是五代第四个朝代后汉的历史。后汉国由河东节度使刘知远创建，存在时间非常短暂，历经二帝就灭国了。司马光记录了契丹人入主中原时汉臣屈膝折节的情况，以及开国皇帝刘知远趁乱而起，一边竭力讨好外敌，一边打着恢复中原的旗号拥兵自立的历史。

辽太宗入主中原

天福十二年（公元 947 年），后晋的官员辞别了出帝，跪迎新主辽太宗，所有人都脱去了朝服，改换成青衣小帽的打扮。辽太宗穿着漂亮的铠甲和厚实的貂皮大衣，头顶貂皮做成的帽子，骑着高头大马，威风凛凛地出现在高岗上，令官员们起身。有个叫安叔千的将军会说契丹语，从队伍里走了出来，向辽太宗表示忠心。辽太宗说："你以前多次上疏向我朝表示过忠诚，我现在还记得。"安叔千连忙顿首称谢，遵照契丹的君臣之礼，退了下来。

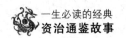
出帝和太后想要迎接辽太宗，辽太宗没有见他们。辽太宗率兵入城之后，城里的老百姓惊叫着四散逃走。辽太宗登上城楼，派官员安抚百姓说："不要惊慌，我们辽人也是人，不会伤害你们的。我们无心进犯你们，是汉人的军队把我们引到这片土地上来的。"

初二，张彦泽受到了控告，高勋揭发他草菅人命，杀害自己的家人。辽太宗觉得张彦泽罪无可恕，再加上对张彦泽劫掠京城的强盗行为很不满，于是就不由分说地将其逮捕归案。官员们都认为张彦泽论罪当诛，百姓竞相控诉他的罪状。为了平息民愤，辽太宗第二天就把千夫所指的张彦泽斩首示众了。张彦泽以前犯下多起命案，一些士大夫惨遭杀戮，受害者的子孙全都系着麻布腰带挂着丧棒仰天大哭，一边哭丧一边唾骂张彦泽，不时举起丧棒击打仇人的尸体。

后晋灭亡后，出帝降为负义侯，全家被赶到了封禅寺。辽太宗经常派人前去慰问。出帝每次会见使臣，全家人都感到惊恐，生怕契丹人灭口。当年，一连数十日都是雨雪天气，出帝一家饥寒交迫，苦不堪言。太后派人向寺里的和尚讨要食物，传话说："我曾经给本寺施舍过丰厚的食物，足有几万和尚受过恩惠，难道所有人都忘记了？"和尚回复说："契丹人的脾气难以揣测，我们不敢贸然进献食物。"万般无奈之下，出帝只好低三下四地向看守乞食，这才得到一些果腹之物。

辽太宗为防有变，重兵把守宫门城门，向众臣宣布："以后不需要再打造兵器，招兵买马了，我朝将使中原百姓休养生息，尽量轻徭薄赋，到时就四海安定，天下太平了。"初九，辽太宗脱下了契丹人的传统服饰，换上了汉服，戴上了帽冠，遵照中原王朝的礼仪接受百官的朝拜。出帝一家在辽兵的护送下，踏上了漫长的北迁之路。半途中，经常挨饿受冻。大臣都不敢过来嘘寒问暖。只有刺史李谷跑过来进献财物，君臣见面之后，忍不住抱头痛哭。

智慧贴士

辽太宗耶律德光死后，依旧契丹人习俗，被做成了干尸，成为我国历史上唯一的一位木乃伊皇帝。他在世时，灭亡了后晋王朝，强势入主中原，执政早期，惩治凶恶，安抚旧朝皇帝和遗老遗少，并承诺善待百姓，本有希望成为一代英主，可惜不能善始善终，得势以后便忘乎所以，最后被民众所弃，功败垂成。

老谋深算，趁乱而起的后汉高祖

辽太宗在中原称帝后，各色贡品源源不断地涌入皇宫，他这才晓得天朝有多么富饶，于是开始沉迷于享乐。契丹士兵也很快腐化了，为了迅速聚敛财富，他们经常以牧马为由到处抢劫，把公开劫掠活动称之为"打草谷"。契丹骑兵在光天化日之下杀人越货，比江洋大盗还要嚣张和凶狠。敢于反抗的壮年男子被当场打杀，老弱病残由于家里被洗劫一空，活活饿死，沟壑中尸体横陈，一片狼藉。洛阳大梁方圆数百里的地区都惨遭荼毒，辽太宗睁一只眼闭一只眼，纵容骄兵残害百姓。

辽太宗不仅没有惩罚贪得无厌的士兵，还吩咐大臣刘昫筹集物资犒赏三军。当时国库空虚，刘昫没办法交差，于是派人以各种名义搜刮百姓，老百姓被剥削得一无所有，不知道该怎样活下去。辽

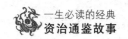

太宗并没有把收缴上来的财物分发给士兵，而是暂时把东西存放在府库里，打算运回契丹。京城百姓无比痛恨契丹人，恨不能马上把这些外来入侵者赶走。

后晋灭亡之前，刘知远就早已料到出帝要大祸临头了。契丹兵强马壮，武力强大，后晋根本不是它的敌手。每次契丹犯境，刘知远都袖手旁观，从未出兵迎击过敌人，直到契丹人挥师南下，攻破了后晋的国都大梁，他才派兵驻守四方，紧接着就上表为辽太宗贺喜。辽太宗嘉奖了刘知远，按照契丹的君臣之礼，赐给他一支特别的手杖。这手杖是稀罕物，只有宠臣和重臣才能得到。刘知远进献了马匹和上乘的丝织品，迟迟不肯前往京都谒见辽太宗。辽太宗派人传话说："你既不肯为南朝效力，又不愿侍奉北朝，究竟在观望什么？"

郭威对刘知远说："契丹人已经开始怀疑和憎恨我们了。辽太宗欲壑难平，残暴无道，必不能长久统治中原。"有人建议刘知远征讨契丹，夺取天下，刘知远觉得时机不成熟，冷静地分析道："契丹人攻占了京都，又招降了10万后晋士兵，实力大增，我们不能贸然发兵攻打。他们不过是贪图中原的财物而已，抢够了东西就会挥师北上，到时我们再趁虚而入夺取天下，岂不是更好？"

辽太宗靠武力夺取了天下，不知道自己是否能长久保住江山，更不清楚前朝遗老是否真心拥戴自己。有一天，他把旧朝官员全部召集到大殿之内，试探性地问："中原地域广大，习俗与我国大相径庭，我为你们扶立一个汉人君主，如何？"后晋官员吓出了一头冷汗，马上回应说："正所谓天无二日、国无二君。无论是契丹人还是我们中原的汉人都诚心诚意拥戴陛下，绝无二心。"大家一遍又一遍地重复这几句话，不厌其烦地表达自己的忠诚。辽太宗终于说："你们既然一致要求我做皇帝，那我就不推辞了，可是现在该做些什么呢？"大臣告诉他新皇登基，应该大赦天下。辽太宗于是穿戴起帝王的衣冠，一步步登上了正殿。文武百官分列两旁。契丹人穿着传统的民族服饰站在队列里。辽太宗扫视百官，然后宣布大赦天下。

不久，雄武节度使何重建顶不住压力，屈膝向后蜀投降，刘知远听说后，感叹说："如今胡虏入侵，中原沦陷，藩镇归附外国，我作为地方父母官，真是羞愧难当啊！"将领们闻言，连忙奉劝刘知远自立为帝。刘知远假意推辞。后来他听说出帝被驱逐到了北方，发誓要把这位前朝皇帝迎回晋阳。数日后，召集各军，准备出兵。将士们都说："如今京都失守，天子被掳，中原无助。能号令天下的，除了您还有谁呢？请您先即位登基，再发兵讨逆。"说完，竞相高呼万岁。

刘知远推辞说："大敌当前，我中原士气不振，现在最重要的是建功立业，而不是忙着称帝，士兵懂什么？"两天后，张彦威等大臣连续上疏三次，强烈要求刘知远称帝，刘知远迟疑不决。郭威急了："大王一味谦让，不肯顺应天意人心及早即位，等到人心有变，怕是会招来祸患，到时后悔也来不及了。"刘知远不再辞让，在众人的拥立下即位登基，创建了后汉政权。

智慧贴士

辽太宗在中原称帝时，后晋官员纷纷俯首屈膝，不再追求民族气节，也不奢望光复汉家河山，唯刘知远表现得忧国忧民，试图号令天下兴兵讨逆，似乎很有骨气，事实上他是想拥兵自立，根本不关心民族大义和百姓死活。

外敌入侵时，他一味拥兵自重、隔岸观火，甚至卑躬屈膝讨好敌人，事后却扮演起了拯救者的角色，宣布要解救汉民于水火，实在荒唐可笑。然而就是这样一个两面三刀的人物却开创了一个王朝，建立了后汉，可见在污浊的俗世当中，野心勃勃、善于玩弄伎俩的阴谋家更容易成就一番霸业。

后周纪

《后周纪》上启广顺元年（公元 951 年），下至显德五年（公元 958 年），仅有 7 年历史，讲述的是五代最后一个朝代后周的历史。后周国是自诩为周朝虢叔后裔的郭威创建的，历经三帝而亡。手握重兵的赵匡胤在陈桥发动兵变，得以黄袍加身，开创了北宋王朝，推翻了后周的统治。

以暴制暴，暴力执法的节度使

显德三年（公元 956 年），周行逢出任武平节度使，他决心做一个好官，惩治境内的贪官污吏，废除马氏政权的苛捐杂税，选拔正直廉洁的官吏。朗州一带治安混乱，汉人和少数民族杂居，不好管理，那里的将领普遍飞扬跋扈，目无法纪，周行逢到任后，严惩不法之徒，对任何人都不姑息，众人又惊又怕，满腹怨恨。

有个大将纠集了 10 多个党羽，打算聚众作乱。周行逢知道了，在他们行动之前，摆下酒宴邀请众人到府上做客。酒过三巡之后，周行逢缉捕了首恶，列举其罪状，然后厉声质问道："我平素粗衣劣食，为的是充实府库，发军饷供养你们，你们为何要背叛我？今日

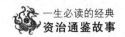

的宴席是你们吃的最后一餐，姑且当作诀别宴吧。"说完就把预谋作乱的人全部杀死了。其他将领见状深感不安，满脸惊恐之色，周行逢安抚大家说："有罪之人已经被我正法了，你们无罪，无须多虑。"将领们如释重负，继续饮酒。

周行逢果敢有决断，谋略过人，但凡有人想作乱或叛逃，往往能事先觉察，先发制人，部下都很敬畏他。他嗜杀成性，又比较多疑，发现一点儿蛛丝马迹或听到一点传言，不加详查，便动手杀人，致使许多人白白枉死。各州都有他布下的耳目，定期向他汇报当地的情况。邵州的暗探搜集不到可汇报的情报，就拿刺史刘光委频繁宴请宾客聚众饮酒一事搪塞。周行逢狐疑地说："刘光委经常聚集宾客，一定在暗中谋划什么，必然是在背后算计我。"于是把刘光委招来杀了。衡州刺史张文表担心同样的灾祸发生在自己身上，主动要求解甲归田，周行逢同意了。

周行逢的夫人邓氏反对他推行严刑峻法，认为用法太严苛，会导致人人自危，没人敢为他效力。邓氏虽然相貌平平，但却很有见地，屡次规劝丈夫悬崖勒马。周行逢怒道："妇道人家懂什么?"邓氏不悦，毅然从家里搬了出去，迁居到乡下茅舍独自生活。周行逢多次派人接她回去，都被她拒绝了。

一天，邓氏带着仆人到府衙交税，周行逢亲自接见，疑惑地问："我是堂堂节度使，夫人何必亲自上门交税，如此劳苦，为的是什么?"邓氏回答说："节度使不率先垂范，积极交税，凭什么要求百姓自觉缴纳赋税?"周行逢请求夫人搬回府上，重修旧好。邓氏说："你杀戮太重，我担心惹祸上身，住在乡间茅舍反倒安全一些。"周行逢羞愤难当。他的僚属说："夫人说得很有道理，你该听夫人的。"

周行逢性情暴烈，早年曾因触犯刑律，被处以黥面之刑。有人见他年纪轻轻，就被打上刑徒的烙印，很是同情，于是对他说："你脸上刺了字，可能遭到官方使臣的嘲笑，我可以用药帮你把痕迹抹去。"周行逢不以为然地说："汉代名将黥布也受过刑，脸上也有字，不是也成了叱咤风云的大英雄了吗？我为什么要以此为耻呢？"后来周行逢否极泰来，做了武平节度使，生日那天，辖区内的官吏纷纷派人来贺寿。周行逢不无得意地对徐仲雅说："自从我走马上任，统管武平、武安、静江三镇，周边的人也都很忌惮我的威名吧。"徐仲雅直率地说："你管辖的范围内，太保、司空无孔不入，四方邻居当然感到恐惧了。"周行逢大怒，将徐仲雅流放到了邵州，徐仲雅始终不肯屈服于他的淫威。

智慧贴士

在古代，地方治安比较混乱，豪强恶霸权贵往往目无法纪、为非作歹，作为地方长官，想要把自己管辖的地域治理得井井有条并不容易。武平节度使周行逢为了实现自己的政治目标，居然以暴制暴，暴力执法，依靠恐怖手段维护地区治安，其做法是不可取的。采用以血还血、以牙还牙的方式惩治罪恶，在消灭了恶势力的同时，自己也成了邪恶的代表，这样做无益于伸张正义，反而会给社会带来更加恶劣的影响。

旧王朝的头号掘墓人

赵匡胤出身军人世家，父亲赵弘殷是后唐大将，曾经追随李存勖南征北战，立下大功。后来李存勖死于动乱，赵家开始家道中落。赵匡胤小时候无忧无虑，家境殷实，受过良好的教育，读了不少诗书，又练就了一番好武艺。赵家败落时，赵匡胤已经长大成人了，

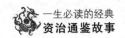
决定离开家乡，到外面闯出一番事业。

21岁那年，赵匡胤只身离开了家乡，前去投奔父亲的旧友。那些人大多地位显赫，态度十分傲慢，对赵匡胤冷言冷语、白眼相加，均显露出势利小人的丑态。赵匡胤感到很难堪，只好悻悻离去。走投无路之际，想起了父亲昔日的同僚王彦超。王彦超给了他几贯零钱，像打发乞丐一样把他打发走了。赵匡胤几经辗转，也没找到落脚之地，身上的盘缠快花光了，只好到街市上的赌摊碰运气，可惜手气不好，几乎逢赌必输。偶尔有一次，赌赢了好几场，得了不少铜钱。正得意忘形之时，被几个见钱眼开的泼皮打昏了。赢来的钱不翼而飞，原有的财物也被抢走了。赵匡胤两手空空，恼恨至极，当日发下毒誓永不再赌。

赵匡胤流落外地，举目无亲，日子过得无比艰难，几经辗转，流落到了襄阳的一座寺庙里。庙中的主持将近百岁，眉毛胡子都白了，但目光炯炯有神，看起来神采奕奕，喜欢畅谈天下事，懂得识人察人。他见赵匡胤方头大耳、气宇轩昂，虽然穿着破衣烂衫，却自有一番气度，料定眼前这个年轻人必不是等闲之辈，于是就帮助他分析天下大事，告诉他南方安定，北方战事频仍，大丈夫若想有所作为，就得趁乱而起，乘势而上，如此才能成就一番霸业。

赵匡胤茅塞顿开，终于明白自己为什么碌碌无为了。以前他一直活跃在太平地区，没有机会施展拳脚，所以成不了乱世中的英雄。经过主持的点拨，他马上找到了人生的方向，于是收拾了行囊，离开了寺庙，独自北上闯荡。好心的僧人送给他一只小毛炉当坐骑，赵匡胤收下了，骑着驴踌躇满志地去了北方。他先是风尘仆仆地来到了河北邺都，投奔于郭威麾下，从普通的士卒做起。

第二年，郭威篡位自立，建立了后周政权。赵匡胤因战功卓著受到提拔，开始掌管一支禁卫军。郭威驾崩后，柴荣即位，赵匡胤进入了中央禁军。不久，柴荣派兵攻打北汉，双方交战于高平，后周溃败。赵匡胤对将士们说："危难时刻，正是我们为朝廷效力之时。"接着和张永德约定兵分两路夹击敌军。两人各率2000兵马赶赴沙场。战场上，赵匡胤冲锋陷阵，浴血奋战，斗志昂扬，士兵们深受鼓舞，莫不奋勇杀敌，一举击溃了北汉军队。

赵匡胤因为破敌有功，擢升为殿前都虞候，一跃成为禁军中的骨干人物。他趁机广泛结交高级将领，并把自己的亲信安排到中下级军官的位置上，旨在从上到下掌控全军。柴荣对赵匡胤不加怀疑，一如既往地器重他。在攻打南唐的战役中，赵匡胤因屡立奇功，擢升为殿前指挥使，从此大权在握。赵匡胤开始培植亲信，广结党羽，发展壮大自己的势力。

显德三年（公元956年），柴荣驾崩，年仅七岁的柴宗训继承大统。赵匡胤觉得时机成熟了，开始谋划夺位。显德七年（公元960年），契丹和北汉忽然发兵攻打后周。赵匡胤率军迎敌，黄昏时分，大军行至陈桥驿，有个通晓天文的军官说："天上出现了二日凌空的现象，二日互搏，刚刚出现的大太阳吞噬了原来的小太阳，这难道不是天意吗？"此言一出，全军哗然。有人把一件黄袍披在了赵匡胤身上，将士齐刷刷跪倒，连声高呼万岁。赵匡胤迅速班师回朝，柴宗训被迫退位，把皇位禅让给了赵匡胤。后周灭亡，赵匡胤改国号为宋，开创了北宋王朝。

智慧贴士

赵匡胤是后周的大功臣，曾烜赫一时，但他不知满足，一心想着窃国夺位，经过多年的准备，终于在陈桥黄袍加身，满足了称帝的愿望。纵观中国历史，功臣窃国篡位的例子屡见不鲜，面对权力的诱惑，总有人会逾越君臣之道，由旧朝的乱臣贼子转变成新朝的开国之君，并且彪炳千古。古人视篡位为大逆，却总是忽略中国频繁改朝换代的现实，摇头晃脑、迂腐不堪的儒臣愿舍命维护皇族的天下，殊不知所谓的皇族原本也是平民、乱臣的后代，而所谓的道统不过是虚无缥缈的存在。